TAC税理士講座 編

2022年度版

みんなが欲しかった！

税理士

財務諸表論の教科書&問題集 5

理論編

はじめに

近年、インターネットの普及にともない、世界の距離は凄まじいスピードで近くなりました。文化、経済、情報はもとより、会計についても国際財務報告基準（IFRS）などによりひとつになりつつあります。

その目的はただひとつ「幸福」になることです。

しかし、そのスピード感ゆえに、たった数年後の世界でさえ、その予測が困難になってきていることも事実です。このような先の読めない不確実な時代において重要なことは、「どのような状況でも対応できるだけの適応力」を身につけることです。

本書は、TACにおける30年を超える受験指導実績にもとづく税理士試験の完全合格メソッドを市販化したもので、予備校におけるテキストのエッセンスを凝縮して再構築し、まさに「みんなが欲しかった」税理士の教科書ができあがりました。

膨大な学習範囲から、合格に必要な論点をピックアップしているため、本書を利用すれば、短期間で全範囲の基礎学習が完成します。また、初学者でも学習しやすいように随所に工夫をしていますので、日商簿記検定2級レベルからストレスなく学習を進めていただけます。

近年、税理士の活躍フィールドは、ますます広がりを見せており、税務分野だけでなく、全方位的に経営者の相談に乗る、財務面から経営支援を行うプロフェッショナルとしての役割が期待されています。

読者のみなさまが、本書を最大限に活用して税理士試験に合格し、税務のプロという立場で人生の選択肢を広げ、どのような状況にも対応できる適応力を身につけ、幸福となれますよう願っています。

TAC税理士講座
TAC出版　開発グループ

本書を使った税理士試験の**合格法**

Step 1 シリーズ書籍とのリンクを確認しましょう

本書は、「みんなが欲しかった！税理士 財務諸表論の教科書＆問題集」①〜④の理論についての重要部分をまとめた1冊です。もちろん、この1冊だけで理論の重要部分を確認することもできますが、①〜④と並行して学習することで、より効果的に学習ができます。本書に掲載されている論点が、①〜④（Volume1〜4）のどの分冊に掲載されているかを明確に示し（①）、論点名もおおむね一致させています（②）ので、リンクしての学習が容易にできます。

Step 2 問題を解きましょう

各論点の内容を、本試験での出題形式を意識した問題（Question）（③）で確認しましょう。下に解答（Answer）（④）を掲載していますので、理解しているかどうかを、すぐに確認することができます。また、問題を解く際の視点として、一部の論点には全体像（⑤）を掲載していますので、内容を理解する上でのヒントとして参考にしてください。

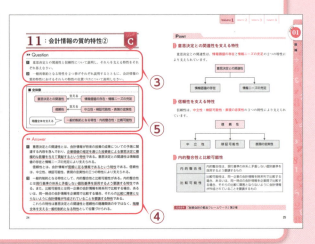

Step 3　POINTを確認しましょう

各論点の重要事項をPOINT（⑥）として掲載しています。イメージ図（⑦）や表（⑧）を用いてわかりやすくまとめていますので、一目で重要論点の内容を把握することができ、知識の吸収を早めます。また、スキマ時間などに、各論点の総まとめとして使用することにも最適です。

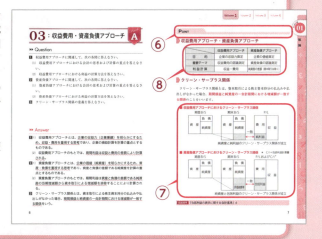

Step 4　会計基準を確認しましょう

各論点の最後には、関連基準の名称と項を明示し（⑨）、本書の後半に、当該基準を掲載しています（⑩）。理論と会計基準の条文とを相互に確認することで、論点についての理解を深めることができます。また、本試験の穴埋め問題対策として、問われる可能性のある重要語句は色文字（⑪）にしていますので、条文暗記に役立ててください。

5

Step Up 実践的な問題を解きましょう

①おすすめ学習順

本書の学習が一通り終わったら、本試験に向けて、実践的な問題集を解いていきましょう。おすすめの学習順は、解き方学習用問題集（「財務諸表論 理論答案の書き方」「財務諸表論 計算問題の解き方」）で現役講師の実際の解き方を参考にして自分の解き方を検討・確立し、「過去問題集」で本試験問題のレベルを体感することです。

②各書籍の特徴

「財務諸表論 理論答案の書き方」は、すでに財務諸表論の基本論点を学習して内容を理解している人を対象に、本試験問題に対処するための答案を作成する技術やその際の注意点、そこに至るまでのアプローチなどを身に付けることができるようになっています。

「財務諸表論 計算問題の解き方」は、基礎・応用・本試験の計算問題を収録し、現役講師がどのように計算問題を解いているのかを実感しながら、段階的に基礎レベルから本試験問題までの演習ができるようになっています。

「過去問題集」は、直近5年分の本試験問題を収録し、かつ、最新の企業会計基準等の改正にあわせて問題・解説ともに修正を加えています。時間を計りながら実際の本試験問題を解くことで、自分の現在位置を正確に知ることができます。

Level Up 問題演習と復習を繰り返しましょう

①総論
解き方学習用問題集で、どのように問題を解くのかがわかったら、さまざまな論点やパターンの問題を繰り返し解いて、得意分野の確立と苦手分野の克服に努めましょう。苦手分野の克服には、間違えた問題（論点）の復習が必須です。

②理論問題対策
本試験の理論問題は、基本的には論述形式の問題が出題されます。

「理論問題集」には「基礎編」と「応用編」があります。「理論問題集 基礎編」は、理論問題についての体系的理解と基礎力の養成を目的とした書籍です。一方、「理論問題集 応用編」は、本試験レベルの理論問題に対応するための応用力と実践力の養成を目的とした書籍です。

③計算問題対策
本試験の計算問題は、個別論点を組み合わせた総合問題形式で出題されます。

「総合計算問題集」には「基礎編」と「応用編」があります。「総合計算問題集 基礎編」は、総合問題を解くための基礎力の養成を主眼とした書籍です。一方、「総合計算問題集 応用編」は、本試験レベルの問題に対応するための答案作成能力の養成を主眼とした書籍です。

本書を利用して簿記論・財務諸表論を**効率よく学習するための**「スタートアップ講義」を税理士独学道場「学習ステージ」ページで**無料公開中**です！

カンタンアクセスはこちらから
https://bookstore.tac-school.co.jp/dokugaku/zeirishi/stage.html

税理士試験について

みなさんがこれから合格をめざす税理士試験についてみていきましょう。
なお、詳細は、最寄りの国税局人事第二課（沖縄国税事務所は人事課）または国税審議会税理士分科会にお問い合わせ、もしくは下記ホームページをご参照ください。
https://www.nta.go.jp/taxes/zeirishi/zeirishishiken/zeirishi.htm

国税庁 ≫ 税の情報・手続・用紙 ≫ 税理士に関する情報 ≫ 税理士試験

☑概要

　税理士試験の概要は次のとおりです。申込書類の入手は国税局等での受取または郵送、提出は郵送（一般書留・簡易書留・特定記録郵便）にて行います。一部手続はe-Taxでも行うことができます。また、試験は全国で行われ、受験地は受験者が任意に選択できるので、住所が東京であったとしても、那覇や札幌を選ぶこともできます。なお、下表中、受験資格については例示になります。実際の受験申込の際には、必ず受験される年の受験案内にてご確認ください。

受験資格	所定の学歴（法学部・経済学部等を卒業した者ほか）、資格（日商簿記検定1級合格者ほか）、職歴（税理士等の業務の補助事務に2年以上従事ほか）、認定（国税審議会より個別認定を受けた者）に該当する者。
受 験 料	1科目4,000円、2科目5,500円、3科目7,000円、4科目8,500円、5科目10,000円
申込方法	国税局等での受取または郵送による請求で申込書類を入手し、試験を受けようとする受験地を管轄する国税局等へ郵送で申込みをする。

☑合格までのスケジュール

　税理士試験のスケジュールは次のとおりです。詳細な日程は、毎年4月頃の発表になります。

受験申込用紙の交付	4月中旬～5月中旬（土、日、祝日は除く）
受験申込受付け	5月上旬～中旬
試験日	8月上・中旬の3日間
合格発表	12月中旬

☑試験科目と試験時間割

　税理士試験は、全11科目のうち5科目について合格しなければなりません。合格基準点は各科目とも満点の60％です。5科目の選択については、下記のようなルールがあります。

	試験時間	科　目	選択のルール
1日目	9:00～11:00	簿記論	会計系科目。必ず選択する必要がある。
	12:30～14:30	財務諸表論	
	15:30～17:30	消費税法または酒税法	税法系科目。この中から3科目を選択。ただし、所得税法または法人税法のどちらか1科目を必ず選択しなくてはならない。また、消費税法と酒税法、住民税と事業税はいずれか1科目の選択に限る。
2日目	9:00～11:00	法人税法	
	12:00～14:00	相続税法	
	15:00～17:00	所得税法	
3日目	9:00～11:00	固定資産税	
	12:00～14:00	国税徴収法	
	15:00～17:00	住民税または事業税	

☑合格率

　「試験科目と試験時間割」の項で記載したように、受験案内によれば合格基準点は満点の60％ですが、そもそも採点基準はオープンにされていません。税理士試験の合格率（全科目合計）は次のとおり、年によってばらつきはありますが、おおむね15％前後で推移しています。よって、問題が難しい回であれば、40％の得点でも合格することはありえますし、逆にやさしい回であれば、80％の得点をしても上位10％には入れないかもしれません。現実的には、受験者中、上位10％前後に入れば合格できる試験といえるでしょう。

9

☑出題傾向と時間配分について

　税理士試験の財務諸表論は下表に示すように、3問構成です。一方、試験時間は2時間であり、全部の問題にまんべんなく手をつけるには絶対的に時間が足りません。そこで、戦略的な時間配分が必要となります。

第1問	第2問	第3問
25点（理論）	25点（理論）	50点（計算）

　では、どのように時間配分をすればよいでしょうか。ここで、配点に注目してみましょう。上記のとおり、第1問と第2問は25点、第3問が50点です。過去の出題傾向を見ると、配点が高い問題ほど解答箇所が多く設定され、点数の差がつきやすいといえます。

　したがって、1点でも多く点数を取る（合格点に近づく）ためには、配点の高い問題に多く時間をかけ、1問でも多く正答する必要があるといえます。そこで、財務諸表論は以下のような時間配分で解答するようにしてください。

第1問	第2問	第3問
20分（理論）	20分（理論）	80分（計算）

　財務諸表論は本試験の難易度にかかわらず、この時間配分をしっかりと守るようにしましょう。なぜなら、1点でも多く点数を取る（合格に近づく）には、確実に点数を取ることができる（採点基準がはっきりしている）計算問題に力を注ぐほうが、結果的に点数を積み重ねることができるからです。

　なお、計算問題に不安のある場合は、第3問に90分、第1問と第2問に15分ずつ時間をかけてもよいでしょう。それだけ、財務諸表論においては、計算問題に時間を回すことが重要なのです。

目 次

THEME01 総 論 ········· 1

- **01** 財務会計とは　2
- **02** 静態論と動態論　4
- **03** 収益費用・資産負債アプローチ　☆☆☆　6
- **04** 会計公準　8
- **05** 真実性の原則　☆☆　10
- **06** 正規の簿記の原則・重要性の原則　☆　12
- **07** 資本取引・損益取引区別の原則　☆　14
- **08** 明瞭性の原則・継続性の原則　☆　16
- **09** 保守主義の原則・単一性の原則　☆　19
- **10** 財務報告の目的・会計情報の質的特性①　☆　22
- **11** 会計情報の質的特性②　24
- **12** 財務諸表の構成要素　☆　26
- **13** 概念フレームワークにおける包括利益・純利益　29
- **14** 事業投資と金融投資、実現と実現可能　☆　31
- **15** 当期業績主義と包括主義　33

THEME02 損益会計 ········· 35

- **16** 損益計算書の作成原則　☆　36
- **17** 期間損益計算　☆　38
- **18** 貸借対照表の作成原則　41
- **19** 注記表の概要　☆　44
- **20** 現金主義会計と発生主義会計　46
- **21** 収益の認識（企業会計原則）　48
- **22** 収益・費用の測定（企業会計原則）　☆　50
- **23** 収益認識に関する会計基準の概要　52
- **24** 取引価格の算定　56
- **25** 工事契約（収益認識に関する会計基準）　59
- **26** リスクからの解放・工事損失引当金　61
- **27** 税効果会計の目的　63
- **28** 繰延法・資産負債法　☆　65
- **29** 一時差異・永久差異　67
- **30** 繰延税金資産・繰延税金負債　69
- **31** 繰延税金資産の回収可能性　☆　71
- **32** 税効果会計　73

THEME03 資産会計 ········· 75

- **33** 資産の分類　76
- **34** 原価主義の原則　79

35	割引現価主義　82
36	金融資産・金融負債の発生の認識　84
37	金融資産・金融負債の消滅の認識　86
38	金融資産・金融負債の評価　☆　89
39	売買目的有価証券・満期保有目的の債券　☆☆☆　92
40	関係会社株式・その他有価証券　☆☆　94
41	デリバティブ取引　96
42	ヘッジ会計　98
43	棚卸資産の範囲・取得原価　101
44	棚卸資産の費用配分　☆☆　103
45	棚卸資産の評価①　106
46	棚卸資産の評価②　☆　109
47	有形固定資産の取得原価　111
48	減価償却の意義・目的・効果　☆　114
49	固定資産の応用論点　117
50	減価償却の方法　120
51	リースの分類と判定　123
52	リース資産・リース債務　☆　126
53	減損会計の流れ・特徴　☆☆　130
54	減損会計の兆候・認識・測定　☆　132
55	固定資産の減損・グルーピング　☆　135
56	研究開発費　☆　137
57	ソフトウェア　139
58	繰延資産①　141
59	繰延資産②　144

THEME04 負債会計 ··· 147

60	負債の分類・評価　148
61	引当金の計上根拠　☆☆　150
62	引当金の分類　☆　152
63	修繕引当金　154
64	貸倒見積高の算定　156
65	引当金・偶発債務　159
66	退職給付の総論　162
67	退職給付会計　164
68	数理計算上の差異　167
69	過去勤務費用　170
70	資産除去債務の総論　☆　172
71	資産除去債務の会計処理　☆☆☆　175
72	資産除去債務に対応する除去費用と割引率　☆☆　177

THEME05 純資産会計 ······ 181

73 純資産の表示 ☆☆☆ 182

74 株主資本等変動計算書 185

75 株主資本の区分表示 187

76 計数の変動 ☆ 189

77 自己株式 ☆☆ 191

78 自己株式の無償取得・付随費用 ☆ 193

79 ストック・オプション ☆☆ 196

80 新株予約権付社債 198

THEME06 構造論点・その他 ······ 201

81 会計方針の変更 ☆ 202

82 会計上の見積りの変更 ☆☆ 204

83 外貨建取引（一取引基準・二取引基準） ☆ 206

84 決算時における外貨換算の方法 ☆ 209

85 外貨建金銭債権債務・外貨建有価証券 212

86 企業結合の考え方 214

87 パーチェス法・持分プーリング法 216

88 共同支配企業・共通支配下の取引 218

89 のれん・負ののれん ☆ 220

90 事業分離 223

91 被結合企業の株主の会計処理 226

92 連結財務諸表作成の一般原則 ☆ 229

93 連結基礎概念 232

94 持分法 234

95 四半期財務諸表 236

96 包括利益計算書 ☆☆☆ 239

97 キャッシュ・フロー計算書① ☆ 243

98 キャッシュ・フロー計算書② 245

会計基準 ··· 249

01 企業会計原則、企業会計原則注解　☆☆☆　250
02 外貨建取引等会計処理基準　☆　259
03 連結キャッシュ・フロー計算書等の作成基準　☆　263
04 研究開発費等に係る会計基準　268
05 税効果会計に係る会計基準および一部改正　☆　271
06 固定資産の減損に係る会計基準　☆　277
07 自己株式及び準備金の額の減少等に関する会計基準　☆☆　286
08 貸借対照表の純資産の部の表示に関する会計基準　☆　289
09 株主資本等変動計算書に関する会計基準　293
10 事業分離等に関する会計基準　295
11 ストック・オプション等に関する会計基準　☆☆　299
12 棚卸資産の評価に関する会計基準　☆☆☆　302
13 金融商品に関する会計基準　☆☆☆　308
14 四半期財務諸表に関する会計基準　320
15 リース取引に関する会計基準　☆☆　322
16 持分法に関する会計基準　327
17 資産除去債務に関する会計基準　☆☆☆　329
18 企業結合に関する会計基準　☆　335
19 連結財務諸表に関する会計基準　☆　340
20 会計方針の開示、会計上の変更及び誤謬の訂正に関する会計基準　☆　345
21 包括利益の表示に関する会計基準　☆☆　349
22 退職給付に関する会計基準　☆　351
23 収益認識に関する会計基準　356
24 繰延資産の会計処理に関する当面の取扱い　361
25 企業会計原則と関係諸法令との調整に関する連続意見書　369
26 会社計算規則　373
27 財務会計の概念フレームワーク　☆☆☆　375

　試験合格のためには、基礎的な知識の理解のもと、網羅的な学習が必要とされます。しかし、試験範囲は幅広く、学習を効率的に進める必要もあります。目次の☆マークは過去10年の出題頻度を示すものです。効率的に学習する参考にしてください。

出題頻度（過去10年）	
☆☆☆	3回以上出題
☆☆	2回出題
☆	1回出題
－	未出題

THEME 1

総論

01 ：財務会計とは

▶▶ Question

1　財務会計の意義を答えなさい。
2　財務会計が有する機能として挙げられる、(1)説明責任履行機能、(2)利害調整機能、(3)情報提供機能について、それぞれの内容を説明しなさい。

■ 全体像

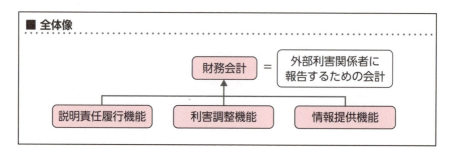

▶▶ Answer

1　財務会計とは、企業の経済活動の内容とその結果を、企業の外部利害関係者に報告するための会計をいう。

2 (1)　説明責任履行機能
　　説明責任履行機能とは、株主（委託者）から拠出された資本（受託資本）に対する管理・運用の責任、すなわち受託責任を明らかにする機能をいう。

(2)　利害調整機能
　　利害調整機能とは、資産・負債・純資産の額、収益・費用・利益の額、分配可能額などの決定を通して、利害関係者間の利害を調整する機能をいう。

(3)　情報提供機能
　　情報提供機能とは、利害関係者がそれぞれの利害にもとづいて、将来の意思決定を行うために有用な情報を提供する機能をいう。

POINT

財務会計の意義

財務会計とは、企業の経済活動の内容とその結果を、企業の外部利害関係者に報告するための会計をいいます。

■ 財務会計の機能について

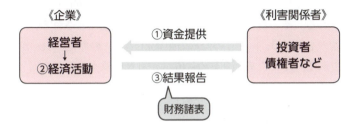

財務会計の機能

財務会計の機能には次の**3つの機能**があります。

説明責任履行機能	株主（委託者）から拠出された資本（受託資本）に対する管理・運用の責任（受託責任）を明らかにする機能（株主に対する説明責任を果たす機能）。
利害調整機能	資産・負債・純資産の額、収益・費用・利益の額、分配可能額などの決定を通して、利害関係者間の利害を調整する機能（株主と債権者の利害を調整する機能）。
情報提供機能	利害関係者がそれぞれの利害にもとづいて、将来の意思決定を行うために有用な情報を提供する機能。

02：静態論と動態論

▶▶ Question

1 次の文章中の空欄に当てはまる語句を答えなさい。

> 静態論のもとでは、　①　のための企業の　②　の算定・表示が会計の目的とされる。そのため、企業の　③　が計算の重点とされる。
> 動態論のもとでは、　④　のための企業の　⑤　の算定・表示が会計の目的とされる。そのため、企業の　⑥　が計算の重点とされる。

2 静態論、動態論それぞれのもとでは、どのようなものが資産および負債として認識されるか答えなさい。

3 静態論、動態論それぞれにおける利益の計算方法の名称とその内容を答えなさい。

▶▶ Answer

1 ①債権者保護　②債務弁済能力　③財産計算　④投資者保護　⑤収益力
　⑥損益計算

2 静態論のもとでは、財産的価値をもつものだけが資産として認識され、また、法的確定債務だけが負債として認識される。
　一方、動態論のもとでは、企業資本の運用形態を示すものが資産として認識される。また、弁済義務を負う企業資本の調達源泉を示すものが負債として認識される。

3 静態論のもとでは、財産法により利益が計算される。
　財産法とは、期首の純資産と期末の純資産との差額として利益を計算する方法である。
　動態論のもとでは、損益法により利益が計算される。
　損益法とは、複式簿記により財務諸表を作成し、これにもとづいて収益と費用を把握し、その差額として利益を計算する方法である。

POINT

▎目的

静態論	動態論
債権者保護 → 企業の債務弁済能力の算定・表示が会計の目的となるため、財産計算に主眼がおかれる。	投資者保護 → 投資意思決定に役立てるための企業の収益力の算定・表示が会計の目的となるため、損益計算に主眼がおかれる。

▎資産・負債の認識

静態論	動態論
資産→財産的価値をもつもののみ 負債→法的確定債務のみ	資産→企業資本の運用形態 負債→(弁済義務を負う)企業資本の調達源泉

静的貸借対照表

財　産	法的確定債務	} 債務弁済能力
	純　資　産 (正味の財産)	

動的貸借対照表

資　産	負　債
	純資産

▎利益計算の方法

静態論	動態論
財産法により利益計算を行う。 利益＝期末純資産－期首純資産	損益法により利益計算を行う。 利益＝収益－費用

期　首
純資産　→　期　末
純資産　｝利益

損益計算書

費　用	収　益
利　益	

収益力

03：収益費用・資産負債アプローチ

▶▶ Question

① 収益費用アプローチに関連して、次の各問に答えなさい。
　(1) 収益費用アプローチにおける会計の思考および計算の重点を答えなさい。
　(2) 収益費用アプローチにおける利益の計算方法を答えなさい。
② 資産負債アプローチに関連して、次の各問に答えなさい。
　(1) 資産負債アプローチにおける会計の思考および計算の重点を答えなさい。
　(2) 資産負債アプローチにおける利益の計算方法を答えなさい。
③ クリーン・サープラス関係の意義を答えなさい。

▶▶ Answer

①(1) 収益費用アプローチとは、企業の収益力（企業業績）を明らかにするため、収益・費用を重視する思考であり、企業の損益計算を計算の重点とするものである。
　(2) 収益費用アプローチのもとでは、期間利益は収益と費用の差額により計算される。
②(1) 資産負債アプローチとは、企業の価値（純資産）を明らかにするため、資産・負債を重視する思考であり、資産と負債の差額である純資産を計算の重点とするものである。
　(2) 資産負債アプローチのもとでは、期間利益は資産と負債の差額である純資産の当期増減額から資本取引による増減額を排除することにより計算される。
③ クリーン・サープラス関係とは、資本取引による株主資本持分の払込みや払出しがなかった場合、期間損益と純資産の一会計期間における増減額が一致する関係をいう。

POINT

▍収益費用アプローチ・資産負債アプローチ

	収益費用アプローチ	資産負債アプローチ
目　　的	企業の収益力算定	企業の価値算定
重要テーマ	収益費用の認識測定	資産負債の認識測定
利益計算	収益－費用	純資産の差額（資本取引は除く）

▍クリーン・サープラス関係

　クリーン・サープラス関係とは、資本取引による株主資本持分の払込みや払出しがなかった場合、期間損益と純資産の一会計期間における増減額が一致する関係のことをいいます。

■ **収益費用アプローチにおけるクリーン・サープラス関係**

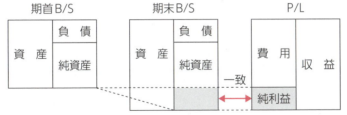

純資産と純利益のクリーン・サープラス関係が成立

■ **資産負債アプローチにおけるクリーン・サープラス関係**　　＊ C/I＝包括利益計算書

純資産と包括利益のクリーン・サープラス関係が成立

関連基準　「包括利益の表示に関する会計基準」4

04：会計公準

▶▶ Question

1 次の文章中の空欄に当てはまる語句を答えなさい。

> 会計公準とは、企業会計が行われるための ① をいう。

2 会計公準を3つ答え、それぞれ説明しなさい。

▶▶ Answer

1 ①基本的前提

2(1) 企業実体の公準
　　企業実体の公準とは、企業を会計単位とするという前提である。
　(2) 継続企業の公準
　　継続企業の公準とは、企業が解散や倒産を前提とせず、半永久的に継続するという前提である。
　(3) 貨幣的評価の公準
　　貨幣的評価の公準とは、会計行為、すなわち、記録、測定及び伝達のすべてが、貨幣額によって行われるという前提である。

POINT

会計公準

会計公準とは、企業会計が行われるための基本的前提をいいます。この会計公準は、一般的に次の3つの公準から成り立っています。

企業実体の公準	企業を会計単位とするという前提
継続企業の公準	企業が半永久的に継続するという前提
貨幣的評価の公準	会計行為（記録、測定、伝達）のすべてが貨幣額によって行われるという前提

継続企業の公準

企業が半永久的に継続するという前提下では、存続期間を人為的に区切って会計の計算を行う必要があります。

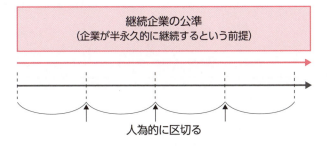

05：真実性の原則

▶▶ Question

1 次の文章中の空欄に当てはまる語句を答えなさい。

> 企業会計は、企業の ① および ② に関して、③ を提供するものでなければならない。

2 真実性の原則の企業会計原則内の位置づけを説明しなさい。

3 真実性の原則における真実の意味及びその理由を答えなさい。

4 企業会計上継続性が真実性の原則にとってどのような意義を有するかについて説明しなさい。

▶▶ Answer

1 ①財政状態　②経営成績　③真実な報告

2 真実性の原則は、各原則の最高規範として位置づけられるものであり、真実な報告を行うために、この原則以下の他の一般原則並びに下位原則である損益計算書原則及び貸借対照表原則を遵守することを要請している。

3 真実性の原則における真実とは、絶対的真実性ではなく、相対的真実性を意味する。
　なぜなら、今日の財務諸表は、記録された事実と会計上の慣習と個人的判断の総合的表現であるためである。

4 会計処理方法の多様性が認められた状況において、企業会計上継続性が保持されることは経営者の利益操作を排除し、財務諸表の期間比較性を確保することにつながり、真実性の原則が求めている真実な報告、すなわち、相対的真実性が保証されることとなる。

10

POINT

▌真実性の原則と下位原則の関係

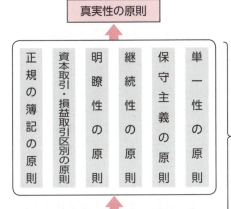

これら下位の原則を満たすことで、真実性の原則が満たされる。

▌記録された事実と会計上の慣習と個人的判断の総合的表現

記録された事実	財務諸表に記録される額は、すべて記録された過去の取引額を基礎とする。
会計上の慣習	2以上の会計処理が認められていても、一般に公正妥当と認められた方法である限り、いずれも真実なものとして扱う。
個人的判断	経営者の将来に対する予測という主観的な判断が必然的に入り込まざるをえない。

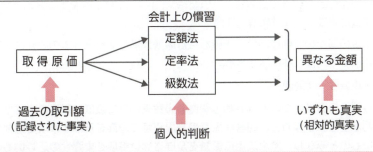

関連基準 「企業会計原則」第一・一

06：正規の簿記の原則・重要性の原則

▶▶ Question

1 次の文章中の空欄に当てはまる語句を答えなさい。

> 正規の簿記の原則は、適正な ① および正確な ② の作成と ③ による財務諸表の作成を要請している。

2 正規の簿記の原則における正確な会計帳簿の要件を3つ答えなさい。

3 次の文章中の空欄に当てはまる語句を答えなさい。

> 重要性の原則とは、ある項目について、その科目または金額の ① が乏しい場合に、② な会計処理または表示を行うことを容認するものである。

4 重要性の判断基準を答えなさい。

▶▶ Answer

1 ①会計処理　②会計帳簿　③誘導法

2 正規の簿記の原則における正確な会計帳簿が満たすべき3つの要件は、網羅性と検証可能性と秩序性である。

3 ①重要性　②簡便

4 重要性の有無については、利害関係者の意思決定に及ぼす影響の大きさにより判断する。すなわち、利害関係者の意思決定に影響を及ぼす事項を重要性が高いものとみなし、意思決定に影響を及ぼさない事項を重要性の乏しいものと判断するのである。

POINT

正規の簿記の原則

・適正な会計処理
・正確な会計帳簿の作成
・誘導法による財務諸表の作成

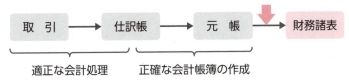

正確な会計帳簿が満たすべき3つの要件

網羅性	会計帳簿に記録すべき事実はすべて正しく記録されていること。
検証可能性	記録はすべて客観的に証明可能な証拠資料にもとづいていること。
秩序性	すべての記録が、一定の法則に従って組織的・体系的に秩序正しく行われていること。

重要性の判断基準

重要性の判断については、利害関係者の意思決定に及ぼす影響の大きさにより判断します。

量的重要性と質的重要性

重要性が乏しいか否かの具体的な判断としては、金額の重要性（量的重要性）と科目の重要性（質的重要性）とがあります。

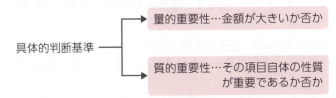

関連基準 「企業会計原則」第一、「企業会計原則注解」【注1】

07：資本取引・損益取引区別の原則

▶▶ Question

1 次の文章中の空欄に当てはまる語句を答えなさい。

> 資本取引・損益取引区別の原則には、① と ② の２つの側面がある。
> ① は、期首の ③ そのものの増減と ③ の利用による増減とを明確に区別することを要請している。
> ② は、自己資本内部において、資本取引から生じた ④ と損益取引から生じた ⑤ とを明確に区別することを要請している。

2 資本取引・損益取引区別の原則の必要性を２つ答えなさい。

3 資本取引および損益取引の意義をそれぞれ答えなさい。

4 資本剰余金と利益剰余金を混同した場合の問題点を答えなさい。

▶▶ Answer

1 ①資本取引・損益取引の区別　②資本剰余金・利益剰余金の区別
　③自己資本　④資本剰余金　⑤利益剰余金

2 必要性①：適正な期間損益計算を行うためには、資本の増減と損益の増減とを明確に区別することが必要となるのである。
　必要性②：企業の財政状態および経営成績の適正な開示を行うためには、維持拘束性を特質とする資本剰余金と処分可能性を特質とする利益剰余金を厳密に区別することが必要となるのである。

3 資本取引とは、直接、資本の増加・減少を生じさせる取引をいう。また、損益取引とは、資本を利用することにより、収益・費用を生じさせる取引をいう。

4 資本剰余金と利益剰余金を混同すれば、資本の侵食や利益の隠ぺいを招き、企業の財政状態および経営成績が適正に示されないこととなる。

POINT

資本取引・損益取引区別の原則の2つの側面

資本取引・損益取引の区別	期首の自己資本そのものの増減と自己資本の利用による増減とを明確に区別すること。
資本剰余金・利益剰余金の区別	自己資本内部において、資本取引から生じた資本剰余金と損益取引から生じた利益剰余金とを明確に区別すること。

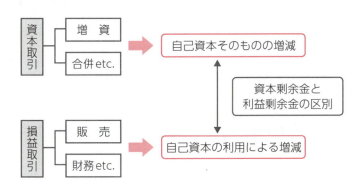

区別の必要性

資本取引・損益取引区別の必要性	期間利益は、期間収益と期間費用の差額として算定されるので、資本取引と損益取引を区別することで、適正な期間損益計算を行うことができる。
資本剰余金・利益剰余金区別の必要性	維持拘束性を特質とする資本剰余金と、処分可能性を特質とする利益剰余金を混同すると資本の侵食や利益の隠ぺいを招き、企業の財政状態および経営成績が歪められてしまうため。

関連基準 「企業会計原則」第一・三

08：明瞭性の原則・継続性の原則

▶▶ Question

1 次の文章中の空欄に当てはまる語句を答えなさい。

> 明瞭性の原則は、財務諸表による会計情報の ① と ② を要請している。

2 重要な後発事象に関連して、次の各問に答えなさい。
（1） 次の文章中の空欄に当てはまる語句を答えなさい。

> 重要な後発事象とは、 ① 後に発生した事象で、財務諸表提出会社の ② 以降の、財政状態、経営成績およびキャッシュ・フローの状況に重要な影響を及ぼすものをいう。
>
> 重要な後発事象が発生したときは当該事象を ③ しなければならない。

（2） 重要な後発事象の開示理由を答えなさい。

3 次の文章中の空欄に当てはまる語句を答えなさい。

> 継続性の原則は、一つの会計事実について、 ① の会計処理の原則または手続の ② が認められている場合に、企業がいったん採用した会計処理の原則および手続を ③ して適用することを要請している。

4 継続性の原則の必要性を答えなさい。

5 継続性の変更が認められる場合を答えなさい。

▶▶ Answer

1 ①適正開示　②明瞭表示

2 (1)①貸借対照表日　②翌事業年度　③注記

(2)　重要な後発事象を注記事項として開示することは、<u>当該企業の将来の財政状態、経営成績およびキャッシュ・フローの状況を理解するための補足情報として有用である</u>ためである。

3 ①二つ以上　②選択適用　③毎期継続

4　継続性の原則は、<u>経営者の利益操作を排除し、財務諸表の期間比較性を確保</u>するために必要となる。

5　継続性の変更は、「正当な理由」がある場合に認められる。

「正当な理由」とは、会計処理を変更することによって、企業会計がより合理的なものになる場合を意味する。

POINT

▌適正開示と明瞭表示の具体例

・重要な会計方針の開示
・重要な後発事象の開示
・区分表示の原則
・総額主義の原則
・科目の設定にあたって概観性を考慮する
・重要事項を注記によって補足する
・重要科目には附属明細表を作成する

▌正当な理由による会計方針の変更

	理　由	例	取扱い
正当な理由による会計方針の変更（変更することにより、より合理的になる場合）	経済環境の変化〈外的理由〉	関連法令の改廃	会計基準等の改正
		国際経済環境の変化 急激な貨幣価値の変動等	上記以外 （自発的な会計方針の変更）
	企業の経営方針の変更〈内的理由〉	取扱品目の変更 製造方法の変更 経営組織の変更等	

▌継続性の原則の問題が生じる場合

　継続性の原則が問題とされるのは、次のように、一般に公正妥当と認められる会計処理の原則または手続から他の一般に公正妥当と認められた会計処理の原則または手続に変更した場合となります。

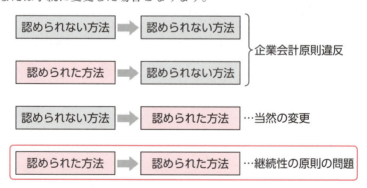

関連基準 「企業会計原則」第一・四

09：保守主義の原則・単一性の原則

▶▶ Question

1 次の文章中の空欄に当てはまる語句を答えなさい。

> 保守主義の原則は、ある会計処理を行うにあたって、幾通りもの判断ができる場合には、予測される ① に備えて ② にもとづく会計処理を行うことを要請している。

2 保守主義の原則と真実性の原則との関係を答えなさい。

3 次の文章中の空欄に当てはまる語句を答えなさい。

> 単一性の原則は、 ① を要請している。ここに ① とは、目的別に財務諸表の表示形式が ② のはかまわないが、財務諸表の作成の基礎となる会計記録は ③ であることをいう。

■ 全体像

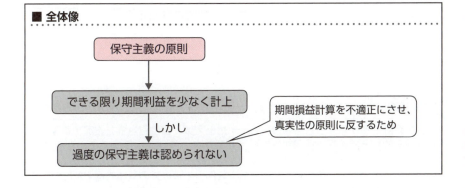

▶▶ Answer

1 ①将来の危険　②慎重な判断

2 　保守主義の原則は、一般に公正妥当と認められた会計処理の原則および手続の枠内で適用されている限り、真実性の原則に反するものではない。
　しかし、過度の保守主義は、期間損益計算を不適正にさせる結果となるため、真実性の原則に反し認められない。

3 ①実質一元・形式多元　②異なる　③単一

POINT

▌保守主義の要請

　保守主義とは、**予想の収益の計上を禁止し、予想の費用・損失の早期計上を要求する考え方**であり、利益の過大計上となる会計処理を避け、**利益を少なく計上する会計処理を要求するもの**です。

▌保守主義の原則の適用面

処理選択の面で機能する保守主義	見積り判断の面で機能する保守主義
複数の会計処理が考えられる場合、もっとも保守的な会計処理を採用することが適切と考えられるが、強制されるわけではない。企業の実情に照らしてもっとも適切なものを選ぶ。	たとえば、貸倒引当金を設定する場合に保守的な予測を採用することが促される。 貸倒引当金以外の具体的適用例については次のようなものがある。 ・減価償却における定額法に対する定率法 ・引当金計上金額の見積り

実質一元・形式多元

実質一元・形式多元とは、目的別に財務諸表の形式が異なっても、作成の基礎となる会計記録は単一であることをいいます。

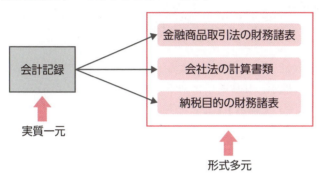

関連基準 「企業会計原則」第一・六、七

10：財務報告の目的・会計情報の質的特性①

▶▶ Question

1 次の文章中の空欄に当てはまる語句を答えなさい。

> 財務報告の目的は、投資者による ① と ② に役立つような企業の ③ の開示、具体的には企業の投資の ④ （ストック）とその ⑤ （フロー）を開示することである。

2 財務報告の目的の観点から自己創設のれんが財務諸表の構成要素とならない理由を答えなさい。

3 財務報告の目的を達成するにあたり、会計情報に求められるもっとも基本的な特性についてそれを支える2つの下位の特性とともに説明しなさい。

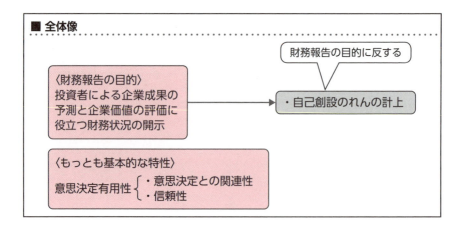

▶▶ Answer

1 ①企業成果の予測　②企業価値の評価　③財務状況　④ポジション　⑤成果

2 自己創設のれんの計上は、経営者による企業価値の自己評価・自己申告を意味するものであり、投資者が自己の責任において投資を行うのに必要な情報を提供するという財務報告の目的に反すると考えられるためである。

3 　会計情報に求められるもっとも基本的な特性は意思決定有用性である。意思決定有用性は、意思決定目的に関連する情報であるという意思決定との関連性と、一定の水準で信頼できる情報であるという信頼性により支えられている。

POINT

財務報告の目的

```
┌─────────────────────────────────────┐
│ 投資者による企業成果の予測と企業価値の評価に役立つような │
│         企業の財務状況の開示         │
└─────────────────────────────────────┘
              ↓ 具体的には
┌─────────────────────────────────────┐
│ 投資のポジション（ストック）とその成果（フロー）の開示 │
│        貸借対照表            損益計算書        │
└─────────────────────────────────────┘
```

意思決定有用性と下位の特性

　意思決定有用性を直接に支える特性として意思決定との関連性と信頼性があります。これらの特性をもつ会計情報は意思決定有用性があると直接的に推定されます。

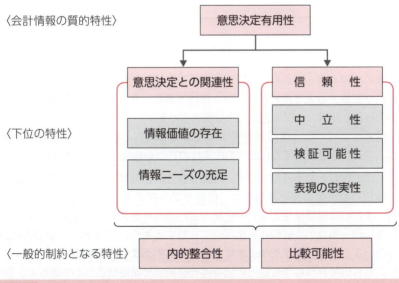

関連基準　「財務会計の概念フレームワーク」第1章、第2章

11：会計情報の質的特性②

▶▶ Question

1 意思決定との関連性と信頼性について説明し、それらを支える特性をそれぞれ答えなさい。

2 一般的制約となる特性を2つ挙げそれぞれ説明するとともに、会計情報の質的特性におけるそれらの特性の位置づけについて説明しなさい。

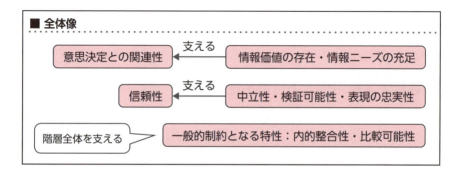

▶▶ Answer

1 意思決定との関連性とは、会計情報が将来の投資の成果についての予測に関連する内容を含んでおり、企業価値の推定を通じた投資者による意思決定に積極的な影響を与えて貢献するという特性である。意思決定との関連性は情報価値の存在と情報ニーズの充足により支えられる。

信頼性とは、会計情報が信頼に足る情報であるという特性である。信頼性は、中立性、検証可能性、表現の忠実性の三つの特性により支えられる。

2 一般的制約となる特性として、内的整合性と比較可能性がある。内的整合性とは現行基準の体系と矛盾しない個別基準を採用するよう要請する特性である。また、比較可能性とは同一企業の会計情報を時系列で比較する場合、あるいは、同一時点の会計情報を企業間で比較する場合、それらの比較に障害とならないように会計情報が作成されていることを要請する特性である。

これらの特性は意思決定との関連性と信頼性の階層関係の中ではなく、階層全体を支える一般的制約となる特性として位置づけられる。

POINT

▎意思決定との関連性を支える特性

意思決定との関連性は、**情報価値の存在**と**情報ニーズの充足**の2つの特性により支えられています。

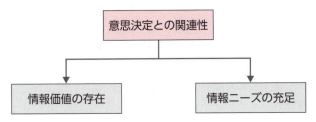

▎信頼性を支える特性

信頼性は、**中立性・検証可能性・表現の忠実性**の3つの特性により支えられています。

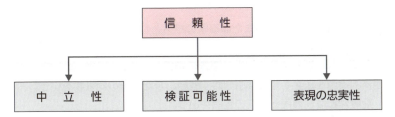

▎内的整合性と比較可能性

内的整合性	内的整合性は、現行基準の体系と矛盾しない個別基準を採用するよう要請するもの
比較可能性	比較可能性は、同一企業の会計情報を時系列で比較する場合、あるいは、同一時点の会計情報を企業間で比較する場合、それらの比較に障害とならないように会計情報が作成されていることを要請するもの

関連基準　「財務会計の概念フレームワーク」第2章

12：財務諸表の構成要素

▶▶ Question

1 次に掲げる財務諸表の構成要素の「討議資料　財務会計の概念フレームワーク」における定義を答えなさい。
　(1) 資産　　(2) 負債　　(3) 純資産　　(4) 株主資本　　(5) 収益
　(6) 費用

2 財務諸表の構成要素が認識される契機を答えなさい。

3 所有権移転外ファイナンス・リース取引の借手が計上したリース資産について、資産の定義を充足するか否かを説明しなさい。

4 有形固定資産の所有者が大規模修繕に備えて計上した特別修繕引当金について、負債の定義を充足するか否かを説明しなさい。

▶▶ Answer

1(1)　資産とは、過去の取引または事象の結果として、報告主体が支配している経済的資源をいう。
　(2)　負債とは、過去の取引または事象の結果として、報告主体が支配している経済的資源を放棄もしくは引き渡す義務、またはその同等物をいう。
　(3)　純資産とは、資産と負債の差額をいう。
　(4)　株主資本とは、純資産のうち報告主体の所有者である株主に帰属する部分をいう。
　(5)　収益とは、純利益または少数株主損益を増加させる項目であり、特定期間の期末までに生じた資産の増加や負債の減少に見合う額のうち、投資のリスクから解放された部分である。
　(6)　費用とは、純利益または少数株主損益を減少させる項目であり、特定期間の期末までに生じた資産の減少や負債の増加に見合う額のうち、投資のリスクから解放された部分である。

2　財務諸表の構成要素の定義を充足した各種項目の認識は、基礎となる契約の原則として少なくとも一方の履行が契機となる。

3 所有権移転外ファイナンス・リース取引の借手が計上したリース資産は、リース契約の締結という過去の取引の結果として生じたものである。また、借手は、所有権が移転しないものの、リース期間にわたって当該リース資産を利用し、そこから生み出される便益を享受することができるため、キャッシュの獲得に貢献する便益の源泉たる経済的資源を支配しているといえる。したがって、当該リース資産は、資産の定義を充足する。

4 将来の有形固定資産の修繕は、操業停止や当該有形固定資産の廃棄をした場合には不要となることから、所有者は、その支払いを回避することができる。そのため、特別修繕引当金は、報告主体が支配している経済的資源を放棄もしくは引き渡す義務、またはその同等物に該当しない。したがって、特別修繕引当金は、負債の定義を充足しない。

POINT

財務諸表の構成要素の定義づけの関係

「討議資料　財務会計の概念フレームワーク」では、財務諸表の構成要素の定義が以下のような関係となっています。

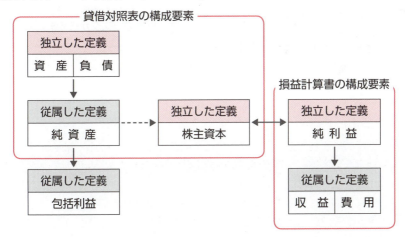

財務諸表の構成要素の定義

　財務諸表の構成要素は次のように定義されています。なお、少数株主損益は会計基準において非支配株主損益と変更されましたが、概念フレームワークではそのままの記述となっています。

資　　産	資産とは、過去の取引または事象の結果として、報告主体が支配している経済的資源をいう。
負　　債	負債とは、過去の取引または事象の結果として、報告主体が支配している経済的資源を放棄もしくは引き渡す義務、またはその同等物をいう。
純 資 産	純資産とは、資産と負債の差額をいう。
株 主 資 本	株主資本とは、純資産のうち報告主体の所有者である株主に帰属する部分をいう。
収　　益	収益とは、純利益または少数株主損益を増加させる項目であり、特定期間の期末までに生じた資産の増加や負債の減少に見合う額のうち、投資のリスクから解放された部分である。
費　　用	費用とは、純利益または少数株主損益を減少させる項目であり、特定期間の期末までに生じた資産の減少や負債の増加に見合う額のうち、投資のリスクから解放された部分である。

関連基準 「財務会計の概念フレームワーク」第3章

13 : 概念フレームワークにおける包括利益・純利益

▶▶ Question

1 概念フレームワークにおける純利益に関する次の文章中の空欄に当てはまる語句を答えなさい。

> 純利益とは、 ① までに生じた純資産の変動額（報告主体の所有者である株主、子会社の少数株主および将来それらになりうるオプションの所有者との直接的な取引による部分を除く）のうち、その期間中に ② された ③ であって、報告主体の ④ に帰属する部分をいう。

2 概念フレームワークにおける包括利益に関する次の文章中の空欄に当てはまる語句を答えなさい。

> 包括利益とは、 ① における純資産の変動額のうち、報告主体の所有者である株主、子会社の少数株主、および将来それらになりうるオプションの所有者との ② によらない部分をいう。

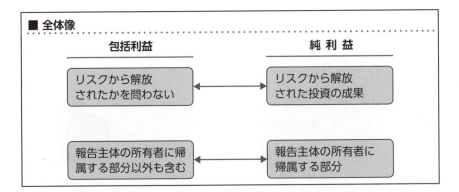

▶▶ Answer

1 ①特定期間の期末　②リスクから解放　③投資の成果　④所有者

2 ①特定期間　②直接的な取引

POINT

純利益

純利益とは、特定期間の期末までに生じた純資産の変動額（報告主体の所有者である株主、子会社の少数株主、および将来それらになりうるオプションの所有者との直接的な取引による部分を除く）のうち、その期間中にリスクから解放された投資の成果であって、報告主体の所有者に帰属する部分をいう。

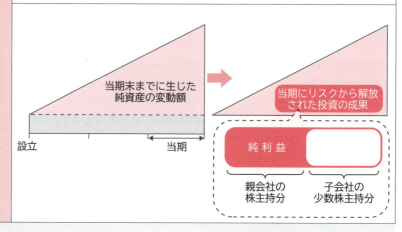

包括利益

包括利益とは、特定期間における純資産の変動額のうち、報告主体の所有者である株主、子会社の少数株主、および将来それらになりうるオプションの所有者との直接的な取引によらない部分をいう。

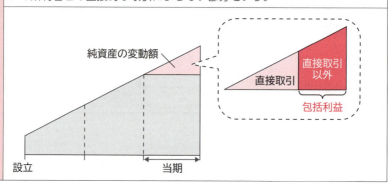

関連基準　「財務会計の概念フレームワーク」第3章

14 : 事業投資と金融投資、実現と実現可能

▶▶ Question

1. 投資のリスクからの解放の意味を答えなさい。
2. 事業投資の意義を述べるとともに、事業投資の場合どのような事実をもって投資のリスクからの解放と捉えるか答えなさい。
3. 金融投資の意義を述べるとともに、金融投資の場合どのような事実をもって投資のリスクからの解放と捉えるか答えなさい。
4. 「実現した成果」とは、どのように投資の成果を認識するのか答えなさい。
5. 「実現可能な成果」とは、どのように投資の成果を認識するのか答えなさい。

▶▶ Answer

1. 投資のリスクからの解放とは、投資にあたって期待された成果が事実として確定することをいう。
2. 事業投資は、売却することに事業遂行上の制約があり、企業が事業の遂行を通じて成果を得ることを目的とした投資である。事業投資は事業のリスクに拘束されない独立の資産を獲得したとみなすことができる事実をもってリスクから解放されたものとする。
3. 金融投資は、売却することに事業遂行上の制約がなく、公正価値（時価）の変動によって利益を獲得することを目的とした投資である。金融投資は事業の目的に拘束されず、保有資産の値上りを期待した金融投資に生じる価値の変動事実をもってリスクから解放されたものとする。
4. 売却という事実に裏づけられた成果、すなわち非貨幣性資産の貨幣性資産への転換という事実をもって投資の成果を認識する。
5. 現金またはその同等物への転換が容易である（あるいは容易になった）ことをもって投資の成果を認識する。

POINT

事業投資と金融投資

	事業投資	金融投資
意　義	事業投資は、売却することに事業遂行上の制約があり、企業が事業の遂行を通じて成果を得ることを目的とした投資である。	金融投資は、売却することに事業遂行上の制約がなく、公正価値（時価）の変動によって利益を獲得することを目的とした投資である。
具体例	金融資産： ・満期保有目的の債券 ・子会社株式および関連会社株式 事業用資産： ・通常の販売目的で保有する棚卸資産	金融資産： ・売買目的有価証券 ・デリバティブ取引により生じる正味の債権 事業用資産： ・トレーディング目的で保有する棚卸資産
リスクからの解放	事業のリスクに拘束されない独立の資産を獲得したとみなすことができる事実をもってリスクから解放されたものとする。	事業の目的に拘束されず、保有資産の値上りを期待した金融投資に生じる価値の変動事実をもってリスクから解放されたものとする。

実現と実現可能

実　現	もっとも狭義に解した「実現した成果」は、売却という事実に裏づけられた成果、すなわち非貨幣性資産の貨幣性資産への転換という事実に裏づけられた成果として意味づけられることが多く、この意味での「実現した成果」は、概念フレームワークでいう「リスクから解放された投資の成果」に含まれる。 ただし、投資のリスクからの解放は、いわゆる換金可能性や処分可能性のみで判断されるものではない。
実現可能	「実現可能な成果」は、現金またはその同等物への転換が容易である成果（あるいは容易になった成果）として意味づけられることが多く、この意味での「実現可能な成果」の中には、「リスクから解放された投資の成果」に該当しないものも含まれている。

15 : 当期業績主義と包括主義

▶▶ Question

1 損益計算書の作成上の考え方に関連して、次の各問に答えなさい。
 (1) 当期業績主義の内容を答えなさい。
 (2) 包括主義の内容を答えなさい。
2 当期業績主義と包括主義の論拠をそれぞれ答えなさい。

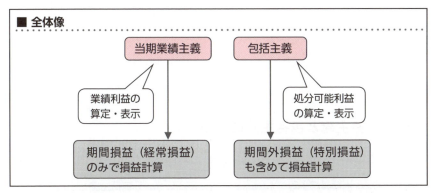

▶▶ Answer

1(1) 当期業績主義とは、損益計算書の作成目的を期間的な業績利益の算定・表示と考え、そのために、期間損益（経常損益）のみで損益計算を行い、損益計算書を作成するという考え方をいう。
 (2) 包括主義とは、損益計算書の作成目的を期間的な処分可能利益の算定・表示と考え、そのために、期間損益（経常損益）のみならず期間外損益（特別損益）も含めて損益計算を行い、損益計算書を作成するという考え方をいう。

2 当期業績主義の論拠は、損益計算書が当該期間の経営活動の状況の下で、企業がどれほどの利益を獲得できたかということに関心を持つ人々に情報を提供することにある。
　包括主義の論拠は、伝統的な企業会計における基本目的である損益計算が、投下資本の回収余剰としての利益（処分可能利益）を算定することを基本課題としていることにある。

POINT

▶ 算定される利益

　当期業績主義と包括主義との最大の違いは、期間外損益（特別損益）を当期純利益の計算過程に取り込むか否かにあります。したがって、各々の考え方の違いにより以下のように算定される利益が異なります。

当期業績主義	期 間 損 益	営 業 損 益	営 業 収 益
			営 業 費 用
		営業外損益	営業外収益
			営業外費用
包 括 主 義	期間外損益	特 別 損 益	特 別 利 益
			特 別 損 失

▶ 当期業績主義と包括主義の論拠

論拠	
当期業績主義	包括主義
損益計算書は当該期間の経営活動の状況の下で、企業がどれほどの利益を獲得できたかということに関心を持つ人々に情報を提供するものである。	損益計算書は投下資本の回収余剰としての利益（処分可能利益）を算定することを基本課題とするものである。

34

THEME
2

損益会計

16：損益計算書の作成原則

▶▶ Question

1(1) 次の文章は企業会計原則・損益計算書原則一Bの文言であるが、文章中の空欄に当てはまる語句を答えなさい。

> 費用及び収益は、　①　によって記載することを原則とし、費用の項目と収益の項目とを　②　することによってその全部又は一部を損益計算書から　③　してはならない。

(2) 損益計算書原則一Bが上記のような内容を要請している理由を答えなさい。

2(1) 次の文章は企業会計原則・損益計算書原則一Cの文言であるが、文章中の空欄に当てはまる語句を答えなさい。

> 費用及び収益は、その　①　に従って明瞭に分類し、各収益項目とそれに関連する費用項目とを損益計算書に　②　しなければならない。

(2) 下記に示すものについて、(1)の　②　がどのような関係にもとづいて行われているか説明しなさい。
　① 売上高と売上原価
　② 売上高と販売費及び一般管理費
　③ 営業外収益と営業外費用

▶▶ Answer

1(1) ①総額　②直接に相殺　③除去
(2) 利益の源泉となった取引の量的規模を明瞭に表示することにより、企業の経営活動の状況を明らかにするためである。

2(1) ①発生源泉　②対応表示
(2) ① 売上高と売上原価については、その収益と費用とが商品または製品を

媒介とする直接的な対応関係にもとづく対応表示が行われている。
② 売上高と販売費及び一般管理費については、その収益と費用とが会計期間を唯一の媒介とする間接的な対応関係にもとづく対応表示が行われている。
③ 営業外収益と営業外費用については、実質的な対応関係はなく、取引の同質性に着目して対応表示が行われている。

POINT

費用収益対応表示の原則の分類

損益計算書の対応表示は、次のように分類できます。

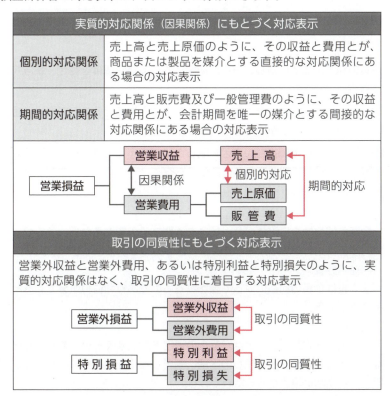

関連基準 「企業会計原則」第二・一

17：期間損益計算

▶▶ Question

1 期間損益計算の目的とは何か答えなさい。
2 財産法の長所・短所について答えなさい。
3 損益法の長所・短所について答えなさい。
4 法人税の会計的性格について答えなさい。
5 損益計算書における総額主義の原則の例外について、具体例を2つ挙げてその理由について説明しなさい。

▶▶ Answer

1 企業の利害関係者に対し、一会計期間における経営成績を測定・報告することである。

2 財産法の長所は帳簿記録に残らない損益まで把握できることであり、短所は期間損益の原因を明らかにできないことである。

3 損益法の長所は期間損益の原因を明らかにできることであり、短所は帳簿記録に残らない損益を把握できないことである

4 法人税の性格には2つある。
　(1) 費用説
　　企業が国や地方自治体のサービスを消費するのであるから、そのサービスに対する費用として法人税を支払うべきであるとする考え方である。
　(2) 利益処分説
　　法人税は企業の利益に対して課されるものであり利益の処分であるとする考え方である。

5 (1) 仕入高
　　総額表示を強制することは営業上の機密を露呈するという意味で好ましくなく、また、値引きと割戻しの区別、割戻しと販売奨励費の区別が必ずしも明確に行えない場合があるためである。

(2) 為替差損益

為替相場の変動という１つの要因により生じるものであるため、純額で表示することにより、その企業が為替相場の変動による影響をどれくらい受けているかを端的に示すことができるからである。

POINT

期間損益計算

期間損益計算とは、継続企業を前提として人為的に区切られた期間ごとに損益を計算する方法をいいます。設立から解散までの全体利益計算をする全体損益計算との関係を示すと次のようになります。

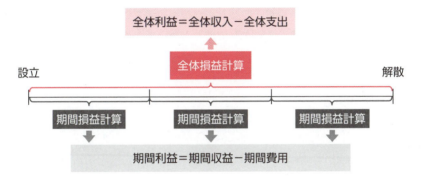

財産法と損益法

財産法と損益法の区別は次のとおりです。

	財産法	損益法
計算基礎	実地調査	帳簿記録
式	期間損益＝期末純資産－期首純資産	期間損益＝期間収益－期間費用
長所	帳簿記録に残らない損益まで把握できる	期間損益の原因を明らかにできる
短所	期間損益の原因を明らかにできない	帳簿記録に残らない損益を把握できない

法人税の性格

法人税の性格については費用説と利益処分説の2つの見解があり、わが国の企業会計原則は両説の折衷案を採用し、税引前当期純利益をいったん算出してから法人税を差し引く形式をとっています。

費用説	本来の損益計算書における最終利益→「当期純利益」
利益処分説	本来の損益計算書における最終利益→「税引前当期純利益」

総額主義の原則

総額主義の原則とは、費用と収益とを直接相殺することによって、その全部または一部を損益計算書から除去してはならないことを指示する原則です。

関連基準 「企業会計原則」第二

18：貸借対照表の作成原則

Rank B

▶▶ Question

1 次に示す企業会計原則・貸借対照表原則一の規定にもとづいて、以下の各問に答えなさい。

> 貸借対照表は、企業の財政状態を明らかにするため、貸借対照表日におけるすべての資産、負債及び純資産（資本）を記載し、株主、債権者その他の利害関係者にこれを正しく表示するものでなければならない。

(1) 貸借対照表原則一は、一般に何とよばれている原則か答えなさい。

(2) 上記規定中の「財政状態」について、その内容を説明しなさい。

(3) 上記(1)で答えた原則のもと、簿外資産・負債が認められるか否か説明しなさい。

2 次の文章は、企業会計原則における動的貸借対照表が有する機能に関して述べた文章である。文章中の空欄に当てはまる語句を答えなさい。

> 動的貸借対照表が有する機能には期間損益計算の ① 機能と ② 表示機能がある。
>
> 「期間損益計算の ① 機能」
>
> 動的貸借対照表では、 ③ と ④ との期間的なズレから生じる ⑤ を収める場所であり、連続する期間損益計算を ① する機能を果たしている。
>
> 「 ② 表示機能」
>
> 動的貸借対照表は、企業資本の ⑥ とそれら資本の ⑦ とを対照表示したものである。したがって、それは、一定時点における企業の ② を表示する機能を果たしている。

▶▶ Answer

1(1)　貸借対照表完全性の原則（貸借対照表網羅性の原則）

(2)　財政状態とは、企業が経営活動を行うために利用される資本の調達源泉と運用形態の釣合いの状態をいう。

(3)　貸借対照表完全性の原則のもと、本来簿外資産・負債は認められない。しかし、利害関係者の判断を誤らせない限りにおいて、重要性の原則の適用により簡便な処理をした結果生じた簿外資産、負債は正規の簿記の原則に従った適正な会計処理として認められる。

2　①連結　②財政状態　③収支計算　④損益計算
　　⑤未解決項目（または未解消項目）　⑥運用形態　⑦調達源泉

POINT

▌貸借対照表の機能

　貸借対照表には、期間損益計算の連結機能と、財政状態表示機能の2つの機能があります。

(イ)　期間損益計算の連結機能

　　動態論を前提とする企業会計においては、企業の設立から解散までの全期間を人為的に区切っているため、「収入と収益」、「支出と費用」、「収入と支出」の間に期間的なズレが生じます。動的貸借対照表はこのような**収支計算と損益計算の期間的なズレから生じた未解決項目を次期の期間損益計算へ繰り越し、連結するための機能**を果たしています。

動的貸借対照表

	資産		負債
資産	①　支出・未費用項目 　　（商品、建物等） ②　収益・未収入項目 　　（売掛金、未収収益等） ③　支出・未収入項目 　　（立替金、貸付金等） ④　貨幣	①　費用・未支出項目 　　（買掛金、引当金等） ②　収入・未収益項目 　　（前受金、前受収益等） ③　収入・未支出項目 　　（借入金、預り金等） 　　資本金等	負債 … 純資産

㈠ 財政状態表示機能

　財政状態とは、**企業が経営活動を行うために利用される資本の調達源泉と運用形態の釣合いの状態**をいいます。貸借対照表は、一定時点の、資本の調達源泉と運用形態を左右に対照表示したもので、企業の財政状態を表示する機能を果たしています。貸借対照表の借方が運用形態、貸方が調達源泉をそれぞれ表しています。

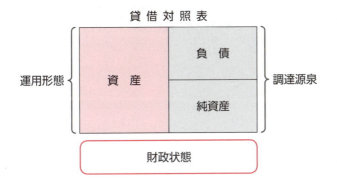

関連基準 「企業会計原則」第三・一

19 : 注記表の概要

▶▶ Question

1. 会社計算規則が要求する注記のうち主な注記の種類を5つ答えなさい。
2. 重要な後発事象を注記する理由を答えなさい。
3. 重要な会計方針に係る事項に関する注記の具体例を3つ答えなさい。

▶▶ Answer

1. ① 継続企業の前提に関する注記
   ② 重要な会計方針に係る事項に関する注記
   ③ 税効果会計に関する注記
   ④ １株当たり情報に関する注記
   ⑤ 重要な後発事象に関する注記
2. 重要な後発事象を注記事項として開示することは、当該企業の将来の財政状態、経営成績およびキャッシュ・フローの状況を理解するための補足情報として有用であるためである。
3. ① 資産の評価基準および評価方法
   ② 固定資産の減価償却方法
   ③ 繰延資産の処理方法

POINT

▶ 注記表の概要

　会社計算規則では、貸借対照表や損益計算書の本文に記載された数値や項目またはこれに関連する事項を説明するために注記の記載を定めています。会社計算規則が要求する注記は、次のようなものがあります。

主な注記の種類	・継続企業の前提に関する注記
	・重要な会計方針に係る事項に関する注記
	・会計方針の変更に関する注記
	・表示方法の変更に関する注記
	・会計上の見積もりに関する注記
	・会計上の見積りの変更に関する注記
	・誤謬の訂正に関する注記
	・貸借対照表等に関する注記
	・損益計算書に関する注記
	・株主資本等変動計算書に関する注記
	・税効果会計に関する注記
	・リースにより使用する固定資産に関する注記
	・金融商品に関する注記
	・賃貸等不動産に関する注記
	・持分法損益等に関する注記
	・関連当事者との取引に関する注記
	・1株当たり情報に関する注記
	・重要な後発事象に関する注記
	・連結配当規制適用会社に関する注記
	・収益認識に関する注記
	・その他の注記

▌ 重要な会計方針に係る事項に関する注記

　会社計算規則では、計算書類の作成のために採用している会計処理の原則および手続ならびに表示方法その他計算書類作成のための基本となる事項である会計方針について、注記することを要求しています。会社計算規則が要求する注記は、次のようなものがあります。

重要な会計方針に係る注記	・資産*の評価基準および評価方法
	・固定資産の減価償却方法
	・引当金の計上基準
	・収益および費用の計上基準
	・その他計算書類の作成のための基本となる事項

＊　企業会計原則注解【注1-2】では、具体的に有価証券や棚卸資産で示されています。

関連基準　「会社計算規則」第98条、第101条

20：現金主義会計と発生主義会計

▶▶ Question

1 現金主義会計の内容について説明しなさい。なお、測定面について触れる必要はない。

2 企業の業績評価を重視するための会計体系として、発生主義会計がある。その内容を説明しなさい。なお、測定面について触れる必要はない。

3 時代の経過とともに現金主義会計から発生主義会計へと移行したが、その主な要因を端的に3つ指摘しなさい。

4 企業会計原則においては、上記**1**および**2**で示した会計体系とは異なる体系を有している。企業会計原則における収益・費用の認識および測定の方法について説明しなさい。

5 企業会計原則が上記**4**で示したような収益・費用の認識および測定の方法を採用している理由を説明しなさい。

▶▶ Answer

1 現金主義会計とは現金収支（現金主義の原則）にもとづいて収益・費用を認識し、両者の差額として利益を計算する会計体系をいう。

2 発生主義会計とは、経済価値の増減（発生主義の原則）にもとづいて収益・費用を認識し、両者の差額として利益を計算する会計体系をいう。

3 (1) 信用経済の発展　(2) 棚卸資産在庫の恒常化　(3) 固定設備資産の増大

4 企業会計原則においては、収益は実現主義の原則により認識され、期間実現収益が把握される。これに対して、費用はまず発生主義の原則により認識され、期間発生費用が把握された後、費用収益対応の原則によって期間実現収益と対応する期間対応費用が抜き出される。一方、収益・費用の測定に関しては、収支額基準にもとづいて測定されることになる。

5 企業会計原則は、処分可能利益の計算という制約を受けながらも、その枠内でできるだけ正確な期間損益計算を行おうと思考しているためである。

POINT

▌現金主義会計と発生主義会計が前提とする経営条件の相違

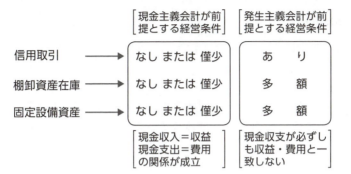

▌企業会計原則における発生主義会計

　企業会計原則（制度）における発生主義会計は、実現主義・発生主義・費用収益対応の原則の3つにより特徴づけられます。

実現主義の原則	収益を、実現の事実にもとづいて計上することを要請する認識原則をいう。
発生主義の原則	費用を、発生の事実にもとづいて計上することを要請する認識原則をいう。
費用収益対応の原則	発生した費用のうち、期間収益に対応するものを限定し、期間費用の決定を要請する原則をいう。

▌企業会計原則における発生主義会計の全体像

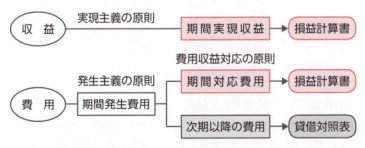

関連基準　「企業会計原則」第二・一

21：収益の認識（企業会計原則）

▶▶ Question

企業会計原則に準拠した発生主義会計における収益の認識方法について、以下の各問に答えなさい。

> 収益は ① の原則により認識される。ここに、 ① の原則とは、収益を ② にもとづいて計上することを要請する収益の認識原則である。なお、 ② とは、 ③ の引渡し・提供と対価としての ④ の受領を意味する。

1 上記文章の ① ～ ④ について、適切な語句を記入しなさい。
2 **1**のような収益の認識方法が採用される理由を2つ答えなさい。

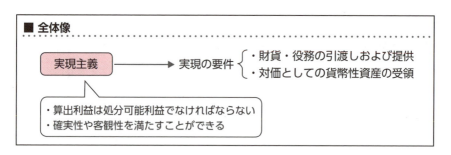

▶▶ Answer

1 ①実現主義　②実現の事実　③財貨・役務　④貨幣性資産

2 理由①：企業会計原則の収益認識では、収益力の算定・表示だけでなく、処分可能性まで算定・表示しなければならないためである。
　　理由②：実現主義の原則によれば、確実性や客観性を満たすことができるためである。

POINT

▶ 実現主義

収益は実現主義により認識されます。実現とは以下の2つを満たした時点のことをいいます。

実現の事実	① 財貨・役務の引渡しおよび提供
	② 対価としての貨幣性資産の受領

▶ 実現主義の採用根拠

実現主義の採用根拠	① 企業会計原則の収益認識では、収益力の算定・表示だけでなく、処分可能性まで算定・表示しなければならない。
	② 確実性や客観性を満たすことができる。

▶ 発生主義会計の性質

実現主義を採用している企業会計原則における発生主義会計では、以下のように処分可能性、尺度性（業績性）、確実性・客観性をそれぞれ満たすことができます。

	現金主義会計	発生主義会計	企業会計原則の発生主義会計
処分可能性	◎ （確保できる）	× （確保できない）	○ （比較的確保できる）
尺　度　性 （業績性）	× （確保できない）	◎ （確保できる）	○ （比較的確保できる）
確　実　性・ 客　観　性	◎ （確保できる）	× （確保できない）	○ （比較的確保できる）

関連基準 「企業会計原則」第二

22：収益・費用の測定（企業会計原則）

▶▶ Question

1 企業会計原則に準拠した発生主義会計における収益および費用の測定方法を答えなさい。

2 上記**1**のような収益および費用の測定方法が採用される理由を2つ答えなさい。

3 費用の測定の際に適用される費用配分の原則の意義について答えなさい。

4 費用配分の原則と費用収益対応の原則との関係について簡潔に説明しなさい。

▶▶ Answer

1 収益・費用は収支額基準にもとづいて、収支額により測定される。収支額基準とは、収支額にもとづいて収益や費用の額を測定する基準をいうが、この場合の収支額とは、当期の収支額だけでなく、過去の収支額および将来の収支額を含む、広義の収支額である。

2 理由①：伝統的な企業会計においては、収益力の算定・表示を目的とするが、算出利益は処分可能利益でなければならないためである。
理由②：収支額基準によれば、確実性や客観性を満たすことができるためである。

3 費用配分の原則とは、資産または将来の支出が数期間にわたって費用化されている場合に、各会計期間の費用の測定にあたって、当該資産に対する過去の支出額または将来の支出額を配分する原則である。

4 費用配分の原則は、資産の過去の支出額または将来の支出額を各会計期間に費用として配分していくことを指示する原則である。これに対して、費用収益対応の原則は、実現収益との対応にもとづいて、費用の認識時点を決定することを指示する原則である。したがって、費用配分の原則により当該費用の測定が行われ、費用収益対応の原則により費用の認識時点が決定される関係にある。

POINT

費用配分の原則と収支額基準との関係

費用の測定は、収支額基準に加えて、費用配分の原則を適用して行われます。

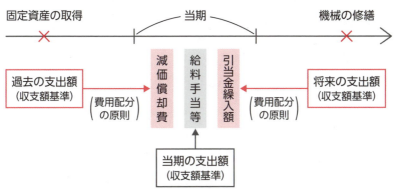

関連基準　「企業会計原則」第二・一A

23：収益認識に関する会計基準の概要

▶▶ Question

1 収益認識に関する会計基準の基本となる原則を答えなさい。

2 次の文章中の空欄にあてはまる語句を答えなさい。

・ステップ1： ① を識別する。
・ステップ2：契約における ② を識別する。
・ステップ3： ③ を算定する。
・ステップ4：契約における ② に ③ を配分する。
・ステップ5： ② を充足した時に又は充足するにつれて収益を認識する。

3 取引価格の意義を答えなさい。

4(1) ①企業が本人に該当する場合と、②その場合の収益の認識方法を説明しなさい。

(2) ①企業が代理人に該当する場合と、②その場合の収益の認識方法を説明しなさい。

▶▶ Answer

1 収益認識に関する会計基準では、約束した財またはサービスの顧客への移転を、当該財またはサービスと交換に企業が権利を得ると見込む対価の額で描写するように、収益を認識することを基本的な原則としている。

2 ①顧客との契約　②履行義務
　③取引価格

3 取引価格とは、財またはサービスの顧客への移転と交換に企業が権利を得ると見込む対価の額（ただし、第三者のために回収する額を除く。）のことをいう。

4(1) ①顧客への財またはサービスの提供に他の当事者が関与している場合において、顧客との約束が財またはサービスを企業自ら提供する履行義務であると判断された場合に、企業は本人に該当します。

②対価の総額を収益として認識します。

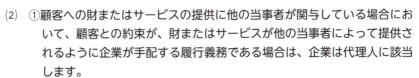

(2) ①顧客への財またはサービスの提供に他の当事者が関与している場合において、顧客との約束が、財またはサービスが他の当事者によって提供されるように企業が手配する履行義務である場合は、企業は代理人に該当します。
②手数料部分など、対価の純額を収益として認識します。

POINT

▌収益認識に関する会計基準の基本となる原則

収益認識に関する会計基準では、約束した財またはサービスの顧客への移転を、当該財またはサービスと交換に企業が権利を得ると見込む対価の額で描写するように、収益を認識することを基本的な原則としています。

▌収益を認識するための5ステップ

収益認識基準では、基本となる原則にしたがって収益を認識するために、次の5つのステップが適用されます。

・ステップ1:顧客との契約を識別する。
・ステップ2:契約における履行義務を識別する。
・ステップ3:取引価格を算定する。
・ステップ4:契約における履行義務に取引価格を配分する。
・ステップ5:履行義務を充足した時に又は充足するにつれて収益を認識する。

▌取引価格とは

取引価格とは、財またはサービスの顧客への移転と交換に企業が権利を得ると見込む対価の額(ただし、第三者のために回収する額を除く。)のことをいいます。

▌第三者のための回収額とは

第三者のための回収額とは、第三者に支払うために顧客から回収する金額のことをいい、収益からは除きます。

▌本人と代理人の区分

　企業が財またはサービスを提供する際に、他の当事者が関与している場合があります。

　このとき、(1)企業が本人に該当する場合、または、(2)企業が代理人に該当する場合により、履行義務の内容が異なり、収益の認識方法も違いが生じます。そのため、企業が本人または代理人のどちらに該当するのかという判定を行います。

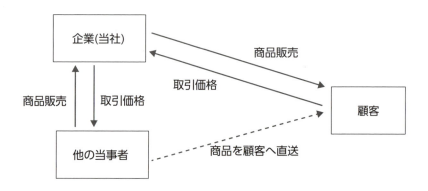

(1) 企業が本人に該当する場合

履行義務	本人は、財またはサービスが顧客に提供される前に当該財またはサービスを支配しており、本人の履行義務は、当該財またはサービスを自ら顧客に提供することである
収益の認識方法	**総額**（財またはサービスの提供と交換に企業が権利を得ると見込む対価の総額を収益として認識）

(2) 企業が代理人に該当する場合

履行義務	代理人は、他の当事者が提供する財またはサービスが顧客に提供される前に当該財またはサービスを支配しておらず、代理人の履行義務は、当該財またはサービスが他の当事者によって提供されるように手配することである

収益の認識方法	**純額**（代理人として手配することと交換に企業が権利を得ると見込む報酬または手数料の金額、あるいは受取額から他の当事者への支払額を控除した純額を収益として認識）

関連基準 「収益認識に関する会計基準」8、16、17、47
同「適用指針」39、40

24：取引価格の算定

▶▶ Question

1 取引価格の算定にあたって、影響を考慮すべき要素として「収益認識に関する会計基準」に挙げられている項目4つを答えなさい。

2 次の文章中の空欄にあてはまる語句を答えなさい。

> 変動対価が含まれる取引には、 ① 、リベート、返金、インセンティブ、業績に基づく割増金、ペナルティーなどの形態により対価の額が変動する場合や、 ② などがある。

3 次の文章中の空欄にあてはまる語句（漢字3文字）を答えなさい。

> 変動対価の額の見積りにあたっては、 ① による方法または ② による方法のいずれかのうち、企業が権利を得ることとなる対価の額をより適切に予測できる方法を用いる。
> 　 ① による方法とは、発生し得ると考えられる対価の額における最も可能性の高い単一の金額による方法のことをいう。一方、 ② による方法とは、発生し得ると考えられる対価の額を確率で加重平均した金額による方法のことをいう。

4(1) 顧客との契約に重要な金融要素が含まれていると判断されるのは、どのような場合か説明しなさい。

(2) 顧客との契約に重要な金融要素が含まれている場合の取引価格の算定方法を説明しなさい。

▶▶ Answer

1 ①変動対価　②契約における重要な金融要素　③現金以外の対価
④顧客に支払われる対価

2 ①値引き　②返品権付きの販売

3 ①最頻値　②期待値

4(1)　契約の当事者が明示的または黙示的に合意した支払時期により、財または
サービスの顧客への移転に係る信用供与についての重要な便益が顧客または
企業に提供される場合には、顧客との契約は重要な金融要素を含むものとす
る。

(2)　顧客との契約に重要な金融要素が含まれる場合、取引価格の算定にあたっ
ては、約束した対価の額に含まれる金利相当分の影響を調整する。収益は、
約束した財またはサービスが顧客に移転した時点で（または移転するにつれ
て）、当該財またはサービスに対して顧客が支払うと見込まれる現金販売価
格を反映する金額で認識する。

POINT

▌変動対価が含まれる取引とは

　変動対価とは、顧客と約束した対価のうち変動する可能性のある部分のこと
をいいます。

　変動対価が含まれる取引には、値引き、リベート、返金、インセンティブ、
業績に基づく割増金、ペナルティーなどの形態により対価の額が変動する場合
や、返品権付きの販売などがあります。

▌変動対価の見積り方法

　変動対価の額の見積りにあたっては、最頻値による方法または期待値による
方法のいずれかのうち、企業が権利を得ることとなる対価の額をより適切に予
測できる方法を用います。

最頻値による方法	発生し得ると考えられる対価の額における最も可能性の高い単一の金額（最頻値）による方法
期待値による方法	発生し得ると考えられる対価の額を確率で加重平均した金額（期待値）による方法

変動対価の取り扱い

変動対価の額については、変動対価の額に関する不確実性が事後的に解消される際に、解消される時点までに計上された収益の著しい減額が発生しない可能性が高い部分に限り、取引価格に含めます。

契約における重要な金融要素とは

契約の当事者が明示的または黙示的に合意した支払時期により、財またはサービスの顧客への移転に係る信用供与についての重要な便益が顧客または企業に提供される場合には、顧客との契約は重要な金融要素を含むものとします。

契約における重要な金融要素の取り扱い

顧客との契約に重要な金融要素が含まれる場合、取引価格の算定にあたっては、約束した対価の額に含まれる金利相当分の影響を調整します。

収益は、約束した財またはサービスが顧客に移転した時点で（または移転するにつれて）、当該財またはサービスに対して顧客が支払うと見込まれる現金販売価格を反映する金額で認識します。

関連基準 「収益認識に関する会計基準」48、50、51、54、56、57

25 : 工事契約（収益認識に関する会計基準）

Rank **B**

▶▶ Question

1 次の文章中の空欄にあてはまる語句を答えなさい。

収益認識に関する会計基準では、工事契約について、次の要件のいずれかを満たすかを判断する。

① 企業が顧客との契約における義務を履行するにつれて、顧客が ① こと

② 企業が顧客との契約における義務を履行することにより、資産が生じるまたは ② し、当該資産が生じるまたは当該 ② するにつれて、顧客が当該資産を ③ すること

③ 次の要件のいずれも満たすこと

ⅰ 企業が顧客との契約における義務を履行することにより、 ④ が生じること

ⅱ 企業が顧客との契約における義務の履行を完了した部分について、 ⑤ を有していること

2 原価回収基準の意義を答えなさい。

▶▶ Answer

1 ①便益を享受する　②資産の価値が増加
　③支配　　　　　　④別の用途に転用することができない資産
　⑤対価を収受する強制力のある権利

2 原価回収基準とは、履行義務を充足する際に発生する費用のうち、回収することが見込まれる費用の金額で収益を認識する方法のことをいう。

POINT

▌ 工事契約の会計処理

収益認識に関する会計基準では、工事契約について、次の要件のいずれかを満たすかを判断します。

---
① 企業が顧客との契約における義務を履行するにつれて、顧客が便益を享受すること
② 企業が顧客との契約における義務を履行することにより、資産が生じるまたは資産の価値が増加し、当該資産が生じるまたは当該資産の価値が増加するにつれて、顧客が当該資産を支配すること
③ 次の要件のいずれも満たすこと
　ⅰ 企業が顧客との契約における義務を履行することにより、別の用途に転用することができない資産が生じること
　ⅱ 企業が顧客との契約における義務の履行を完了した部分について、対価を収受する強制力のある権利を有していること

上記の要件のいずれかを満たす場合には、一定の期間にわたり充足される履行義務に該当します。

そして、一定の期間にわたり充足される履行義務に該当する場合の処理は次のように分類されます。

---
① 進捗度にもとづき収益認識
② 完全に履行義務を充足した時点で収益認識
③ 原価回収基準

なお、いずれの要件も満たさない場合には、一時点で充足される履行義務として、履行義務が充足したときに収益を認識します。

関連基準 「収益認識に関する会計基準」15、35、38、45

60

26：リスクからの解放・工事損失引当金

Rank B

▶▶ Question

1 投資のリスクからの解放による工事契約に係る認識の考え方を答えなさい。

2 工事契約に関して、工事損失が生じる可能性がある場合には工事損失引当金を計上することとしている。これに関して次の(1)および(2)に答えなさい。

(1) 「収益認識に関する会計基準の適用指針」において工事損失引当金を計上する場合の具体的取扱いについて説明しなさい。

(2) 工事損失引当金を計上することとした理由を答えなさい。

▶▶ Answer

1 工事契約による事業活動は、工事の遂行を通じて成果に結びつけることが期待されている投資であり、そのような事業活動を通じて、投資のリスクから解放されることになる。

2(1) 工事契約について、工事原価総額等が工事収益総額を超過する可能性が高く、かつ、その金額を合理的に見積もることができる場合には、その超過すると見込まれる額のうち、当該工事契約に関してすでに計上された損益の額を控除した残額を、工事損失が見込まれた期の損失として処理し、工事損失引当金を計上する。

(2) 工事損失引当金の計上は、工事損失の発生が見込まれる場合、すなわち、投資額を回収できないような事態が生じた場合において、将来に損失を繰り延べないために行われる会計処理であり、従来より将来の特定の損失については引当金の計上が求められており、工事契約から将来発生が見込まれる損失についても、引当金計上の要件を満たすのであれば、同様の処理が必要になると考えられるためである。

61

POINT

▌投資のリスクからの解放

投資形態		工事契約	商品・製品販売
投資のリスク	販売リスク	なし	あり
	代金回収リスク	僅少	僅少
投資にあたって期待された成果		工事の遂行を通じて成果に結びつけること	市場における販売を通じて成果を獲得すること
リスクからの解放時点		受注・工事を遂行する過程	販売を完了し現金や営業債権を取得した時点（販売リスクからの解放時点）

▌工事損失引当金の計上額

　工事原価総額等が工事収益総額を超過すると見込まれる額（工事損失）のうち、**当該契約に関して既に計上された損益の額を控除した残額を工事損失が見込まれた期の損失として引当金を設定**します。

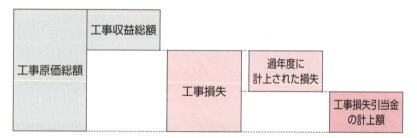

▌引当金の要件

引当金の要件	①　将来の特定の費用または損失であること ②　その発生が当期以前の事象に起因していること ③　発生の可能性が高いこと ④　その金額を合理的に見積ることができること

関連基準　「収益認識に関する会計基準の適用指針」90

27：税効果会計の目的

▶▶ Question

1. 税効果会計が必要とされる理由を2つ答えなさい。
2. 企業会計の目的と法人税法の目的をそれぞれ1つずつ答えなさい。
3. 「税効果会計に係る会計基準」における法人税等の性格について答えなさい。

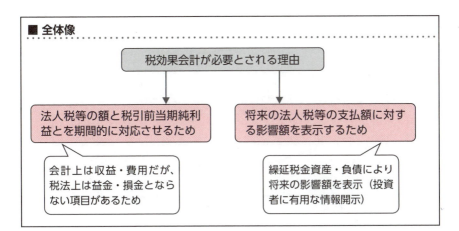

▶▶ Answer

1. 一つ目の理由は、法人税等の額と税引前当期純利益とを合理的に対応させるためである。
   二つ目の理由は、将来の法人税等の支払額に対する影響額を表示するために必要となるためである。
2. 企業会計の目的は企業の業績評価に役立つ情報の算定・開示である。
   法人税法の目的は課税の公平化である。
3. 「税効果会計に係る会計基準」では、法人税等を収益力を算定するうえでのマイナス項目、すなわち費用として捉えている。

POINT

企業会計・法人税法の目的

企業会計の目的	企業の業績評価に役立つ情報の算定・開示
法人税法の目的	課税の公平化・国家財政への配慮

　以上の目的の違いにより利益の算定要素である収益・費用と、所得の算定要素である益金・損金の考え方にも違いが生じます。

(1) 収益と益金の相違

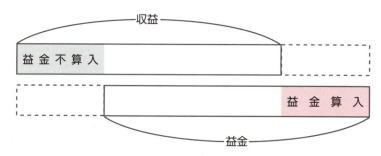

(2) 費用と損金の相違

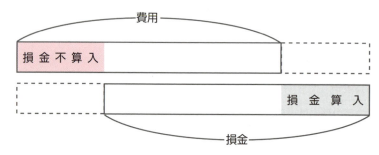

関連基準　「税効果会計に係る会計基準」第一

28 : 繰延法・資産負債法

▶▶ Question

1. 繰延法の意義を答えなさい。
2. 繰延法のもとで税効果会計を行う目的を答えなさい。
3. 資産負債法の意義を答えなさい。
4. 資産負債法のもとでの税効果会計を行う目的を答えなさい。

■ 全体像

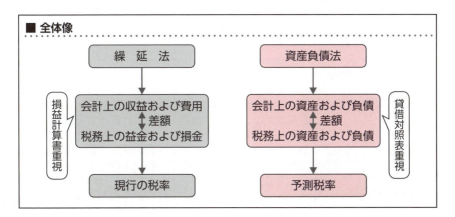

▶▶ Answer

1. 繰延法とは、調整すべき差異を会計上の収益および費用と、税務上の益金および損金の差額から把握し、これに現行の税率を適用して算定した額を、調整すべき税効果額として処理する方法のことである。
2. 繰延法のもとでは、差異の発生年度における法人税等の額と税引前当期純利益を期間的に対応させることが税効果会計を行う目的である。
3. 資産負債法とは、調整すべき差異を会計上の資産および負債と、税務上の資産および負債の差額から把握し、これに将来施行されるべき税率（予測税率）を適用して算定した額を、調整すべき税効果額として処理する方法のことである。
4. 資産負債法のもとでは、将来の法人税等の支払額に対する影響を表示することが税効果会計を行う目的である。

POINT

▶ 繰延法と資産負債法の違い

　税効果会計における繰延法と資産負債法の違いは次のとおりです。なお、現行の税効果会計に係る会計基準では、資産負債法が採用されています。

	繰　延　法	資産負債法
目　　　　的	差異の発生年度における法人税等の額と税引前当期純利益とを期間的に対応させること	将来の法人税等の支払額に対する影響を表示すること
対象となる差異	期間差異	一時差異
重視される期間	発生年度	解消年度
基礎となる会計観	収益費用アプローチを基礎とし、損益計算書において、税引前当期純利益と法人税等との対応関係を図ることを重視している	資産負債アプローチを基礎とし、貸借対照表において、一時差異等が当該差異の解消期間に支払うべき法人税等の金額に対してどれだけの影響を有しているのかを表示することを重視している
適用される税率	現行の税率 (発生年度における適用税率)	将来施行されるべき税率 (解消年度における予測税率)
税効果会計適用後に税率の変更があった場合の処理	変更前（発生年度）の税率をそのまま用いる	変更後の税率にもとづき再計算する

関連基準 「税効果会計に係る会計基準の設定に関する意見書」三
　　　　　　「税効果会計に係る会計基準」第一

29 : 一時差異・永久差異

▶▶ Question

1 一時差異と永久差異について、どのような特徴を持つ差異か、それぞれ答えなさい。

2 一時差異は将来減算一時差異と将来加算一時差異に細分されるが、それぞれについて意義を答えなさい。

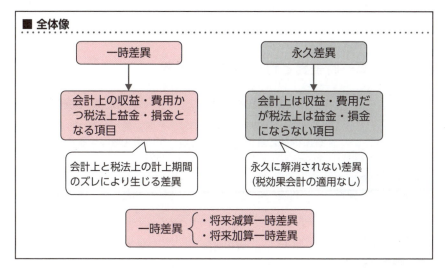

▶▶ Answer

1 一時差異とは会計上、収益・費用として取扱い、税法上も益金・損金として取扱う項目ではあるが、認識時点（計上する期間）にズレが生じることに起因する差異のことをいう。

永久差異とは会計上の収益・費用と税法上の益金・損金の取扱い自体が異なることから生じ、永久に解消されることのない差異のことをいう。

2 将来減算一時差異とは、差異が生じたときに所得の計算上加算され、その差異が解消される将来において、所得の計算上減算されるものである。

将来加算一時差異とは、差異が生じたときに所得の計算上減算され、その差異が解消される将来において、所得の計算上加算されるものである。

POINT

▌永久差異の具体例

受取配当金	会計上は収益として取り扱い、税法上は一部について永久に益金として取り扱わない。
交 際 費	会計上は費用として取り扱い、税法上は限度額を超過した額について永久に損金として取り扱わない。
寄 附 金	会計上は費用として取り扱い、税法上は限度額を超過した額について永久に損金として取り扱わない。
罰 科 金	会計上は損失として取り扱い、税法上は永久に損金として取り扱わない。

▌将来減算一時差異と将来加算一時差異

	将来減算一時差異	将来加算一時差異
意義	一時差異が解消される期の課税所得を減額する効果をもつもの	一時差異が解消される期の課税所得を増額する効果をもつもの
一時差異が発生する期の利益と課税所得の関係	利益 ＜ 課税所得	利益 ＞ 課税所得
一時差異が解消される期の利益と課税所得の関係	利益 ＞ 課税所得	利益 ＜ 課税所得
例示	・貸倒引当金繰入超過額 ・棚卸資産の評価損否認額 ・固定資産の減価償却超過額 など	・その他有価証券を時価評価した場合 ・積立金方式による固定資産の圧縮記帳（圧縮積立金） など
貸借対照表の計上科目	繰延税金資産	繰延税金負債

関連基準 「税効果会計に係る会計基準」第二・一2、3

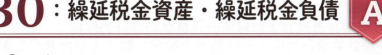

30：繰延税金資産・繰延税金負債

▶▶ Question

1 「税効果会計に係る会計基準」のもと計上される繰延税金資産の資産性について述べなさい。

2 繰延税金負債の負債性が認められる理由を答えなさい。

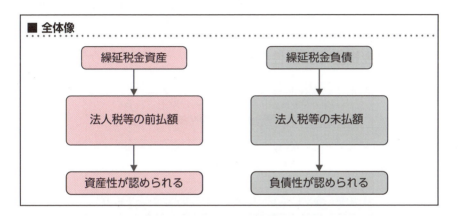

▶▶ Answer

1 繰延税金資産は、将来の法人税等の支払額を減額する効果を有し、一般的には法人税等の前払額に相当するため、その資産性が認められる。

2 繰延税金負債は、将来の法人税等の支払額を増額する効果を有し、法人税等の未払額に相当するため、その負債性が認められる。

POINT

▶ 繰延税金資産および繰延税金負債の会計的性格
（「税効果会計に係る会計基準の設定に関する意見書」二2）

繰延税金資産	繰延税金負債
繰延税金資産は、将来の法人税等の支払額を減額する効果を有し、一般的には法人税等の前払額に相当するため、資産としての性格を有するものと考えられる。	繰延税金負債は、将来の法人税等の支払額を増額する効果を有し、法人税等の未払額に相当するため、負債としての性格を有するものと考えられる。

▶ 繰延税金資産の資産性の理由

繰延税金資産に起因する差異が解消される
将来の期間の税金支払額を減額する。

将来、企業にキャッシュをもたらす能力があるもの
⇒経済的資源を有すると考えられる。

資産性あり

関連基準 「税効果会計に係る会計基準の設定に関する意見書」二・2

31 : 繰延税金資産の回収可能性

▶▶ Question

1 繰延税金資産の回収可能性が認められる判断基準を3つ答えなさい。

2 繰延税金資産はその回収可能性を毎期見直し、場合によっては取崩しを行う必要があるが、そのような処理を行う理由を答えなさい。

▶▶ Answer

1 繰延税金資産は、次の3つのいずれかを満たすことにより、回収可能性（資産性）があるものと判断される。
　① 将来減算一時差異の解消見込年度を含む期間に、一時差異等加減算前課税所得が発生する可能性が高いと見込まれること
　② 将来減算一時差異の解消見込年度を含む期間に、一時差異等加減算前課税所得を発生させるタックスプランニングが存在すること
　③ 将来減算一時差異の解消見込年度を含む期間に、将来加算一時差異の解消が見込まれること

2 繰延税金資産は、将来減算一時差異が解消されるときに課税所得を減少させ、税金負担額を軽減することができると認められる範囲内で計上するものだから。

POINT

▌繰延税金資産の回収可能性に関する判断基準

(1)	将来減算一時差異の解消見込年度を含む期間に、一時差異等加減算前課税所得が発生する可能性が高いと見込まれること
(2)	将来減算一時差異の解消見込年度を含む期間に、一時差異等加減算前課税所得が発生する可能性が高いと見込まれるタックスプランニングが存在すること
(3)	将来減算一時差異の解消見込年度を含む期間に、将来加算一時差異の解消が見込まれること

▌繰延税金資産の回収可能性

（資産負債法による）繰延税金資産は、一時差異が将来解消する期間における法人税等の減額効果を見積計上します。そのため、その計上にあたり回収可能性を有することが必要になります。

例） 第1期に、固定資産の減価償却超過額が100生じた。第2期の課税所得は60と予想されている（一時差異は第2期に全額解消するものとし、第3期以降は無視する）。なお、法定実効税率は40％とする。

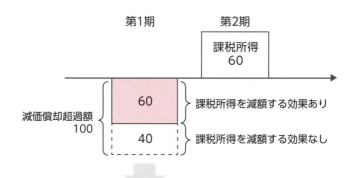

関連基準 「税効果会計に係る会計基準」第二 注5

32：税効果会計

▶▶ Question

1 以下に示す「税効果会計に係る会計基準」第三の文章について、空欄に入る適切な語句を答えなさい。

> 第三　繰延税金資産及び繰延税金負債等の表示方法
> 3．当期の法人税等として納付すべき額及び ① は、法人税等を控除する前の当期純利益から ② する形式により、それぞれ ③ して表示しなければならない。

2 以下に示す「税効果会計に係る会計基準の一部改正」の文章について、空欄に入る適切な語句を答えなさい。

> 2．税効果会計基準の「第三　繰延税金資産及び繰延税金負債等の表示方法」1．及び2．の定めを次のとおり改正する。
>
> 1．繰延税金資産は ① の区分に表示し、繰延税金負債は ② の区分に表示する。
> 2． ③ 納税主体の繰延税金資産と繰延税金負債は、双方を相殺して表示する。
> 　 ④ 納税主体の繰延税金資産と繰延税金負債は、双方を相殺せずに表示する。
>
> 3．税効果会計基準の「第四 注記事項」1.の定めを次のとおり改正する。
>
> 1．繰延税金資産及び繰延税金負債の ⑤ 別の主な内訳

▶▶ Answer

1 ①法人税等調整額　②控除　③区分
2 ①投資その他の資産　②固定負債　③同一　④異なる　⑤発生原因

POINT

▍繰延税金資産・繰延税金負債の表示

　繰延税金資産は、固定資産（投資その他の資産）の区分に表示し、繰延税金負債は、固定負債の区分に表示します。

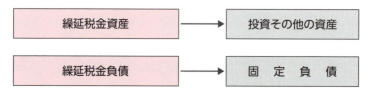

▍繰延税金資産・繰延税金負債の相殺

　同一納税主体の繰延税金資産と繰延税金負債は相殺し、純額により、貸借対照表に表示されます。
　なお、異なる納税主体（連結会社における親会社と子会社など）の繰延税金資産と繰延税金負債は相殺することができません。

▍税効果会計に関する注記

　税効果会計では、繰延税金資産と繰延税金負債の発生原因別の主な内訳を注記します。また、繰延税金資産のうち回収可能性が認められない金額については、評価性引当額として記載します。

関連基準　「税効果会計に係る会計基準」第三
　　　　　　「税効果会計に係る会計基準」の一部改正2、3

THEME 3

資産会計

33：資産の分類

▶▶ Question

1 伝統的な会計理論（企業会計原則）における資産の分類方法を2つ答え、それぞれ説明しなさい。

2 伝統的な会計理論（企業会計原則）における貨幣性資産の評価方法を答えなさい。

3 伝統的な会計理論（企業会計原則）における費用性資産の評価方法を答えなさい。

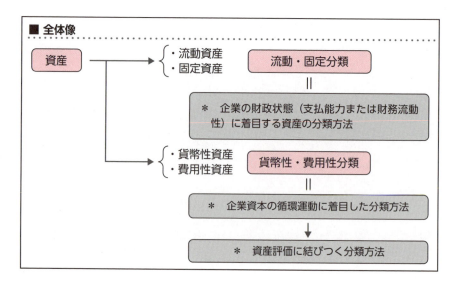

▶▶ Answer

1 分類方法①：流動・固定分類

説明： 企業の財政状態に着目する資産の分類方法をいう。この分類方法に
よれば、資産は流動資産と固定資産とに大別される。

分類方法②：貨幣性・費用性分類

説明： 資産と損益計算との関係に着目する、いわゆる資産の循環運動に着
目した分類方法であり、資産評価に結びつく分類方法である。この分
類方法によれば、資産は貨幣性資産と費用性資産とに大別される。

2 貨幣性資産は、回収可能額によって評価される。

3 費用性資産は、原価主義の原則によって、当該資産の取得に要した支出額、
すなわち取得原価にもとづき評価される。

また、費用性資産の取得原価は、費用配分の原則によって各会計期間に費用
として配分され、費用配分後の残余部分が各会計期間末における評価額とな
る。

POINT

▶ 流動・固定分類

　資産を流動資産と固定資産に分類することで、企業の財政状態（支払能力または財務流動性）の把握が可能となります。資産を流動・固定に分類する主な基準には正常営業循環基準と一年基準があります。

正常営業循環基準	企業の正常な営業循環過程を構成する資産は、すべて流動資産に属するものとする基準
一　年　基　準	貸借対照表日の翌日から起算して1年以内に期限が到来するものを流動資産とし、期限が1年を超えて到来するものを固定資産とする基準

▶ 貨幣性・費用性分類

　資産と損益計算との関係は、企業資本の循環運動から確認することができます。そこで、この企業資本の循環運動に着目したのが、貨幣性・費用性分類です。

	資産の性質	例
貨幣性資産	資本の回収過程にある資産	預金、金銭債権など
費用性資産	資本の投下過程にある資産	棚卸資産、固定資産など

▶ 貨幣性・費用性資産の評価

貨幣性資産	回収可能額によって評価
費用性資産	原価主義の原則によって、当該資産の取得に要した支出額、すなわち取得原価にもとづき評価

関連基準 「企業会計原則」第三・五

78

| Volume 1 | **Volume 2** | Volume 3 | Volume 4 |

34：原価主義の原則

Rank A

▸▸ Question

1 原価主義の原則の意義を答えなさい。

2 原価主義の原則が採用される理由を2つ答えなさい。

3 原価主義の原則と実現主義の原則との関係を答えなさい。

4 時価主義の原則の意義を答えなさい。

5 時価主義の原則の短所を答えなさい。

6 費用配分の原則の意義を答えなさい。

7 費用配分の原則の性格を答えなさい。

▸▸ Answer

1 原価主義の原則とは、費用性資産をその取得に要した支出額、すなわち取得原価にもとづいて評価することを指示する資産の評価原則である。

2 理由①：伝統的な企業会計においては、収益力の算定・表示を目的とするが、算出利益は処分可能利益でなければならないためである。

理由②：原価主義の原則によれば、確実性や客観性を満たすことができるためである。

3 原価主義の原則は、未実現利益である資産評価益の計上を許さないため、実現主義の原則と表裏一体の関係にある。

4 時価主義の原則とは、資産を評価時点での市場価格または経済的価値にもとづいて評価する資産の評価原則である。

5 すべての資産に客観的な市場価格が存在するとは限らないため、資産評価が主観的になりやすい。また、評価益を計上することになる場合、実現主義との関連が問題となる。

6 費用配分の原則とは、費用性資産の取得原価を各会計期間に費用として配分していくことを指示する原則をいう。

7 費用配分の原則は費用性資産についての費用の測定原則であるとともに、資産の評価原則でもある。

THEME 03 資産会計

POINT

原価主義の原則の採用根拠

原価主義の原則の採用根拠には、次の２つが理由として挙げられます。

処分可能利益の算定	（伝統的な企業会計では、）算定される利益は企業の業績を示すだけでなく、利益を株主に配分（配当）しても元本である資本を損なわない意味において処分可能なものでなければならないという制約があります。そこで、この処分可能な利益を算定するために、収益は収入額を基礎とし、費用は支出額を基礎として計上しなければならないのです。 収益（収入額）→ 費用（支出額）／処分可能利益
確実性・客観性をみたす	取得に要した支出額により資産を評価することとなるため、取引事実に即した資産評価が行えることとなります。また、取引に際して、契約書・領収書の各種証拠が作成されるのが一般的であり、これにより、取引事実の検証が容易になり、支出額すなわち資産評価の確実性や客観性も確保されます。 現金100万円 →（現金100万円で取得、原価主義の原則）→ 備品100万円（取得原価）

原価主義の原則と実現主義の原則との関係

原価主義の原則と実現主義の原則は表裏一体の関係にあります。

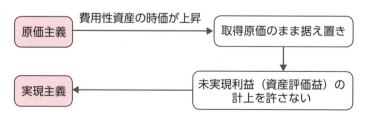

費用配分の原則

　費用配分の原則とは、費用性資産の取得原価を各会計期間に費用として配分していくことを指示する原則をいいます。

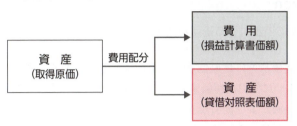

関連基準 「企業会計原則」第三

35 : 割引現価主義

▶▶ Question

1 次の文章の空欄に入る適切な語句を答えなさい。

　資産の評価基準には原価基準および時価基準がある。また、資産の評価技法の1つに割引現在価値（または現在価値）にもとづくものがある。
　原価、時価および割引現在価値にもとづく資産評価は、評価の基礎となる時点の相違および流通市場の区別により分類される。原価は過去の　①　の価格にもとづいている。
　時価評価は　②　の価格にもとづく再調達原価と　③　にもとづく正味実現可能価額の2つに区分できる。割引現在価値評価は　④　の価格にもとづいているといえる。「固定資産の減損に係る会計基準」における　⑤　という概念は割引現在価値にもとづいている。

2 割引現在価値にもとづく資産評価が、資産の定義に照らして妥当とされる根拠を簡潔に説明しなさい。

3 割引現在価値にもとづく資産評価が、2つの評価基準にもとづく資産評価と比較して問題となる点について簡潔に説明しなさい。

▶▶ Answer

1 ①購買市場　②現在（決算時）の購買市場
　　③現在（決算時）の売却市場（の価格）　④将来の売却市場　⑤使用価値

2 　資産とは、過去の取引または事象の結果として、報告主体が支配している経済的資源をいう。当該資産概念に立てば、当該資産から得られるであろうキャッシュ・フローを現在価値に割り引いた額をもって評価額とすることが、資産の本質と評価が会計理論的に一貫したものとなると考えられるためである。

3 　割引現在価値にもとづく資産評価は、原価基準および時価基準にもとづく評価と比較して将来キャッシュ・フローの予測や割引計算に用いられるべき利子率の適切な選択と測定といった点で客観性に乏しいといえる。

POINT

割引現価主義

　割引現価主義とは、当該資産または負債から生じる各期間の将来キャッシュ・フローを一定の利子率で割り引いた現在価値の総和をもって資産または負債の評価額とする会計思考のことをいいます。

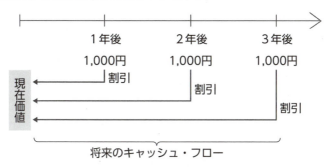

割引現価主義の問題点

　割引現価主義には、次のような問題点があります。

問題点	① 将来キャッシュ・フローの予測には著しい不確実性がある。 ② 割引計算に用いられるべき利子率の適切な選択と測定は不可能に近い。

関連基準　「金融商品に関する会計基準」会計基準Ⅴ・2

36：金融資産・金融負債の発生の認識

▶▶ Question

1 金融資産および金融負債の発生の認識方法についての文章である。空欄に入る適切な語句を答えなさい。

> 金融資産の契約上の権利または金融負債の契約上の義務を生じさせる ① したときは、原則として、当該金融資産または金融負債の ② しなければならない。

2 **1**のように認識する理由について説明しなさい。
3 金融資産の範囲を答えなさい。
4 金融負債の範囲を答えなさい。

▶▶ Answer

1 ①契約を締結　②発生を認識

2 金融資産または金融負債自体を対象とする取引については、当該取引の契約時から当該金融資産または金融負債の時価の変動リスクや契約の相手方の財政状態等にもとづく信用リスクが契約当事者に生じるため、契約締結時においてその発生を認識するのである。

3 金融資産とは、現金預金、受取手形、売掛金および貸付金等の金銭債権、株式その他の出資証券および公社債等の有価証券ならびに先物取引、先渡取引、オプション取引、スワップ取引およびこれらに類似する取引により生じる正味の債権等をいう。

4 金融負債とは、支払手形、買掛金、借入金および社債等の金銭債務ならびにデリバティブ取引により生じる正味の債務等をいう。

POINT

金融商品の発生の認識

　金融商品に関する会計基準（以下「基準」という）では、金融資産および金融負債に係る契約を締結したときに取引を認識します。

	有 価 証 券	
契 約 日	（有価証券）××　（未払金）××	
引 渡 日	仕 訳 な し	
決 済 日	（未払金）××　（現金預金）××	

　このように認識するのは、有価証券の売買のように金融資産自体を対象とする取引については、取引の契約時から金融資産（有価証券）の時価変動リスクおよび信用リスクが買手側に移るからです。

商品等の売買または役務の提供に係る金銭債権・債務

　商品等の売買または役務の提供の対価に係る金銭債権・債務は、一般的に商品等の受渡しまたは役務の提供の完了により、その発生を認識します。たとえば、商品を掛販売したことにより生じた売掛金は「基準」でいう金銭債権に当たるため金融資産に含まれますが、当該売掛金は売買契約の締結時ではなく商品の引渡日すなわち収益が実現した日に認識されます。

	商品の販売の対価に係る金銭債権	
契 約 日	仕 訳 な し	
引 渡 日	（売掛金）××　（売　上）××	
決 済 日	（現金預金）××　（売掛金）××	

関連基準　「金融商品に関する会計基準」Ⅲ

37：金融資産・金融負債の消滅の認識

▶▶ Question

1 金融資産の消滅の認識方法についての文章である。空欄に入る適切な語句を答えなさい。

> 金融資産の契約上の ① したとき、契約上の ② したときまたは契約上の ③ したときは、当該金融資産の消滅を認識しなければならない。

2 金融負債の消滅の認識方法についての文章である。空欄に入る適切な語句を答えなさい。

> 金融負債の契約上の ① したとき、契約上の ② したときまたは契約上の ③ されたときは、当該金融負債の消滅を認識しなければならない。

3 買戻特約の保持などの条件付きの金融資産の譲渡に係る金融資産の消滅の認識方法に関連して、次の各問に答えなさい。

(1) リスク・経済価値アプローチとは、どのように金融資産の消滅を認識する方法か答えなさい。

(2) 財務構成要素アプローチとは、どのように金融資産の消滅を認識する方法か答えなさい。

▶▶ Answer

1 ①権利を行使　②権利を喪失　③権利に対する支配が他に移転

2 ①義務を履行　②義務が消滅　③第一次債務者の地位から免責

3(1)　リスク・経済価値アプローチとは、金融資産のリスクと経済価値のほとんどすべてが他に移転した場合に当該金融資産の消滅を認識する方法である。

(2)　財務構成要素アプローチとは、金融資産を構成する財務的要素（財務構成要素）に対する支配が他に移転した場合に、当該移転した財務構成要素の消滅を認識し、留保される財務構成要素の存続を認識する方法である。

POINT

▌▶ 金融資産・負債の消滅の認識

　金融資産および金融負債については、次のような場合にその消滅を認識します。

金融資産の消滅の認識	金融資産の契約上の権利を行使したとき
	金融資産の契約上の権利を喪失したとき
	権利に対する支配が他に移転したとき
金融負債の消滅の認識	金融負債の契約上の義務を履行したとき
	金融負債の契約上の義務が消滅したとき
	第一次債務者の地位から免責されたとき

金融資産の譲渡に係る支配の移転

　金融資産を譲渡する場合には、譲渡後において譲渡人が譲渡資産や譲受人と一定の関係を有する場合があります。

　このような条件付きの金融資産の譲渡について消滅を認識するには次のような方法があります。

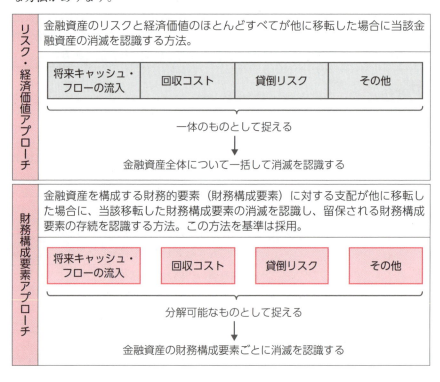

関連基準　「金融資産に関する会計基準」Ⅲ・2

38：金融資産・金融負債の評価

Rank A

▶▶ Question

1 金融資産の評価基準に関する基本的な考え方を答えなさい。

2 金融資産の評価基準として、時価評価が採用される必要性を答えなさい。

3 金融負債の評価基準に関する基本的な考え方を答えなさい。

4 金銭債権の貸借対照表価額についての文章である。空欄に入る適切な語句を答えなさい。

> 受取手形、売掛金、貸付金その他の債権の貸借対照表価額は、　①　から　②　にもとづいて算定された貸倒引当金を控除した金額とする。
>
> ただし、債権を　③　より低い価額または高い価額で取得した場合において、　①　と　③　との差額の性格が　④　と認められるときは、　⑤　にもとづいて算定された価額から　②　にもとづいて算定された貸倒引当金を控除した金額としなければならない。

5 金銭債権につき、時価評価が行われない理由を答えなさい。

6 金銭債務につき、時価評価が行われない理由を答えなさい。

▶▶ Answer

1 金融資産は、一般的には市場が存在すること等により客観的な価額として時価を把握できるとともに、当該価額により換金・決済等を行うことが可能であるため、基本的に時価評価する。

2 時価による自由な換金・決済等が可能な金融資産については、投資情報としても、企業の財務認識としても、さらに、国際的調和化の観点からも、これを時価評価し、適切に財務諸表に反映することが必要であると考えられる。

3 金融負債は、借入金のように一般的には市場がないか、社債のように市場があっても、自己の発行した社債を時価により自由に清算するには事業遂行上等の制約があると考えられることから、デリバティブ取引により生じる正味の債務を除き、債務額をもって貸借対照表価額とし、時価評価の対象としないことが適当であると考えられる。

4 ①取得価額　②貸倒見積高　③債権金額　④金利の調整　⑤償却原価法

5　金銭債権については、一般的に、活発な市場がない場合が多い。このうち、受取手形や売掛金は、通常、短期的に決済されることが予定されており、帳簿価額が時価に近似しているものと考えられ、また、貸付金等の債権は、時価を容易に入手できない場合や売却することを意図していない場合が少なくないと考えられるので、原則として時価評価は行わないこととした。

6　金銭債務は、一般的には市場がないか、社債のように市場があっても、自己の発行した社債を時価により自由に清算するには事業遂行上等の制約があると考えられるので、時価評価を行わないこととした。

POINT

債権の貸借対照表価額

　金銭債権は取得価額（償却原価）から貸倒見積高にもとづいて算定された貸倒引当金を控除した金額としなければなりません。

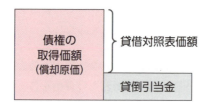

債務の貸借対照表価額

　支払手形、買掛金、借入金、社債その他の債務は、債務額をもって貸借対照表価額とします。

　ただし、社債を社債金額よりも低い価額または高い価額で発行した場合など、収入にもとづく金額と債務額とが異なる場合には、償却原価法にもとづいて算定された価額をもって、貸借対照表価額としなければなりません。

金銭債権・債務の評価

金銭債権・債務は時価評価しません。その理由は以下のとおりです。

金銭債権	一般的に、活発な市場がない場合が多い。
	受取手形や売掛金の帳簿価額が時価に近似しているものと考えられる。
	貸付金等の債権は、時価を容易に入手できない場合や売却することを意図していない場合が少なくない。
金銭債務	一般的には市場がない。
	自己の発行した社債を時価により自由に清算するには事業遂行上等の制約がある。

基準における時価等の定義

「基準」では、時価や市場について、次のように定義しています。

(1) 時価

時価とは、算定日において市場参加者間で秩序ある取引が行われると想定した場合の、当該取引における資産の売却によって受け取る価格又は負債の移転のために支払う価格のことをいいます。

(2) 市場

市場には、公設の取引所およびこれに類する市場のほか、随時、売買・換金等を行うことができる取引システム等も含まれます。

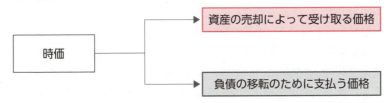

関連基準 「金融商品に関する会計基準」14、64、67

39：売買目的有価証券・満期保有目的の債券

▶▶ Question

1. 売買目的有価証券につき、時価評価が行われる理由を答えなさい。
2. 売買目的有価証券の時価評価にともなう評価差額が当期の損益として処理される理由を答えなさい。
3. 売買目的有価証券の時価評価にともなう評価差額が当期の損益として認識される根拠を投資のリスクからの解放という概念を用いて答えなさい。
4. 満期保有目的の債券の貸借対照表価額の決定方法を答えなさい。
5. 満期保有目的の債券につき、時価評価が行われない理由を答えなさい。

▶▶ Answer

1. 売買目的有価証券については、投資者にとっての有用な情報は有価証券の期末時点での時価に求められると考えられるため、時価をもって貸借対照表価額とする。
2. 売買目的有価証券は、売却することについて事業遂行上等の制約がなく、時価の変動にあたる評価差額が企業にとっての財務活動の成果と考えられることから、その評価差額は当期の損益として処理する。
3. 売買目的有価証券については、時価の変動により利益を得ることを期待して保有されており、売却することについて事業遂行上等の制約がないため、時価の変動が生じた時点で、事前の期待が事実として確定し、投資のリスクから解放されたこととなるのである。
4. 満期保有目的の債券については、取得原価をもって貸借対照表価額とする。ただし、債券を債券金額より低い価額または高い価額で取得した場合において、取得価額と債券金額との差額の性格が金利の調整と認められるときは、償却原価法にもとづいて算定された価額をもって貸借対照表価額としなければならない。
5. 満期保有目的の債券については、時価が算定できるものであっても、満期まで保有することによる約定利息および元本の受取りを目的としており、満期までの間の金利変動による価格変動のリスクを認める必要がないことから、原則として、償却原価法にもとづいて算定された価額をもって貸借対照表価額とする。

POINT

▌売買目的有価証券の評価損益の計上根拠

売買目的有価証券の評価差額は、当期の損益として計上されますが、その根拠は次のとおりです。

投資のリスクから の解放	時価の変動により利益を得ることを期待して保有しており、売却することについて事業遂行上の制約がない ↓ 時価の変動が生じた時点で、事前の期待が事実として確定
実現可能概念	いつでも売却可能な市場が存在し、随時換金可能であり、売却することについて事業遂行上の制約がない ↓ 実現損益に準ずる性格のものとして当期の損益として認識

▌売買目的有価証券、満期保有目的の債券の評価のまとめ

売買目的有価証券と満期保有目的の債券の評価をまとめると、次のようになります。

	売買目的有価証券	満期保有目的の債券
投資の種類	金融投資	事業投資
貸借対照表価額	時価	取得原価 または 償却原価
評価差額等の処理	当期の損益として処理 洗替方式 または 切放方式	償却額は 有価証券利息
キーワード	売却することについて事業遂行上の制約がない	満期まで所有する意図をもって保有

関連基準 「金融商品に関する会計基準」15、16

40：関係会社株式・その他有価証券

▶▶ Question

1. 子会社株式および関連会社株式につき、時価評価が行われない理由を答えなさい。
2. その他有価証券につき、時価評価が行われる理由を答えなさい。
3. その他有価証券の時価評価にともなう評価差額が、原則として当期の損益として処理されない理由を答えなさい。
4. その他有価証券の時価評価にともなう評価差額につき、例外的に部分純資産直入法の採用が認められている理由を答えなさい。

▶▶ Answer

1. 子会社株式については、事業投資と同じく時価の変動を財務活動の成果とは捉えないという考え方にもとづき、取得原価をもって貸借対照表価額とする。
　　また、関連会社株式については、他企業への影響力の行使を目的として保有する株式であることから、子会社株式の場合と同じく事実上の事業投資と同様の会計処理を行うことが適当であるため、取得原価をもって貸借対照表価額とする。
2. その他有価証券については、投資情報としても、企業の財務認識としても、さらに、国際的調和化の観点からも、これを時価評価し適切に財務諸表に反映することが必要である。
3. その他有価証券については、事業遂行上等の必要性からただちに売買・換金を行うことには制約をともなう要素もあり、評価差額をただちに当期の損益として処理することは適切ではないため、評価差額を当期の損益として処理することなく、税効果を調整の上、純資産の部に記載する。
4. 企業会計上、保守主義の観点から、これまで認められていた低価法による評価の考え方を考慮し、部分純資産直入法を適用して、時価が取得原価を下回る銘柄の評価差額は損益計算書に計上することもできる。

POINT

関係会社株式、その他有価証券のまとめ

	関係会社株式 （子会社株式・関連会社株式）	その他有価証券
投資の種類	事業投資	金融投資と事業投資の中間的な性格
貸借対照表価額	取得原価	時価
評価差額等の処理		全部純資産直入法* または 部分純資産直入法*
		洗替方式
キーワード	他企業への影響力の行使	事業遂行上等の必要性からただちに売買・換金を行うことに制約あり

* 償却原価法を適用した場合には、償却額を有価証券利息として処理する。

関連基準 「金融商品に関する会計基準」17、18、75〜80

41：デリバティブ取引

▶▶ Question

1. デリバティブ取引の意義を答えなさい。
2. デリバティブ取引により生じる正味の債権および債務の貸借対照表価額の決定方法および評価差額の処理方法を答えなさい。
3. デリバティブ取引により生じる正味の債権および債務につき、時価評価が行われる理由を答えなさい。
4. デリバティブ取引により生じる正味の債権および債務の時価評価にともなう評価差額が、原則として当期の損益として処理される理由を答えなさい。

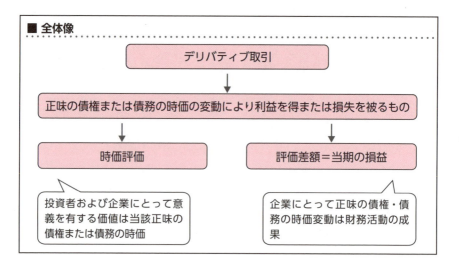

▶▶ Answer

1. デリバティブ取引とは、取引により生じる正味の債権または債務の時価の変動により保有者が利益を得または損失を被るものをいう。
2. デリバティブ取引により生じる正味の債権および債務については、時価をもって貸借対照表価額とし、評価差額は、原則として、当期の損益として処理する。

3 デリバティブ取引は通常、差金決済により取引が行われるため、投資者および企業双方にとって意義を有する価値は当該正味の債権または債務の時価に求められると考えられるためである。

4 デリバティブ取引により生じる正味の債権および債務の時価の変動は、企業にとって財務活動の成果であると考えられるためである。

POINT

デリバティブ取引の分類

デリバティブ取引は金融派生商品とよばれ、一般に先物取引、スワップ取引およびオプション取引の3つに分類されます。

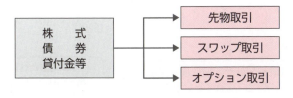

先物取引	売手と買手が、将来の一定時点において、一定の商品を契約した価格（先物価格）で売買することを約束する取引
スワップ取引	金利等から生じる将来のキャッシュ・フローを交換する取引
オプション取引	将来の一定時点において、一定の価格で一定の商品を売買する権利を売買する取引

関連基準 「金融商品に関する会計基準」25

42：ヘッジ会計

▶▶ Question

1. ヘッジ会計の意義を答えなさい。
2. ヘッジ会計の採用理由を答えなさい。
3. ヘッジ会計の原則的方法である繰延ヘッジの内容を答えなさい。
4. ヘッジ会計の例外的方法である時価ヘッジの内容を答えなさい。

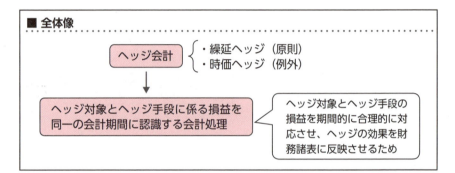

▶▶ Answer

1. ヘッジ会計とは、ヘッジ取引のうち一定の要件を満たすものについて、ヘッジ対象に係る損益とヘッジ手段に係る損益を同一の会計期間に認識し、ヘッジの効果を会計に反映させるための特殊な会計処理をいう。

2. ヘッジ対象およびヘッジ手段に係る損益を同一の会計期間に認識するヘッジ会計を適用することで、両者の損益を期間的に合理的に対応させ、ヘッジ対象の相場変動等による損失の可能性がヘッジ手段によってカバーされているという経済的実態を財務諸表に反映させるためである。

3. 繰延ヘッジとは、時価評価されているヘッジ手段に係る損益または評価差額を、ヘッジ対象に係る損益が認識されるまで純資産の部において繰り延べる方法である。

4. 時価ヘッジとは、ヘッジ対象である資産または負債に係る相場変動等を損益に反映させることにより、その損益とヘッジ手段に係る損益とを同一の会計期間に認識する方法である。

POINT

ヘッジ取引の種類

ヘッジ取引は、次のように分類できます。

(1) 公正価値ヘッジ

　公正価値ヘッジとはヘッジ対象の資産または負債に係る相場変動を相殺するヘッジ取引です。

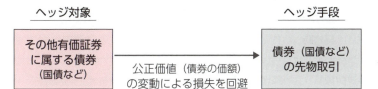

(2) キャッシュ・フロー・ヘッジ

　キャッシュ・フロー・ヘッジとは、ヘッジ対象の資産または負債に係るキャッシュ・フローを固定して、その変動を回避するヘッジ取引です。

ヘッジ会計の処理方法

ヘッジ会計の処理には、次の方法があります。

(1) 繰延ヘッジ

ヘッジ対象の損益を認識せずに純資産の部に計上するため、ヘッジ手段に係る損益（先物損益）も「繰延ヘッジ損益」として純資産の部において繰り延べます。

例）ヘッジ対象がその他有価証券、ヘッジ手段が債券先物の場合

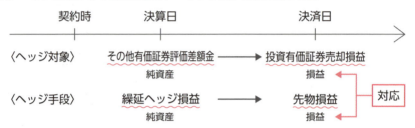

(2) 時価ヘッジ

通常、「その他有価証券評価差額金」となるところを、損益に反映させるために「投資有価証券評価損益」とします。

例）ヘッジ対象がその他有価証券、ヘッジ手段が債券先物の場合

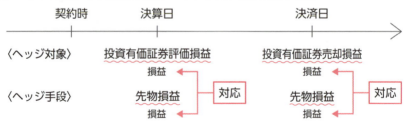

関連基準　金融商品に関する会計基準　29～34

43：棚卸資産の範囲・取得原価

▶▶ Question

1 次に掲げる棚卸資産の具体例を2つずつ答えなさい。
　(1) 通常の営業過程において販売するために保有する財貨または用役
　(2) 販売を目的として現に製造中の財貨または用役
　(3) 販売目的の財貨または用役を生産するために短期間に消費されるべき財貨
　(4) 販売活動および一般管理活動において短期間に消費されるべき財貨

2 棚卸資産を購入した場合の取得原価の決定方法を答えなさい。

3 棚卸資産を生産した場合の取得原価の決定方法を答えなさい。

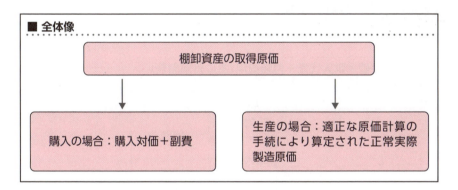

▶▶ Answer

1 (1) 商品・製品
　(2) 半製品・仕掛品
　(3) 原材料・工場用消耗品
　(4) 事務用消耗品・荷造用品

2 棚卸資産を購入した場合には、購入代価に副費（付随費用）の一部または全部を加算した額をもって取得原価とする。

3 棚卸資産を生産した場合には、適正な原価計算の手続により算定された正常実際製造原価をもって取得原価とする。

POINT

▌棚卸資産の範囲

棚卸資産
- ① 通常の営業過程において販売するために保有する財貨または用役（商品・製品）
- ② 販売を目的として現に製造中の財貨または用役（半製品・仕掛品）
- ③ 販売目的の財貨または用役を生産するために短期間に消費されるべき財貨（原材料・工場用消耗品）
- ④ 販売活動および一般管理活動において短期間に消費されるべき財貨（事務用消耗品・荷造用品）＊

　　　　＊　貸借対照表上は「貯蔵品」として表示されます。

▌棚卸資産の取得原価

(1) 購入品

　取得原価＝購入代価＋付随費用（主に外部副費）

(2) 生産品

　取得原価＝適正な原価計算の手続により算定された正常実際製造原価

関連基準 「棚卸資産の評価に関する会計基準」3

44：棚卸資産の費用配分

Rank **A**

▶▶ Question

1 次の文章について、正誤の判断をし、誤っている場合はその理由を答えなさい。

物価下落時には、移動平均法よりも先入先出法を採用するほうが、利益が大きく計算される。ただし期末時点で在庫はゼロになっていないものとする。

2 棚卸資産の評価方法に関して、次の問に答えなさい。

(1) 収益と費用の対応という観点から、後入先出法と先入先出法について両者の違いを明確にしなさい。

(2) 棚卸資産の購入から販売までの保有期間における市況の変動によって生ずる保有損益に関して、後入先出法と先入先出法について両者の違いを明確にしなさい。

(3) 個別法の意義を答えなさい。

(4) 個別法の長所と短所を答えなさい。

▶▶ Answer

1 × 物価下落時には、後から仕入れるほど仕入価格は低下する。仕入価格の低下の影響がより早く売上原価に反映され金額が小さくなるのは移動平均法であり、その結果として先入先出法より利益が大きくなる。

2(1) 後入先出法は、最も新しく取得したものから棚卸資産の払出しが行われるとみなす方法であることから、棚卸資産を払い出した時の価格水準に最も近いと考えられる価額で収益と費用を対応させることができる。

これに対して、先入先出法は、最も古く取得したものから棚卸資産の払出しが行われるとみなす方法であることから、棚卸資産を払い出した時の価格水準に最も近いと考えられる価額で収益と費用を対応させることができない。

(2) 後入先出法は、棚卸資産の価格水準の変動時に棚卸資産の購入から販売までの保有期間における市況の変動により生じる保有損益を期間損益からある程度排除することができる。

これに対して、先入先出法は、棚卸資産の価格水準の変動時に棚卸資産の購入から販売までの保有期間における市況の変動により生じる保有損益を期間損益から排除することができない。

(3) 取得原価の異なる棚卸資産を区別して記録し、その個々の実際原価によって期末棚卸資産の価額を決定する方法である。

(4) 実際の物の流れにもとづいており、経済的実態に忠実な計算が可能となる。一方、多種多量の棚卸資産がある場合に計算が煩雑になる。また、払出品を恣意的に決定することにより、利益操作が可能になってしまう。

POINT

▶ 先入先出法と後入先出法

先入先出法		後入先出法
もっとも古く取得されたものから順次払出しが行われ、期末棚卸資産はもっとも新しく取得したものから構成されると考える方法。	内容	もっとも新しく取得されたものから払出しが行われ、期末棚卸資産はもっとも古く取得したものから構成されると考える方法。
・古いものから販売されるという物的流れに対応した払出額計算が可能。 ・期末棚卸資産が新しい価額で評価される。	長所	・損益計算上新しい原価が新しい収益に対応するため、費用収益の同一価格水準的対応が図られ、価格上昇時には保有利得の計上を抑制できる。
・損益計算上古い原価が収益に対応されるので、費用収益の同一価格水準的対応が図られず、価格上昇時には保有利得が計上される。	短所	・物的流れと逆の払出額計算となる。 ・期末棚卸資産が古い価額で評価される。
期首 → 払出① 仕入① → 払出② 仕入② → 払出③ 仕入③ ↳ 期末棚卸資産	図解	期首 仕入① → 払出③ 仕入② → 払出② 仕入③ → 払出① 期末棚卸資産

保有損益

保有損益とは、物を保有していたことにともなう値上がりによる損益であり、販売努力による損益ではないため、販売損益に保有損益が含まれる場合、適切な期間損益計算ができないといわれています。

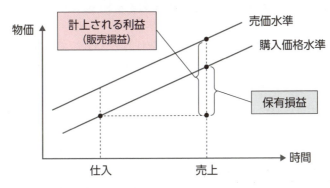

個別法と平均原価法

個 別 法		平均原価法
取得原価の異なる棚卸資産を区別して記録し、その個々の実際原価によって期末棚卸資産の価額を決定する方法。なお、個別法は宝石などの個別性が強い資産の評価に適している。	内容	取得した棚卸資産の平均原価を算出し、その平均原価をもって期末棚卸資産の価額を決定する方法。期末に一括して計算する総平均法と、棚卸資産受入のつど計算する移動平均法がある。
・物の流れと計算の過程が完全に一致する。	長所	・払出単価の変動を平均化できる。
・多種多量の棚卸資産がある場合計算が煩雑。 ・払出品を恣意的に決定することにより利益操作が可能。	短所	・総平均法では期中に単価が不明。 ・移動平均法では受入れのつど平均単価を計算するため煩雑。

関連基準 「棚卸資産の評価に関する会計基準」6-2

45：棚卸資産の評価①

▶▶ Question

1 次の文章中の空欄に当てはまる語句を答えなさい。

> 　通常の販売目的（販売するための製造目的を含む。）で保有する棚卸資産は、　①　をもって貸借対照表価額とし、期末における　②　が　①　よりも下落している場合には、当該　②　をもって貸借対照表価額とする。この場合において、　①　と当該　②　との差額は当期の費用として処理する。
> 　　③　において市場価格が観察できないときには、合理的に算定された価額を売価とする。（以下略。）
> 　営業循環過程から外れた滞留又は処分見込等の棚卸資産について、合理的に算定された価額によることが困難な場合には、　②　まで切り下げる方法に代えて、その状況に応じ、次のような方法により収益性の低下の事実を適切に反映するよう処理する。
> (1) 帳簿価額を　④　（ゼロ又は備忘価額を含む。）まで切り下げる方法
> (2) 一定の　⑤　を超える場合、規則的に帳簿価額を切り下げる方法

2 基準では、下線部で示された「合理的に算定された価額」について、どのような例を挙げているか。2つ示しなさい。

3 基準は、収益性の低下による評価損の計上において、継続適用を条件として、再調達原価の使用を認めている。それはどのような場合か答えなさい。

▶▶ Answer

1 ①取得原価　②正味売却価額　③売却市場　④処分見込価額　⑤回転期間

2 ①期末前後での販売実績にもとづく価額
　　②契約により取り決められた一定の売価

3 製造業における原材料等のように再調達原価のほうが把握しやすく、正味売却価額が当該再調達原価に歩調を合わせて動くと想定される場合である。

106

POINT

▍評価および評価差額の取扱い

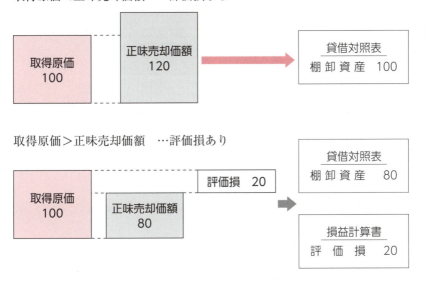

▍正味売却価額

正味売却価額とは、売価から見積追加製造原価および見積販売直接経費を控除したものをいいます。

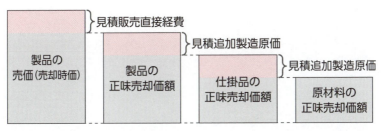

再調達原価

再調達原価とは、購買市場の時価に購入に付随する費用を加算したものをいいます。

関連基準 「棚卸資産の評価に関する会計基準」7～14

46：棚卸資産の評価②

▶▶ Question

1 低価法を原価法の例外と位置づけていた従来の考え方では、取得原価基準の本質をどのように捉えていたか答えなさい。

2 現在の基準では、取得原価基準の本質をどのように捉えているか答えなさい。

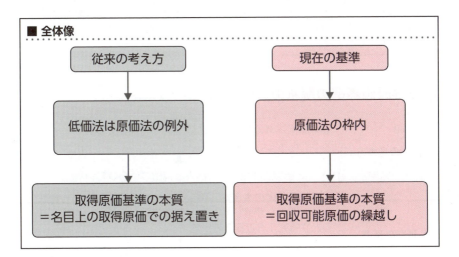

▶▶ Answer

1 従来は、取得原価基準の本質を、名目上の取得原価で据え置くことにあると捉えていた。

2 現在の基準では、取得原価基準の本質を、将来の収益を生み出すという意味において有用な原価、すなわち回収可能な原価だけを繰り越そうとする考え方と捉えている。

POINT

▌棚卸資産の評価基準の従来の取り扱い

従来の取り扱い：
・原則：原価法
・例外：低価法

↓ 理由

棚卸資産の原価を当期の実現収益に対応させることによって、適正な期間損益計算を行うことができると考えられており、当期の損益が、期末時価の変動または将来の販売時点に確定する損益によってゆがめられてはならないと考えられていたため

▌取得原価基準の解釈の違い

従来の考え方	取得原価基準の本質を、名目上の取得原価で据え置くことにあると捉えていた。 ↓ 低価法は原価法の例外と位置づけられていた。
現在の基準	取得原価基準の本質を、将来の収益を生み出すという意味において有用な原価、すなわち回収可能な原価だけを繰り越そうとする考え方と捉えている。 ↓ 回収可能性を反映させるための帳簿価額の切り下げは原価法の枠内と位置づけている

関連基準 「棚卸資産の評価に関する会計基準」35 ～ 37

47：有形固定資産の取得原価

▶▶ Question

1 次の文章中の空欄に当てはまる語句を答えなさい。

　　固定資産を購入によって ① した場合には、② に ③ 、運送費、④ 費、据付費、試運転費等の ⑤ を加えた額をもって ⑥ とする。

　　固定資産を ⑦ 建設した場合には、適正な ⑧ に従って計算した ⑨ をもって ⑥ とする。
　　⑦ 建設に要する ⑩ 資本の利子は、原則的には ⑥ に算入せず、⑪ として取り扱う。このような取扱いが採用されるのは、⑩ 資本の利子は ⑫ 活動により発生するものであるから、⑫ 費用として計上すべきであるためである。

2 固定資産を現物出資により受け入れた場合の取得原価の決定方法を答えなさい。

3 自己所有の固定資産との交換により固定資産を取得した場合の取得原価の決定方法を答えなさい。また、そのような取得原価の決定方法が採用される理由を答えなさい。

4 固定資産を贈与された場合に取得原価をゼロとしたときの問題点を2つ答えなさい。

▶▶ Answer

1 ①取得　②購入代金　③買入手数料　④荷役　⑤付随費用　⑥取得原価
　　⑦自家　⑧原価計算基準　⑨製造原価　⑩借入　⑪発生時の費用　⑫財務

2 固定資産を現物出資により受け入れた場合には、出資者に対して交付された株式の発行価額をもって取得原価とする。

111

3 自己所有の固定資産との交換により固定資産を取得した場合には、交換に供された自己資産の適正な簿価をもって取得原価とする。このような取得原価の決定方法が採用されるのは、同一種類、同一用途の資産を交換した場合には、譲渡資産と取得資産の間に投資の継続性が認められるためである。

4 ① 貸借対照表に計上されないため、簿外資産が存在することになり、利害関係者の判断を誤らせるおそれがある。

② 減価償却による費用化が行えないので、当該固定資産を使用して収益を獲得している場合には、これに対応した減価償却費が計上されず、適正な期間損益計算が行えないこととなる。

POINT

▌有形固定資産の取得原価

購入によって取得した場合	購入代金に買入手数料、運送費、荷役費、据付費、試運転費等の付随費用を加えた額をもって取得原価とします。 　固定資産の取得原価（購入）＝購入代金（代価）＋付随費用
現物出資によって取得した場合	出資者に対して交付された株式の発行価額をもって取得原価とします。
自己所有の固定資産と交換し、別の固定資産を取得した場合	交換に供された自己資産の適正な簿価をもって取得原価とします。 投資の継続性が認められる 土地　→　土地 ←　譲渡資産の簿価で評価
自己所有の有価証券と交換し、固定資産を取得した場合	有価証券の時価または適正な簿価をもって取得原価とします。 投資の継続性が認められない 有価証券　→　土地 ←　譲渡資産の時価で評価
自家建設した場合	適正な原価計算基準に従って計算した製造原価をもって取得原価とします。
贈与によって取得した場合	時価等を基準として公正に評価した額をもって取得原価とします。

自家建設に係る借入資本の利子の取扱い

　借入資本により自家建設を行う場合、当該借入資本の利子は、原則的には取得原価に算入せず、発生した期の期間費用として取り扱います。

　ただし、例外的に固定資産の自家建設に要する借入資本利子で、稼働前の期間に属するものはこれを取得原価に算入することができます。

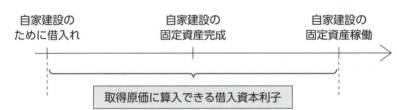

関連基準　「連続意見書第三」第一・四

48：減価償却の意義・目的・効果

▶▶ Question

1　減価償却の意義を答えなさい。
2　減価償却の目的を答えなさい。
3　減価償却の効果である固定資産の流動化と自己金融効果を説明しなさい。

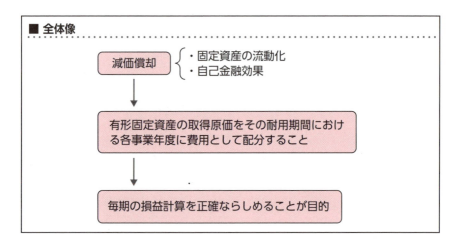

▶▶ Answer

1　減価償却とは、費用配分の原則にもとづいて、有形固定資産の取得原価をその耐用期間にわたって各事業年度の費用として配分することである。

2　減価償却の最も重要な目的は、適正な費用配分を行うことによって、毎期の損益計算を正確ならしめることである。

3　固定資産取得のために投下され固定化されていた資金が、減価償却の手続きにより再び貨幣性資産として回収され流動化する。このような効果のことを固定資産の流動化という。
　また、減価償却費は支出をともなわない費用であるので、資金的には当該金額だけ企業内に留保され、取替資金の蓄積が行われる。このような効果のことを自己金融効果という。

POINT

減価償却

　減価償却とは、費用配分の原則にもとづいて、有形固定資産の取得原価をその耐用期間にわたって各事業年度の費用として配分することです。
　したがって、決算時における減価償却後の残余額が有形固定資産の期末評価額となります。

固定資産の流動化

　固定資産取得のために投下され固定化されていた金額の一部が、減価償却の手続きにより費用化され、貨幣性資産の裏づけのある収益と対応させられ、その収益から回収されます。このような効果のことを固定資産の流動化といいます。

例　当期首の貸借対照表には、現金1,000円、機械400円、資本金1,400円が記載されている。当期に商品を現金1,000円で仕入れ、そのすべてを、現金1,600円で売り上げた。前期に機械を現金400円で購入しており、当期首より使用している。当該機械については、減価償却費200円を直接法により計上する。なお、利益は全額株主に配当されることとする。

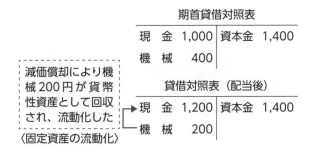

▌自己金融効果（資金保留効果）

　減価償却費は支出をともなわない費用であるので、資金的には当該金額だけ貨幣性資産の裏づけのある収益から回収された上で企業内に留保され、取替資金の蓄積が行われます。このような効果を自己金融効果といいます。

損益計算書		資金の収支	
売　　上	1,600	収入	1,600
売上原価	△1,000	支出	△1,000
減価償却費	△200	支出	0
当期純利益	400	収支	600
		支出	△400
配　　当	△400	収支	200

減価償却費（支出をともなわない費用）200円が資金留保された

〈自己金融効果〉

関連基準 「企業会計原則」第三・五／「連続意見書第三」第一・二

Volume 1 **Volume 2** Volume 3 Volume 4

49 ：固定資産の応用論点

Rank B

▶▶ Question

1 次の文章中の空欄に当てはまる語句を答えなさい。

> ある支出により固定資産の耐用年数が延長した場合、あるいは固定資産の価値が増加した場合、その耐用年数の延長、あるいは価値の増加に対応する金額を ① という。
>
> また、その支出の目的が固定資産の維持・管理となる場合は ② という。

2 減耗償却と減価償却の共通点を説明したうえで、両者の相違点を費用化の観点から説明しなさい。

3 取替法の意義を答え、どのような資産に適用されるか答えなさい。

4 投資不動産は貸借対照表上どの区分に表示されるか理由とともに答えなさい。

▶▶ Answer

1 ①資本的支出　②収益的支出

2 減耗償却と減価償却は、費用性資産の取得原価を各会計期間に費用として配分していく費用配分の方法である点で共通している。しかし、減耗償却は減耗性資産の物量的な減少に着目して費用化するものであるのに対し、減価償却は有形固定資産の価値的な減少に着目して費用化するものである点で異なる。

3 取替法とは、取替資産の部分的取替に要した支出を収益的支出として処理する方法をいう。取替法の適用は、同種の物品が多数集まって1つの全体を構成し、老朽品の部分的取替を繰り返すことによって全体が維持される鉄道のレールや枕木のような取替資産に限られる。

4 投資不動産は、投資目的で所有する土地や建物などの不動産であるため、営業の用に供することを目的とした有形固定資産に含むことはできず、投資その他の資産に区分される。

117

POINT

▶ 資本的支出と収益的支出

　有形固定資産を取得し、その後、改良・修繕のための支出をしたとき、その支出によって有形固定資産の耐用年数が延長した場合または、価値が増加した場合には資本的支出として処理し、その支出が単なる維持・管理となる場合には収益的支出として処理します。

資本的支出	固定資産に係る支出のうち、取得原価に算入される支出
収益的支出	支出時の期間費用（修繕費）とされる支出

▶ 減耗償却と減価償却

　減耗償却と減価償却は、物量的な減少に着目するか、価値的な減少に着目するかで費用化の方法が異なります。

(1) 減耗償却

　減耗償却では、物量的な減少（埋蔵資源100kg→90kg）を把握してから、価値に反映させます（下図は鉱山の埋蔵資源の減耗償却）。

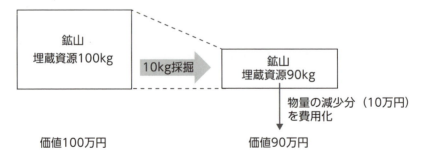

(2) 減価償却

減価償却では、物量（車両1台）は変化しませんが、時間の経過や使用等によって価値が減少したと考えます（下図は車両の生産高比例法による減価償却）。

車両1台	1年走行 →	車両1台
価値100万円	→	価値90万円

1年分の走行による
価値の減少（10万円）を費用化

▌取替法と減価償却

取替法は取替えに要した支出額をその期の費用とするのに対して、減価償却は過去に支出した取得原価を耐用期間に費用として配分します。

▌投資不動産の扱い

有形固定資産の範囲は、具体的には、営業の用に供するため、長期にわたって使用することを目的として（転売することを目的とせず）所有する有形の資産をいいます。

一方、投資不動産とは、投資目的（具体的には賃貸目的や投機目的）で所有する土地や建物などの不動産をいいます。投資不動産は、営業の用に供するわけではないので、有形固定資産とは区別して、貸借対照表上では「投資その他の資産」に区分して表示します。

なお、同一の土地や建物について、一部を営業の用に供し、他の部分を賃貸等の用に供している場合には、面積比率などを基準として有形固定資産と投資その他の資産とに区分します。

関連基準 「連続意見書第三」第一・六、七

50：減価償却の方法

▶▶ Question

1. 定額法の①意義、②長所および③短所を答えなさい。
2. 定率法の①意義、②長所および③短所を答えなさい。
3. 生産高比例法の①意義、②長所および③短所を答えなさい。

▶▶ Answer

1. ①意義：定額法とは、固定資産の耐用期間中、毎期均等額の減価償却費を計上する方法をいう。
   ②長所：定額法は計算が簡便であり、毎期同額の減価償却費を計上することになるので、安定した取得原価の期間配分を行うことができる。
   ③短所：使用経過につれて維持修繕費が逓増する場合には、耐用年数の後半になって費用負担が増大することになる。

2. ①意義：定率法とは、固定資産の耐用期間中、毎期期首末償却残高に一定率を乗じた減価償却費を計上する方法をいう。
   ②長所：定率法は耐用年数の初期に多額の減価償却費を計上することになるので、投下資本を早期に回収することができ、また、維持修繕費が逓増する耐用年数の後半には減価償却費が減少し、毎期の費用負担を平準化することができる。
   ③短所：償却費が急激に減少するため、取得原価の期間配分という点では必ずしも合理的とはいえない。

3. ①意義：生産高比例法とは、固定資産の耐用期間中、毎期当該資産による生産または用役の提供の度合いに比例した減価償却費を計上する方法をいう。
   ②長所：生産高比例法は生産高（収益）とそのコスト（費用）の対応が合理的に行われる。
   ③短所：減価が主として固定資産の利用に比例して発生することを前提とし、さらに当該固定資産の総利用可能量が物理的に確定できることがこの方法を適用するための条件であることから、適用資産が、鉱業用設備、航空機、自動車等に限られている。

POINT

定額法の長所・短所

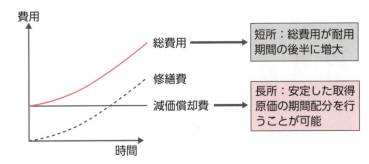

定率法の長所・短所

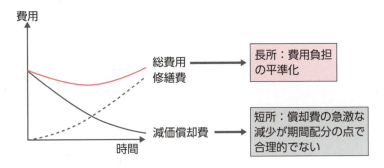

▶ 生産高比例法の長所・短所

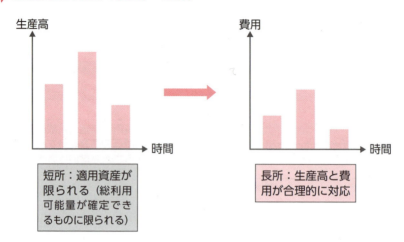

51：リースの分類と判定

Rank A

▸▸ Question

1 次の文章中の空欄に当てはまる語句を答えなさい。

「リース取引」とは、特定の物件の所有者たる貸手（レッサー）が、当該物件の借手（レッシー）に対し、 ① にわたりこれを ② を与え、借手は、合意された使用料（以下「 ③ 」という。）を貸手に支払う取引をいう。

「ファイナンス・リース取引」とは、リース契約にもとづくリース期間の中途において当該契約を ④ することができないリース取引またはこれに準ずるリース取引で、借手が、当該契約にもとづき使用する物件（以下「リース物件」という。）からもたらされる ⑤ ことができ、かつ、当該リース物件の使用にともなって生じる ⑥ こととなるリース取引をいう。

「オペレーティング・リース取引」とは、 ⑦ 以外のリース取引をいう。

2 「適用指針」におけるファイナンス・リース取引の判定基準を2つ説明しなさい。

3 ファイナンス・リース取引につき、売買取引に係る方法に準じた会計処理が採用される理由を答えなさい。

▸▸ Answer

1 ①リース期間　②使用収益する権利　③リース料　④解除
⑤経済的利益を実質的に享受する　⑥コストを実質的に負担する
⑦ファイナンス・リース取引

2 ①　解約不能のリース期間中のリース料総額の現在価値が、当該リース物件を借手が現金で購入するものと仮定した場合の合理的見積金額（見積現金購入価額）のおおむね90％以上であること（現在価値基準）。

②　解約不能のリース期間が、当該リース物件の経済的耐用年数のおおむね75％以上であること（経済的耐用年数基準）。

123

3 ファイナンス・リース取引は、リース取引の借手によるリース物件の割賦購入または借入資金によるリース物件の購入取引とみることができ、その経済的実態が売買取引と考えられるため、売買取引に係る方法に準じて会計処理を行う。

POINT

リース取引の概要

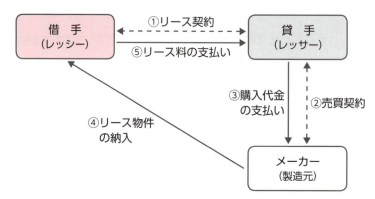

ファイナンス・リース取引とオペレーティング・リース取引

リース取引はファイナンス・リース取引とオペレーティング・リース取引に分類されます。

ファイナンス・リース取引	リース契約にもとづくリース期間の中途において当該契約を解除することができないリース取引またはこれに準ずるリース取引で、	ノンキャンセラブル（解約不能）
	借手が、当該契約にもとづき使用する物件（以下「リース物件」という。）からもたらされる経済的利益を実質的に享受ことができ、かつ、当該リース物件の使用にともなって生じるコストを実質的に負担することとなるリース取引	フルペイアウト
オペレーティング・リース取引	ファイナンス・リース取引以外のリース取引	

ファイナンス・リース取引の判定基準

ファイナンス・リース取引の判定基準として、次のいずれかに該当する場合には、ファイナンス・リース取引と判定されます。

現在価値基準	解約不能のリース期間中のリース料総額の現在価値が、当該リース物件を借手が現金で購入するものと仮定した場合の合理的見積金額（見積現金購入価額）のおおむね90％以上であること
経済的耐用年数基準	解約不能のリース期間が、当該リース物件の経済的耐用年数のおおむね75％以上であること（ただし、リース物件の特性、経済的耐用年数の長さ、リース物件の中古市場の存在等を勘案すると、上記現在価値基準の判定結果が経済的耐用年数を大きく下回ることが明らかな場合を除く。）

関連基準 「リース取引に関する会計基準」4、5、6
「リース取引に関する会計基準の適用指針」5、9

52：リース資産・リース債務

▶▶ Question

1 リース資産の資産性が認められる理由を答えなさい。

2 リース債務の負債性が認められる理由を答えなさい。

3 リース資産およびリース債務の計上額の算定方法および利息相当額の配分方法を答えなさい。

4 「適用指針」にもとづきリース資産およびリース債務の計上額の算定方法に関する次の表の空欄部分を答えなさい。

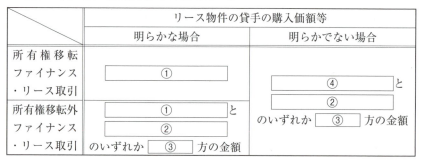

5 所有権移転ファイナンス・リース取引に該当する場合のリース資産の減価償却費の算定方法を説明しなさい。

6 所有権移転外ファイナンス・リース取引に該当する場合のリース資産の減価償却費の算定方法を説明しなさい。

▶▶ Answer

1 リース資産は、リース契約によって、借手がリース資産の使用収益によって経済的利益を享受する権利を有することから、資産性が認められる。

2 リース債務は、ファイナンス・リース取引が中途解約不能であるため、借手は実質的にリース債務の支払義務を負うことになることから、負債性が認められる。

3 リース資産およびリース債務の計上額を算定するにあたっては、原則として、リース契約締結時に合意されたリース料総額からこれに含まれている利息

相当額の合理的な見積額を控除する方法による。当該利息相当額については、原則として、リース期間にわたり利息法により配分する。

4　①貸手の購入価額等　②リース料総額の割引現在価値
　　③低い　④見積現金購入価額

5　所有権移転ファイナンス・リース取引は、リース物件の取得と同様の取引と考えられる。そのため、リース資産の減価償却費は、自己所有の固定資産と同一の方法により算定する。

6　所有権移転外ファイナンス・リース取引は、リース物件の返還が行われることから、リース物件の取得とは異なる性質を有するともいえ、また、リース物件を使用できる期間がリース期間に限定されるという特徴がある。そのため、リース資産の減価償却費は、企業の実態に応じた償却方法を選択し、原則として、償却期間はリース期間、残存価額はゼロとして算定する。

Point

リース資産の資産性とリース債務の負債性

リース資産の資産性	借手がリース物件からもたらされる経済的利益を実質的に享受することができる	} フルペイアウト
リース債務の負債性	リース物件の使用にともなって生じるコストを借手が実質的に負担する	
	ファイナンス・リース取引は中途解約が不能	} ノンキャンセラブル

リース資産の会計処理

ファイナンス・リース取引では、リース資産の取得原価は、次のように算定します。

リース資産の取得原価＝支払リース料総額－利息相当額*

*　リース料総額から控除された利息相当額は、原則として、リース期間にわたり利息法により配分します。

また、一般にファイナンス・リース取引に係る支払リース料の総額の中には、資産を現金で購入した場合の価額（見積現金購入価額）のほか、支払いを

延期することによる利息が含まれているため、当該利息相当額を取得原価の算定上控除することとなります。

支払リース料総額＝見積現金購入価額＋利息相当額

▌リース取引の会計処理（「リース適用指針」）

〈リース資産の計上額〉

	貸手の購入価額等が明らか	貸手の購入価額等が明らかでない
所有権移転ファイナンス・リース*	貸手の購入価額等	・見積現金購入価額 ・リース料総額の割引現在価値 のいずれか低い方の金額
所有権移転外ファイナンス・リース	・貸手の購入価額等 ・リース料総額の割引現在価値 のいずれか低い方の金額	

＊　所有権移転ファイナンス・リース取引：
リース契約上の諸条件に照らして、リース物件の所有権が借手に移転すると認められるもの

〈計算で使う割引率〉

貸手の計算利子率	割　引　率
知りうる場合	貸手の計算利子率
知りえない場合	借手の追加借入利子率 （借手が、仮に追加で借入れを行ったときに適用されると合理的に見積られる利子率）

▌▶ リース資産の減価償却費の計算

	耐用年数	残存価額	根　　拠
所有権移転	利用可能期間 (経済的耐用年数)	自己所有資産と 同じ扱い	リース物件の取得と考 えられるため
所有権移転外	原則として リース期間	原則として0円	取得と異なり、リース 物件を使用できる期間 がリース期間に限定さ れるため

関連基準 「リース取引に関する会計基準」11
「リース取引に関する会計基準の適用指針」22、37

53 : 減損会計の流れ・特徴

▶▶ Question

1 次の文章中の空欄に当てはまる語句を答えなさい。

> 固定資産の減損とは、固定資産の ① により ② が見込めなくなった状態であり、減損処理とは、そのような場合に、一定の条件の下で ③ を反映させるように帳簿価額を減額する会計処理である。

2 減損会計の目的を答えなさい。

3 固定資産の減損について、評価の思考を徹底した場合、どのような会計処理が望ましいと考えられるか、述べなさい。

4 減損処理と時価評価の相違点を答えなさい。

5 「減損基準」における減損処理の問題点を答えなさい。

▶▶ Answer

1 ①収益性の低下　②投資額の回収　③回収可能性

2 固定資産の減損処理は、取得原価基準のもとで回収可能性を反映させるように、過大な帳簿価額を減額し、将来に損失を繰り延べないために行われる会計処理である。

3 継続的に評価を行い、回収可能性が回復した場合には、減損損失の戻入れを行うことが望ましい。

4 減損処理は、金融商品に適用されている時価評価とは異なり、資産価値の変動によって利益を測定することや、決算日における資産価値を貸借対照表に表示することを目的とするものではなく、取得原価基準のもとで行われる帳簿価額の臨時的な減額である。

5 減損処理は、本来、投資期間全体を通じた投資額の回収可能性を評価し、投資額の回収が見込めなくなった時点で、将来に損失を繰り延べないために帳簿価額を減額する会計処理であるにもかかわらず、「減損基準」では、期末の帳簿価額を将来の回収可能性に照らして見直しており、収益性の低下による減損損失を正しく認識することはできない。

POINT

▶ 減損会計の必要性

　減損会計は固定資産に減損が生じている場合に、一定の条件のもとで回収可能性を反映させるように、帳簿価額を減額し、将来に損失を繰り延べないようにする保守的な会計処理です。

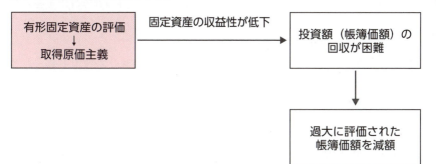

▶ 減損会計の流れ

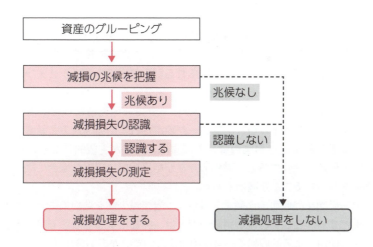

関連基準　「固定資産の減損に係る会計基準」二

131

54：減損会計の兆候・認識・測定

▶▶ Question

1 「減損基準」における会計手続の流れに関連して、次の各問に答えなさい。

(1) 減損の兆候がある場合に減損損失の認識の判定が行われる理由を答えなさい。

(2) 減損損失の認識方法を答えなさい。

(3) 相当程度に確実な場合に限って減損損失が認識される理由を答えなさい。

(4) 減損損失の測定方法を答えなさい（回収可能価額の意義について言及すること）。

(5) 正味売却価額および使用価値の意義を答えなさい。

(6) 減損処理後の会計処理として、減損損失の戻入れが行われない理由を答えなさい。

▶▶ Answer

1(1) 対象資産すべてについて減損損失の認識の判定を行うことが、実務上、過大な負担となるおそれがあることを考慮したためである。

(2) 資産または資産グループから得られる割引前将来キャッシュ・フローの総額が帳簿価額を下回る場合に減損損失を認識する。

(3) 減損損失の測定は、将来キャッシュ・フローの見積もりに大きく依存する。また、将来キャッシュ・フローが約定されている場合の金融資産と異なり、成果の不確定な事業用資産の減損は、測定が主観的にならざるを得ない。その点を考慮すると、減損の存在が相当程度に確実な場合に限って減損損失を認識することが適当である。

(4) 帳簿価額を回収可能価額まで減額し、当該減少額を減損損失として当期の損失とする。ここで、回収可能価額とは、売却による回収額である正味売却価額と使用による回収額である使用価値のいずれか高い金額をいう。

(5) 正味売却価額とは、資産または資産グループの時価から処分費用見込額を控除して算定される金額をいう。使用価値とは、資産または資産グループの継続的使用と使用後の処分によって生ずると見込まれる将来キャッシュ・フローの現在価値をいう。

⑹　減損基準では、減損の存在が相当程度確実な場合に限って減損損失を認識および測定することとしていること、また、戻入れは事務的負担を増大させるおそれがあることなどから、減損損失の戻入れは行わないこととした。

POINT

▌ 減損の兆候

基準では、減損の兆候の具体例として、次のものをあげています。

営業活動から生ずる損益またはキャッシュ・フローが継続してマイナスの場合	資産または資産グループが使用されている営業活動から生ずる損益またはキャッシュ・フローが、継続してマイナスとなっているか、または、継続してマイナスとなる見込みである場合
使用範囲または方法について回収可能価額を著しく低下させる変化がある場合	資産または資産グループが遊休状態になり、将来の用途が定まっていない場合 例：資産または資産グループが使用されている事業を廃止または再編成すること、資産または資産グループを当初の予定と異なる用途に転用すること
経営環境の著しい悪化の場合	材料価格の高騰や、製・商品店頭価格やサービス料金、賃料水準の大幅な下落、製・商品販売量の著しい減少などが続いているような市場環境の著しい悪化 例：技術革新による著しい陳腐化等の技術的環境の著しい悪化
資産または資産グループの市場価額が著しく下落したこと	少なくとも市場価格が帳簿価額から50％程度以上下落した場合

▶ 減損の認識

　減損の兆候がある資産または資産グループについて、これらが生み出す割引前の将来キャッシュ・フローの総額がこれらの帳簿価額を下回るときには、減損の存在が相当程度に確実であるとし、そのような場合に減損損失を認識することとされています。

> 帳簿価額 ≦ 割引前将来キャッシュ・フロー
> 　　　　　　　　　　　⇒　減損損失を認識しない
>
> 帳簿価額 ＞ 割引前将来キャッシュ・フロー
> 　　　　　　　　　　　⇒　減損損失を認識する

▶ 減損の測定

　減損損失を認識すべきであると判定された資産または資産グループについては、帳簿価額を回収可能価額まで減額し、当該減少額を減損損失として当期の損失とします。

> 減損損失＝帳簿価額－回収可能価額

　ここでいう回収可能価額とは、正味売却価額と使用価値のいずれか高い方の金額のことです。

関連基準 「固定資産の減損に係る会計基準」二

55：固定資産の減損・グルーピング

Rank B

Volume 1　Volume 2　Volume 3　Volume 4

▶▶ Question

1 以下に示す「基準の設定に関する意見書」の文章について、空欄に入る適切な語句を答えなさい。

> (6) 資産のグルーピング
> ① 資産のグルーピングの方法
> 　　複数の資産が一体となって ① した ② を生み出す場合には、減損損失を認識するかどうかの判定及び減損損失の測定に際して、合理的な範囲で資産のグルーピングを行う必要がある。
> 　　そこで、資産のグルーピングに際しては、他の資産又は資産グループの ② から概ね ① した ② を生み出す ③ で行うこととした。

2 資産のグルーピングを行う理由を述べなさい。

3 以下の文章を読み、各問に答えなさい。

> 共用資産に係るグルーピングについては、以下の2つの方法がある。
> (1) 共用資産が関連する複数の資産または資産グループに共用資産を加えた A で行う方法（ A で行う方法）
> (2) 共用資産の帳簿価額を各資産または資産グループに B する方法（ B する方法）

問1　空欄に入る適切な語句を答えなさい。
問2　「基準」においては、どちらの方法が原則とされているか、答えなさい。
問3　問2で選択した方法が原則とされる理由について答えなさい。

▶▶ Answer

1 ①独立　　②キャッシュ・フロー　　③最小の単位

2 各固定資産が独立してキャッシュ・フローを生み出している場合もあるが、多くの場合、複数の固定資産が相互に関連してキャッシュ・フローを生み出し

ているため。

3 問1　　A　…より大きな単位　　B　…配分
問2　より大きな単位で行う方法（　A　の方法）
問3　共用資産を合理的な基準で各資産または資産グループに配分することは、一般に困難であると考えられるため。

POINT

固定資産のグルーピング

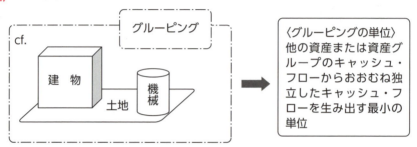

〈グルーピングの単位〉
他の資産または資産グループのキャッシュ・フローからおおむね独立したキャッシュ・フローを生み出す最小の単位

共用資産に係る資産のグルーピング

共用資産に係る資産のグルーピングについては、以下の2つの方法がある。

（A）より大きな単位で行う方法（原則）

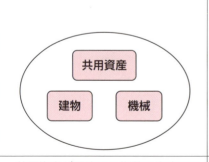

共用資産が関連する複数の資産または資産グループに共用資産を加えた、より大きな単位で行う方法

（B）配分する方法（容認）

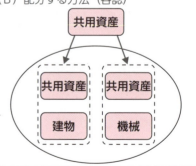

共用資産の帳簿価額を各資産または資産グループに配分する方法

関連基準　「固定資産の減損に係る会計基準の設定に関する意見書」四・2
　　　　　「固定資産の減損に係る会計基準」6
　　　　　「固定資産の減損に係る会計基準の適用指針」70〜75、129〜130

56 : 研究開発費

Rank A

▶▶ Question

1 次の文章中の空欄に当てはまる語句を答えなさい。

> 研究開発費とは、新しい ① を目的とした計画的な調査、探究および新しい製品、サービス、生産方法についての ② または既存の製品等を著しく改良するための ② として、研究の成果その他の知識を ③ することに係る費用をいう。

2 研究開発費につき、発生時に費用として処理される根拠を2つ答えなさい。

■ **全体像**

資産計上処理	発生時に費用処理
将来獲得される収益と対応させて費用計上するために資産計上する	現行制度で採用
問題点	**問題点**
・将来の収益を獲得できるか否か不明であるため、すべての研究開発費を資産計上した場合、損失の繰延べとなるおそれがある。 ・客観的に判断可能な具体的要件を規定することは困難であり、企業間の比較可能性が損なわれるおそれがある。	研究開発が成功した場合、研究開発の成功により獲得された収益と当該収益を獲得するのに貢献した努力たる費用が対応しなくなってしまう。

▶▶ Answer

1 ①知識の発見　②計画もしくは設計　③具体化

2 根拠①：研究開発費は、発生時には将来の収益を獲得できるか否か不明であり、また、研究開発計画が進行し、将来の収益の獲得期待が高まったとしても、依然としてその獲得が確実であるとはいえないからである。

根拠②：資産計上の要件を定める場合にも、客観的に判断可能な要件を規定することは困難であり、抽象的な要件のもとで資産計上を行うことは、企業間の比較可能性を損なうこととなるからである。

POINT

▶研究開発費の概念

研究開発費とは、研究活動や開発活動にかかる費用を示します。

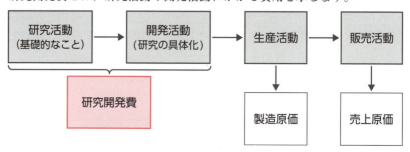

▶研究開発費の会計処理

研究開発費は発生時にすべて費用処理（販売費及び一般管理費）します。

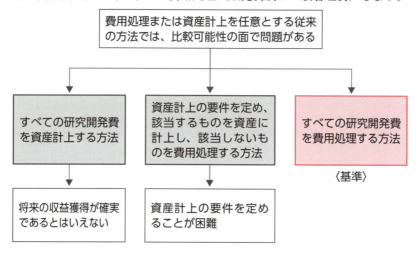

関連基準　「研究開発費等に係る会計基準」一・1、三

57：ソフトウェア

Rank A

▶▶ Question

1 ソフトウェア制作費の会計処理につき、制作目的別に会計処理が行われる理由を答えなさい。

2 市場販売目的のソフトウェア制作費の会計処理に関連して、次の各問に答えなさい。

(1) 研究開発活動の終了時点を答えなさい。

(2) 市場販売目的のソフトウェア制作費の会計処理を答えなさい。

(3) 資産計上される市場販売目的のソフトウェア制作費が無形固定資産として計上される理由を答えなさい。

3 自社利用のソフトウェア制作費の会計処理を答えなさい。

▶▶ Answer

1 ソフトウェア制作費は、その制作目的により、将来の収益との対応関係が異なること等から、取得形態別ではなく、制作目的別に会計処理する。

2(1) 研究開発活動の終了時点は、最初に製品化された製品マスターが完成したときである。

(2) 市場販売目的のソフトウェアである製品マスターの制作費は、研究開発費に該当する部分を除き、資産として計上しなければならない。ただし、製品マスターの機能維持に要した費用は、資産として計上してはならない。

(3) 製品マスターは、それ自体が販売の対象物ではなく、機械装置等と同様にこれを利用（複写）して製品を作成すること、製品マスターは法的権利（著作権）を有していることおよび適正な原価計算により取得原価を明確化できることから、当該取得原価が無形固定資産として計上される。

3 将来の収益獲得または費用削減が確実である自社利用のソフトウェアについては、将来の収益との対応等の観点から、その取得に要した費用を資産として計上し、その利用期間にわたり償却を行う。

POINT

▌ソフトウェア制作費の分類

　ソフトウェア制作費のうち研究開発費に該当しないものは、制作目的別に会計処理します。

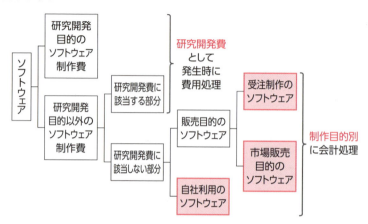

▌市場販売目的のソフトウェアの会計処理

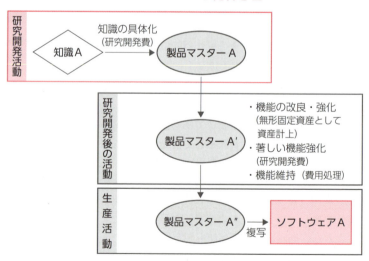

関連基準　「研究開発費等に係る会計基準」四

58 : 繰延資産①

▶▶ Question

1 次の文章中の空欄に当てはまる語句を答えなさい。

> 繰延資産とは、すでに ① しまたは ② し、これに対応する ③ を受けたにもかかわらず、その ④ するものと期待される費用のうち、その効果が及ぶ数期間に ⑤ するため、経過的に貸借対照表上資産として計上されたものをいう。

2 繰延資産の会計処理について、⑴原則的処理と⑵例外的処理を答えなさい。

また、⑶会計理論上、要件を満たすものはすべて⑵の処理をすべきであると考えられるが、企業会計原則上においてはそのような取り扱いをせず、任意的処理としている理由を2つ答えなさい。

3 繰延経理の根拠を答えなさい。

4 繰延資産と長期前払費用の共通点を答えなさい。

5 繰延資産と長期前払費用の相違点を2つ答えなさい。

▶▶ Answer

1 ①代価の支払が完了　②支払義務が確定　③役務の提供
　④効果が将来にわたって発現　⑤合理的に配分

2 ⑴原則：支出時に費用として処理する。
　⑵例外：繰延資産として資産計上する。
　⑶理由①：換金性のない繰延資産には、その計上を慎重に行うという保守主義思考が作用しているためである。
　　理由②：将来の期間に影響する特定の費用の中には、将来の収益との対応が不確実なものも含まれているためである。

3 将来の期間に影響する特定の費用は、適正な期間損益計算の見地から、費用収益対応の原則の効果の発現および収益との対応関係を重視して、繰延経理される。

4 繰延資産、長期前払費用はともに代価の支払が完了している点では共通する。

5 繰延資産はすでに役務の提供を受けているが、長期前払費用は未だ役務の提供を受けていない。また、繰延資産は財産性を有しないが、長期前払費用は財産性を有する。

POINT

▌▶ 繰延資産の要件

繰延資産となるものは下記の要件をすべて満たしたものに限って、貸借対照表上、資産として計上することができます。

要　　件	すでに代価の支払いが完了しまたは支払義務が確定していること
	代価の支払いに対応する役務の提供を受けていること
	その効果が将来にわたって発現すると期待される費用であること

▌▶ 費用収益対応の原則と繰延経理

⑴　繰延経理をする場合

収益と費用が同じ期に対応する関係になります。

		X1年度	X2年度	X3年度	X4年度
収　益	売上　　100		50	50	50
費　用	費用 0	繰延資産処理 90	→30	→30	→30
利　益		100	20	20	20

繰　延　資　産　の　効　果 →

(2) 繰延経理をしない場合

×1年度にすべて費用処理しているため、繰延資産の効果である収益と費用がその後の期間で対応していません。

		X1年度	X2年度	X3年度	X4年度
収　益	売上　　100		50	50	50
費　用	費用　　90		0	0	0
利　益	10		50	50	50

関連基準 「繰延資産の会計処理に関する当面の取扱い」

59：繰延資産②

▶▶ Question

1. 株式交付費を資本から直接控除しない理由を3つ答えなさい。
2. 社債発行費を社債の償還期間にわたり利息法により償却する理由を答えなさい。

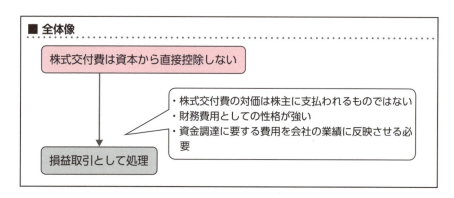

▶▶ Answer

1. 理由①：株式交付費は株主との資本取引にともなって発生するものであるが、その対価は株主に支払われるものではないこと

   理由②：株式交付費は社債発行費と同様、資金調達を行うために要する支出額であり、財務費用としての性格が強いと考えられること

   理由③：資金調達に要する費用を会社の業績に反映させることが投資者に有用な情報を提供することになると考えられること

2. 社債発行者にとっては、社債利息のみならず、社債発行費も含めて資金調達費と考えることができるためである。

POINT

各繰延資産の取扱い

	償却開始時期	償却期間	償却方法	表示区分
株式交付費	株式交付の時から	3年以内	定額法	営業外費用
社債発行費	社債の発行の時から	社債の償還までの期間	利息法(定額法)	営業外費用
新株予約権発行費	新株予約権発行の時から	3年以内	定額法	営業外費用
創立費	会社成立の時から	5年以内	定額法	営業外費用
開業費	開業の時から	5年以内	定額法	営業外費用(販売費及び一般管理費)
開発費	支出の時から	5年以内	定額法その他の合理的な方法	売上原価または販売費及び一般管理費

株式交付費の会計処理

株式交付費の会計処理には次の2つが考えられます。

取引の捉え方	会計処理方法
資本取引に付随する取引	資本から直接控除
損益取引	費用または繰延資産として処理

資本取引に付随する取引という捉え方は国際会計基準の考え方であり、わが国では解答のような理由から損益取引と捉えています。

145

社債発行費の償却方法

　社債発行費は、原則として利息法により償却します。
　これは、社債発行費が、社債利息などに相当する額と同様に、資金調達の性格をもつと考えられるからです。

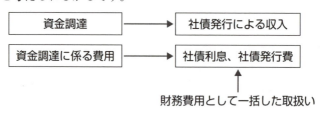

関連基準　「繰延資産の会計処理に関する当面の取扱い」2、3

THEME 4

負債会計

60：負債の分類・評価

▶▶ Question

1 伝統的な会計理論（企業会計原則）における負債の分類方法を2つ示し、内容を答えなさい。

2 伝統的な会計理論（企業会計原則）における確定債務および負債性引当金の評価方法を答えなさい。

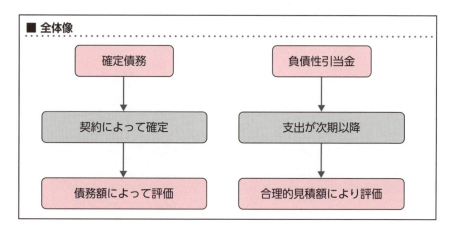

▶▶ Answer

1 ① 流動・固定分類
　　企業の支払能力または財務流動性に着目する負債の分類方法をいう。この分類方法によれば、負債は流動負債と固定負債に分類される。
② 属性別分類
　　負債概念を構成する項目についての属性の相違に着目する負債の分類方法をいう。この分類方法によれば、負債は債務と非債務に分類され、債務はさらに確定債務と条件付債務に区分される。

2 確定債務は、原則として契約による債務額によって評価される。また、負債性引当金は、合理的見積額により評価される。

POINT

負債の分類

①流動・固定分類

　負債を流動・固定に分類する主な基準には**正常営業循環基準**と**一年基準**があります。

正常営業循環基準	正常営業循環基準とは、企業の正常な営業循環過程を構成する負債は、すべて流動負債に属するものとする基準をいう。
一　年　基　準	一年基準とは、貸借対照表日の翌日から起算して1年以内に期限が到来するものを流動負債とし、期限が1年を超えて到来するものを固定負債とする基準をいう。

②属性別分類

　負債概念を構成する項目についての属性の相違に着目する分類方法をいいます。

関連基準　「企業会計原則」第三

149

61 ：引当金の計上根拠

▶▶ Question

次の文章は、企業会計原則注解【注18】から抜粋したものである。これに関して、以下の各問に答えなさい。

> 将来の ① であって、その発生が ② し、 ③ 、かつ、その ④ 場合には、当期の負担に属する金額を当期の費用又は損失として引当金に繰入れ、…（以下略）。

⑴ 空欄に当てはまる適切な語句を答えなさい。
⑵ 引当金の計上根拠について説明しなさい。
⑶ 引当金（負債）の計上と引当金繰入（費用）の計上との因果関係について簡潔に説明しなさい。
⑷ 引当金を計上する目的を簡潔に説明しなさい。

▶▶ Answer

⑴ ①特定の費用又は損失　②当期以前の事象に起因
　　③発生の可能性が高く　④金額を合理的に見積ることができる
⑵ 引当金を計上するのは、適正な期間損益計算を行うためであり、発生主義の原則をその計上根拠とする。
⑶ 将来の価値費消事実をその発生原因にもとづいて引当金繰入額（費用）として計上した結果、その貸方項目として引当金（負債）が計上される。
⑷ 引当金を計上する目的は、費用と収益の適正な対応を可能にし、期間損益計算の適正化を図ることである。

POINT

引当金計上の要件

引当金は次の４つの要件を満たした場合にのみ設定することができます。
(1) 将来の特定の費用または損失であること
(2) その発生が当期以前の事象に起因していること
(3) 発生の可能性が高いこと
(4) その金額を合理的に見積ることができること

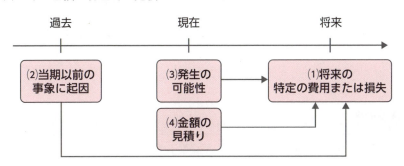

引当金の計上根拠

引当金を計上する根拠は、適正な期間損益計算を行うためであり、発生主義の原則をその計上根拠とします。発生主義の原則にもとづくと費用の発生にともない引当金を計上することになりますが、ここで費用の発生とは財貨・用役の費消がいまだ生じていなくても、将来において財貨・用役の費消が生じ、その原因事実が当期に発生する場合も含み、このとき引当金を計上する必要があります。

引当金の設定根拠を、機械に対する修繕引当金を例に考えると、次のようになります。

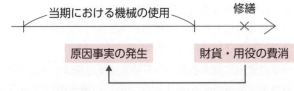

関連基準 「企業会計原則注解」【注18】

62：引当金の分類

▶▶ Question

1 次の文章中の空欄に当てはまる語句を答えなさい。

> 引当金は、その性質の違いから ① と ② に分けられ、② はさらに、③ の観点から債務たる引当金と債務でない引当金とに細分される。

2 評価性引当金と減価償却累計額との共通点および相違点を簡潔に説明しなさい。

3 引当金と積立金の共通点と相違点を答えなさい。

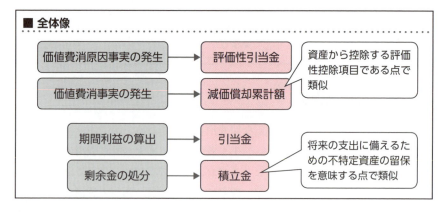

▶▶ Answer

1 ①評価性引当金　②負債性引当金　③債務性

2 共通点：資産から控除する評価性控除項目である点で類似している。
　　相違点：評価性引当金は<u>価値費消原因事実の発生</u>にもとづいて計上される項目であるのに対して、減価償却累計額は<u>価値費消事実の発生</u>にもとづいて計上される項目である。

3 共通点：将来の支出に備えるための不特定資産の留保を意味する。
　　相違点：引当金は<u>期間利益の算出</u>過程で生じる貸方項目であるのに対して、積立金は<u>剰余金の処分</u>過程で生じる貸方項目である。

POINT

▌引当金の分類

引当金は次のように分類できます。

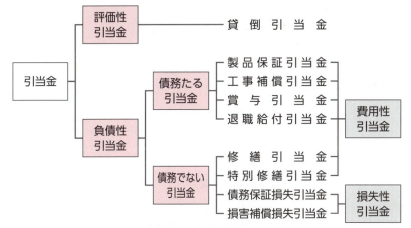

▌貸倒引当金と減価償却累計額の共通点・相違点

貸倒引当金と減価償却累計額	
共通点	貸倒引当金と減価償却累計額は、資産から控除する評価性控除項目である点で共通している。
相違点	貸倒引当金は、財貨または用役の価値費消原因事実の発生にもとづいて計上される項目であり、減価償却累計額は、財貨または用役の価値費消事実の発生にもとづいて計上される項目である。また、貸倒引当金は将来の収入減少額を基礎に測定されるのに対し、減価償却累計額は過去の支出額を基礎に測定される。

▌引当金と積立金の共通点・相違点

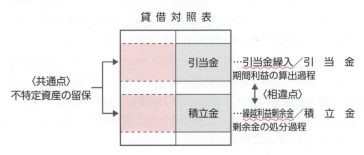

63：修繕引当金

▶▶ Question

1 修繕引当金の意義を答えなさい。

2 修繕引当金の計上根拠について答えなさい。

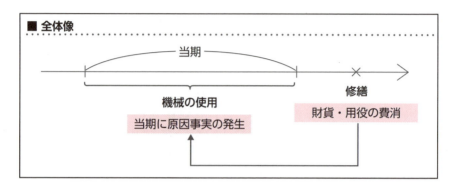

▶▶ Answer

1 修繕引当金とは、毎年行われる通常の修繕が何らかの理由により行われなかった場合、その修繕に備えて設定される引当金のことである。

2 当期に修繕を行わなかったものの、当該期間において固定資産の使用があり、それが原因となって将来の修繕や保守点検といった価値費消が生ずる。そのため、費用と収益の適正な対応により期間損益計算の適正化を図る観点から、価値費消原因事実の発生にもとづき当期の費用として計上し、その結果として修繕引当金が計上される。

POINT

修繕引当金の計上根拠

当期に修繕を行わなかったものの

固定資産の使用により将来の修繕や保守点検といった
価値費消が生ずる

費用と収益の適正な対応により期間損益計算の適正化
を図るために当期の費用計上が必要となる

修繕引当金の会計処理

⑴ 修繕引当金の設定

（修繕引当金繰入）　　×××　　（修 繕 引 当 金)　　×××

⑵ 引当金設定額の範囲内での支出（目的使用）

（修 繕 引 当 金)　　×××　　（現金及び預金)　　×××

⑶ 引当金設定額を超える支出の場合（目的使用）

（修 繕 引 当 金)　　×××　　（現金及び預金)　　×××
（修　　繕　　費)　　×××

64：貸倒見積高の算定

▶▶ Question

次の文章は、「金融商品に関する会計基準」から貸倒見積高の算定方法について抜粋したものである。これに関して、以下の各問に答えなさい。

> (1) 一般債権については、債権全体または同種・同類の債権ごとに、債権の状況に応じて求めた過去の ① 等合理的な基準により貸倒見積高を算定する。
> (2) 貸倒懸念債権については、債権の状況に応じて、次のいずれかの方法により貸倒見積高を算定する。
> (3) ② については、債権額から担保の処分見込額および保証による回収見込額を減額し、その残高を貸倒見積高とする。

1 空欄に当てはまる適切な語句を答えなさい。

2 (2)には貸倒懸念債権の貸倒見積高の算定方法について定められているが、その2つの方法について、それぞれ名称を答え、どのような算定方法であるか説明しなさい。

3 ② とは、どのような債権であるか説明しなさい。

▶▶ Answer

1 ①貸倒実績率　②破産更生債権等

2 ① 財務内容評価法
　　財務内容評価法とは、債権金額から担保の処分見込額および保証による回収見込額を減額し、その残額について債務者の財政状態および経営成績を考慮して貸倒見積高を算定する方法をいう。
　② キャッシュ・フロー見積法
　　キャッシュ・フロー見積法とは、債権の元本の回収および利息の受取りに係るキャッシュ・フローを合理的に見積ることができる債権については、債権の元本および利息について元本の回収および利息の受取りが見込まれるときから当期末までの期間にわたり当初の約定利子率で割り引いた

金額の総額と債権の帳簿価額との差額を貸倒見積高とする方法をいう。

3 破産更生債権等とは、経営破綻または実質的に経営破綻に陥っている債務者に対する債権をいう。

POINT

▌貸倒見積高の算定方法

貸倒見積高の算定方法は債権の区分によって次のように対応します。

債権の区分	貸倒見積高の算定方法
一 般 債 権	貸倒実績率法
貸倒懸念債権	財務内容評価法 または キャッシュ・フロー見積法
破産更生債権等	財務内容評価法

▌貸倒実績率法

貸倒実績率法とは、一般債権に対する貸倒見積高の算定方法をいいます。債権の全体または同種・同類の債権ごとに過去の貸倒実績率などを掛けて貸倒見積高を算定する方法です。

> **貸倒見積高＝債権額×貸倒実績率**

▌財務内容評価法

財務内容評価法とは、債権額から担保の処分見込額および保証による回収見込額を減額し、その残額について債務者の財政状態および経営成績を考慮して貸倒見積高を算定する方法です。

> **貸倒見積高＝（債権額－担保処分・保証回収見込額）×貸倒設定率***

> * 破産更生債権等の貸倒見積高を算定する場合は貸倒設定率を100％と考えます。

157

▌キャッシュ・フロー見積法

　キャッシュ・フロー見積法とは、債権のキャッシュ・フローを当初の約定利子率で割り引いて現在価値を算定し、債権価値が減少した金額について貸倒引当金を設定する方法です。

> **貸倒見積高＝債権金額－将来キャッシュ・フローの割引現在価値**

関連基準 「金融商品に関する会計基準」27、28

65 : 引当金・偶発債務

▶▶ Question

1. 偶発債務とはどのようなものか説明しなさい。
2. 偶発債務と引当金の違いについて説明しなさい。
3. 「企業会計原則」第三・一・Cによると、偶発債務を貸借対照表に注記することが要請されている。その理由を答えなさい。

■ 全体像

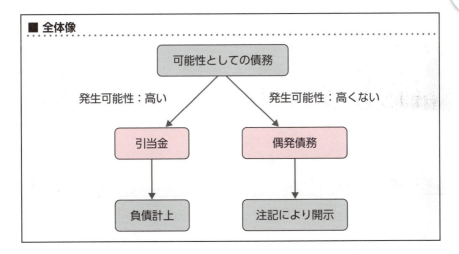

▶▶ Answer

1. 偶発債務とは、現在は可能性としての債務であるが、将来ある事象が発生すれば現実の債務になりうるような事柄をいう。
2. 偶発債務と引当金の違いは、債務が発生する可能性の高さにある。すなわち、引当金は発生の可能性が高いものであるのに対して、偶発債務は引当金ほど発生の可能性が高くはないものである。
3. 偶発債務は、企業の将来の財政状態および経営状態に重大な影響を及ぼすおそれがあるので、そのような事実を開示しておくためである。

POINT

▌偶発債務の内容

下記のような状況にある事柄の現在時点における概念が「偶発債務」です。

▌引当金と偶発債務の差異

損失の発生可能性が高い場合には引当金を計上し、発生可能性が低い場合には偶発債務として注記により開示することになります。

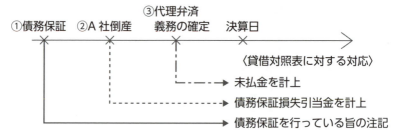

偶発債務の具体例

受取手形の割引または裏書譲渡

手形の裏書譲渡では、将来、支払人が支払不能または不渡りとなった場合、裏書人はその譲渡先に対し、手形の支払義務を負うことになるが、現在では可能性としての債務が発生しているだけである。

係争中の事件

会社の製品の欠陥について訴訟が起こされ、損害賠償請求がなされた場合、将来、敗訴した場合は、原告に対して損害賠償義務が生じるが、現在においては可能性としての債務が発生しているだけである。

保証債務

得意先の借入れに際し、会社が連帯保証人となっている場合、将来、その主たる債務者である得意先が支払不能となった場合、連帯保証人である当社は、代理弁済義務を負うことになるが、現在においては可能性としての債務が発生しているだけである。

関連基準 「企業会計原則」第三・一・C ／「企業会計原則注解」【注18】

161

66：退職給付の総論

▶▶ Question

■1 退職給付とはどのようなものか説明しなさい。

■2 退職給付の性格に関しては、いくつかの考え方があるが、「退職給付に関する会計基準」（以下、「基準」）においては、退職給付をどのような性格をもつものと捉えているか説明しなさい。

■3 役員退職慰労金と特別割増退職金は「基準」においては対象外とされているが、その理由を簡潔に説明しなさい。

■4 退職給付制度には確定給付制度と確定拠出制度の2つがあるが、確定拠出制度は「基準」の適用対象から外されている。その理由を「基準」の趣旨の観点から簡潔に説明しなさい。

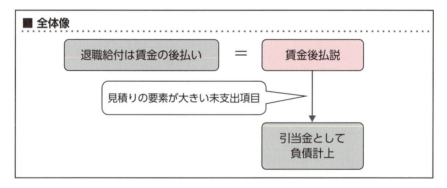

▶▶ Answer

■1 退職給付とは、一定の期間にわたり労働を提供したこと等の事由にもとづいて、退職以後に支給される給付をいう。

■2 退職給付は、労働の対価として支払われる賃金の後払いである。

■3 役員退職慰労金と特別割増退職金は、労働の対価との関係が必ずしも明確ではないため。

■4 「基準」の趣旨は企業が負担すべき退職給付に係る債務を適切に把握し、財務諸表に反映させることであるため、企業に運用リスクがない確定拠出型制度は「基準」の適用対象から外されている。

POINT

退職給付の性格

退職給付には次の3つの性格があります。

賃金後払説	退職給付は、労働の対価として支払われる賃金の後払いであるという考え方
功績報償説	退職給付は、勤続に対する功績報償として支払われるものであるという考え方
生活保障説	退職給付は、老後の生活保障のために支払われるものであるという考え方

役員退職慰労金・特別割増退職金

役員退職慰労金と特別割増退職金は「基準」の適用対象外とされ、下記のように支給額を特別損失として処理します。

(役員退職慰労金) 特別損失	×××	(現金及び預金)	×××

(特別割増退職金) 特別損失	×××	(現金及び預金)	×××

退職給付制度

退職給付制度には次の2つがあります。

確定給付制度	従業員が受給する退職給付額が、勤続年数や給与額をもとにあらかじめ決められている退職給付制度。企業は運用の結果、支給原資が不足すれば追加で掛金を拠出しなければならないため、運用のリスクは企業にある。厚生年金基金など。
確定拠出制度	従業員が受給する退職給付額が、企業の拠出した掛金とその後の運用損益によって決まる退職給付制度。企業は一定の基準によって掛金を拠出すればよく、その後の運用のリスクは従業員が負担する。日本版401(K)など。

関連基準 「退職給付に関する会計基準」4、5

67：退職給付会計

▶▶ Question

1 退職給付債務の算定方法を答えなさい。

2 退職給付債務の算定方法として現価方式が採用される理由を答えなさい。

3 年金資産が退職給付債務から控除され、貸借対照表に計上されない理由を答えなさい。

4 「退職給付に関する基準」（以下「基準」）にもとづいて、以下の空欄に入る適切な語句を答えなさい。

> 8.「勤務費用」とは、① の ② として ③ したと認められる ④ をいう。
> 9.「利息費用」とは、⑤ により算定された ⑥ 時点における ④ 債務について、期末までの ⑦ により発生する ⑧ をいう。
> 10.「期待運用収益」とは ⑨ により生じると合理的に期待される ⑩ をいう。

5 「基準」では退職給付見込額は合理的に見込まれる退職給付の変動要因を考慮して見積ることとされているが、その理由を答えなさい。

▶▶ Answer

1 退職給付債務は、退職により見込まれる退職給付の総額（退職給付見込額）のうち、期末までに発生していると認められる額を割り引いて計算する。

2 退職給付は支出までに相当の期間があることから貨幣の時間的価値を考慮に入れる必要があるためである。

3 年金資産は退職給付の支払いのためのみに使用されることが制度的に担保されていることなどから、これを収益獲得のために保有する一般の資産と同様に企業の貸借対照表に計上することには問題があり、かえって財務諸表の利用者に誤解を与えるおそれがあると考えられるためである。

4 ①1期間　②労働の対価　③発生　④退職給付　⑤割引計算　⑥期首
　　⑦時の経過　⑧計算上の利息　⑨年金資産の運用　⑩計算上の収益

5 実際の退職給付の支払いは退職時における退職給付の額にもとづいて行われるものであり、現在時点の退職給付の支払額のみにもとづいて将来の退職給付の額を見積ると、退職給付の実態が適切に反映していないと考えられるためである。

POINT

▌退職給付会計の基本的なしくみ

退職給付引当金は、次のように計算します。

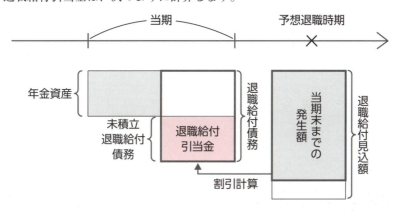

▌退職給付債務の算定

退職給付債務は、退職により見込まれる退職給付の総額（退職給付見込額）のうち、期末までに発生していると認められる額を割り引いて計算します。

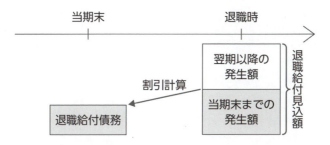

利息費用

利息費用は退職給付債務の増加要因であり、期首の退職給付債務に割引率を掛けて算定します。

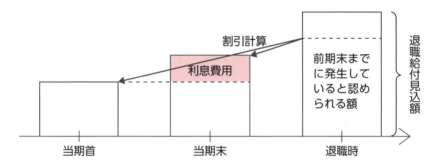

関連基準 「退職給付に関する会計基準」16〜23

68：数理計算上の差異

▶▶ Question

1 数理計算上の差異の意義を答えなさい。

2 数理計算上の差異の発生要因は主に3つあるが、それらを列挙した以下の文の空欄にあてはまる語句を答えなさい。

> (1) 年金資産の ① と実際の ② の差異
> (2) 退職給付債務の数理計算に用いた ③ と ④ の差異
> (3) ⑤ の変更等により発生した差異

3 数理計算上の差異は発生年度に費用処理または発生後数年にわたって費用処理する（遅延認識）こととされているが、遅延認識を行う理由を答えなさい。

4 計算基礎の決定方法について述べた以下の文章の空欄に当てはまる語句を答えなさい。

> 　退職給付会計における計算基礎の決定方法には ① と ② の2つの考え方がある。
> 　 ① とは基礎率等の計算基礎に ③ が生じない場合には計算基礎を変更しない等、計算基礎の決定にあたって合理的な範囲で ④ による判断を認める方法である。
> 　また ② とは、退職給付債務の数値を ⑤ 時点において厳密に計算し、その結果生じた計算差異について、 ⑥ （回廊）は認識しない方法である。「退職給付に関する会計基準」では ⑦ の方法が採られている。

▶▶ Answer

1 数理計算上の差異とは、期首において数理計算にもとづき求めた退職給付債務と年金資産の増減の予測値と期末に測定した実際値との差異のことをいう。

2 ①期待運用収益　②運用成果　③見積数値　④実績　⑤見積数値

3 数理計算上の差異には予測と実績の乖離のみならず予測数値の修正も反映されることから、各期に生じる差異をただちに費用として計上することが<u>退職給付に係る債務の状態を忠実に表現するとはいえない</u>面があるためである。

4 ①重要性基準　②回廊アプローチ　③重要な変動　④重要性　⑤毎期末
　　⑥一定の範囲内　⑦重要性基準

POINT

▍数理計算上の差異の発生要因

次に示す、あらかじめ定めた基礎率と各事業年度における実際の数値との差異および基礎率を変更した場合に生じる差異が発生要因となります。

(1) 年金資産の期待運用収益と実際の運用成果の差異
(2) 退職給付債務の数理計算に用いた見積数値と実績の差異
(3) 見積数値の変更等により発生した差異

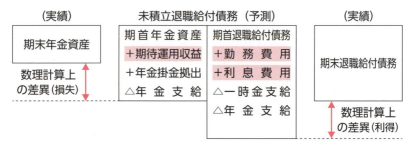

■：差異の発生原因を意味しています。

重要性基準と回廊アプローチ

　計算基礎の決定にあたってどのように差異を認識するかの基準には次の2つの考え方があります。

重要性基準	基礎率等の計算基礎に重要な変動が生じない場合には計算基礎を変更しない等、計算基礎の決定にあたって合理的な範囲で重要性による判断を認める方法
回廊アプローチ	退職給付債務の数値を毎期末時点において厳密に計算し、その結果生じた計算差異について、一定の範囲内は認識しない方法

関連基準 「退職給付に関する会計基準」24

69：過去勤務費用

▶▶ Question

1 過去勤務費用の意義を答えなさい。

2 個別財務諸表において過去勤務費用について遅延認識を行う理由を答えなさい。

■ 全体像

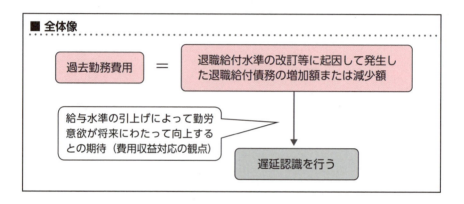

▶▶ Answer

1 過去勤務費用とは、退職給付水準の改訂等に起因して発生した退職給付債務の増加額または減少額であり、退職金規程等の改訂にともない退職給付水準が変更された結果生じる、改訂前の退職給付債務と改訂後の退職給付債務の改訂時点における差額を意味する。

2 過去勤務費用の発生要因である給与水準の改訂等が、従業員の勤労意欲が将来にわたって向上するとの期待のもとに行われる面があるため、費用収益対応の観点から遅延認識を行う。

POINT

過去勤務費用

過去勤務費用とは、退職給付水準の改訂等に起因して発生した退職給付債務の増加額または減少額をいいます。

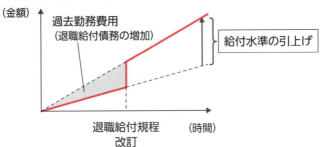

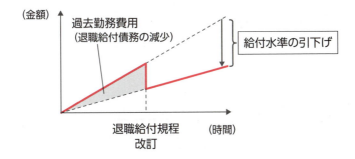

関連基準 「退職給付に関する会計基準」25

70：資産除去債務の総論

▶▶ Question

1 以下の空欄に当てはまる語句を答えなさい。

> 資産除去債務とは、有形固定資産の ① 、 ② 、 ③ または ④ によって生じ、当該有形固定資産の除去に関して ⑤ または ⑥ で要求される ⑦ およびそれに準ずるものをいいます。

2 資産除去債務は発生時に負債として計上するが、資産除去債務が負債性を認められる理由を答えなさい。

3 資産除去債務の金額を合理的に見積ることができない場合の処理を答えなさい。

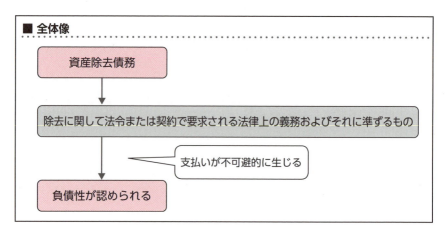

▶▶ Answer

1 ①取得 ②建設 ③開発 ④通常の使用 ⑤法令 ⑥契約 ⑦法律上の義務

2 資産除去債務は、有形固定資産の除去に関して法令または契約で要求される法律上の義務およびそれに準ずるものであり、当該有形固定資産の除去サービスに係る支払いが不可避的に生じ、実質的に支払義務を負うことになることから、負債性が認められる。

3 資産除去債務の発生時に、当該債務の金額を合理的に見積ることができない場合にはこれを計上せず、当該債務額を合理的に見積ることができるようになった時点で負債として計上する。ただし財務諸表利用者への注意喚起のため当該事実の注記を行う。

POINT

資産除去債務

　資産除去債務とは、有形固定資産の取得、建設、開発または通常の使用によって生じ、当該有形固定資産の除去に関して法令または契約で要求される法律上の義務およびそれに準ずるものです。

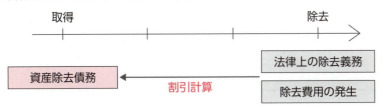

資産取得時に将来の除去費用
を負債として計上

資産除去債務の負債性

　資産除去債務の負債性は次のように説明されます。

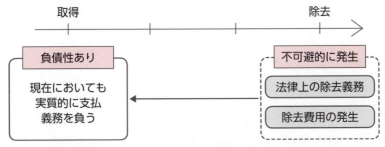

債務の金額を合理的に見積ることができない場合の処理

合理的に債務の金額を見積ることができない場合にも、財務諸表利用者への注意喚起のため、資産除去債務があるという事実を注記します。

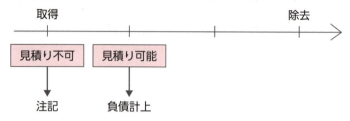

関連基準 「資産除去債務に関する会計基準」3、4

| Volume 1 | Volume 2 | **Volume 3** | Volume 4 |

71：資産除去債務の会計処理

Rank A

▶▶ Question

資産除去債務の会計処理について、以下の問に答えなさい。

1 引当金処理の内容を説明しなさい。

2 引当金処理の問題点を答えなさい。

3 資産負債の両建処理の内容を説明しなさい。

4 資産負債の両建処理が採用される理由を説明しなさい。

5 資産負債の両建処理の会計処理の考え方を述べなさい。

THEME **04** 負債会計

▶▶ Answer

1 引当金処理とは、有形固定資産の除去に係る用役（除去サービス）の費消を、当該有形固定資産の使用に応じて各期間に費用配分し、それに対応する金額を負債として認識する会計処理である。

2 引当金処理の場合には、有形固定資産の除去に必要な金額が貸借対照表に計上されないことから、資産除去債務の負債計上が不十分となる。

3 資産負債の両建処理とは、資産除去債務の全額を負債として計上し、同額を有形固定資産の取得原価に反映させる会計処理である。

4 資産負債の両建処理は、資産除去債務の全額を負債として計上するとともに、これに対応する除去費用を有形固定資産の取得原価に含めることで、当該除去費用が減価償却を通じて、当該有形固定資産の使用に応じて各期間に費用配分されるため、資産負債の両建処理は引当金処理を包摂するものといえるからである。

5 法律上の義務にもとづく場合など、資産除去債務に該当する場合には、有形固定資産の除去サービスに係る支払いが不可避的に生じることとなるため、その支払いが後日であっても、債務として負担している金額が合理的に見積られるのであれば、資産除去債務の全額を負債として計上し、同額を有形固定資産の取得原価に反映させる処理を行うことが考えられる。

175

POINT

引当金処理の問題点

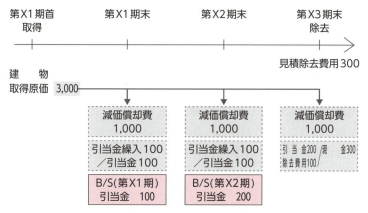

資産負債の両建処理の採用理由

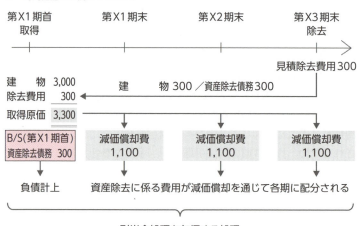

関連基準 「資産除去債務に関する会計基準」32〜34

72：資産除去債務に対応する除去費用と割引率

▶▶ Question

1. 資産除去債務に対応する除去費用の会計処理の内容を説明しなさい。
2. 資産除去債務に対応する除去費用の会計処理の考え方を説明しなさい。
3. 資産除去債務を履行する際の会計処理の内容を説明しなさい。
4. 除去費用を関連する有形固定資産と別の資産として計上する考え方を2つ答えなさい。
5. 「資産除去債務に関する会計基準」（以下「基準」）では除去費用を別の資産として計上する考え方を採っていないが、その理由を答えなさい。
6. 「基準」では資産除去債務の算定にあたって用いる割引率は無リスク利子率とされ、自社の信用リスクを反映させないこととされているが、その理由を3つ答えなさい。

▶▶ Answer

1. 資産除去債務に対応する除去費用は、資産除去債務を負債として計上した時に、当該負債の計上額と同額を、関連する有形固定資産の帳簿価額に加える。
　資産計上された資産除去債務に対応する除去費用は、減価償却を通じて、当該有形固定資産の残存耐用年数にわたり、各期に費用配分する。

2. 有形固定資産の取得に付随して生じる除去費用を当該資産の取得原価に含めることは、当該資産への投資について回収すべき額を引き上げることを意味する。すなわち、有形固定資産の除去時に不可避的に生じる支出額を付随費用と同様に取得原価に加えたうえで費用配分を行い、さらに、資産効率の観点からも有用と考えられる情報を提供するものである。

3. 有形固定資産を除去し、資産除去債務を履行した際は、計上していた有形固定資産と減価償却累計額を消去するとともに、資産除去債務の履行時に認識される資産除去債務残高と資産除去債務の決済のために支払われた額との差額を、履行差額として処理する。

4. 考え方①：除去費用の資産計上額が有形固定資産の稼働等にとって必要な除去サービスの享受等に関する何らかの権利に相当するという考え方。

考え方②：将来提供される除去サービスの前払い（長期前払費用）としての性格を有するという考え方。

5 除去費用は、法律上の権利に該当せず財産的価値もなく、また、独立して収益獲得に貢献するものではないから。

6 ① 退職給付算定においても無リスクの割引率が使用されること。
② 同一の内容の債務について信用リスクの高い企業が高い割引率を用いることにより負債計上額が少なくなるという結果は、財務状態を適切に示さないこと。
③ 資産除去債務の性格上、自らの不履行の可能性を前提とする会計処理は、適当ではないこと。

POINT

▶除去費用の資産計上

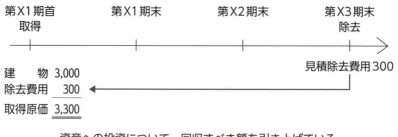

▌除去費用の費用配分

　資産計上された資産除去債務に対応する除去費用は減価償却を通じて当該有形固定資産の残存耐用年数にわたり各期に費用配分します。

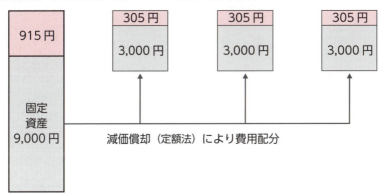

▌資産除去債務の履行時

　履行時に認識される資産除去債務残高は、当初の見積額となるため、履行差額は資産除去債務の当初見積額と実際に支払った除去費用の差額です。

> 履行差額＊＝履行時の資産除去債務残高－除去に係る実際の支払額

　＊　原則として、損益計算書上は除去費用に係る費用配分額と同じ区分に計上される。

関連基準　「資産除去債務に関する会計基準」13～15

THEME 5

純資産会計

73：純資産の表示

▶▶ Question

1 情報開示において当期純利益と株主資本の情報は特に重要とされているが、その理由を答えなさい。

2 「貸借対照表の純資産の部の表示に関する会計基準」（以下「基準」）において、(1)新株予約権(2)評価・換算差額等(3)非支配株主持分は純資産の部の株主資本以外に表示するとされている。(1)〜(3)について(a)純資産の部に表示する理由、(b)株主資本以外に表示する理由 をそれぞれ答えなさい。

3 「基準」では貸借対照表の純資産の部は株主資本と株主資本以外の各項目に区分することとされているが、その理由を答えなさい。

▶▶ Answer

1 投資の成果を表す当期純利益は企業価値を評価する際の基礎となる将来キャッシュ・フローの予測やその改訂に広く用いられる。そしてその情報の主要な利用者であり受益者であるのは、報告主体の企業価値に関心を持つ当該報告主体の現在及び将来の所有者（株主）であると考えられるため当期純利益と株主資本の情報は特に重要とされている。

2 (1) (a)新株予約権は、権利行使の有無が確定するまでの間その性格が確定せず、また返済義務のある負債ではないから。(b)新株予約権は報告主体の所有者である株主とは異なる新株予約権者との取引によるものであり、（親会社）株主に帰属するものではないから。

(2) (a)評価・換算差額等は資産性・負債性を有しないが、貸借対照表上、資産性または負債性を有しない項目については、純資産の部に記載することが適当であるから。(b)評価・換算差額等は、払込資本ではなく、かつ、いまだ当期純利益に含められていないから。

(3) (a)非支配株主持分は、返済義務のある負債ではないから。(b)非支配株主持分は、子会社の資本のうち親会社（親会社株主）に帰属していない部分であるから。

3 財務報告における情報開示の中で、投資の成果をあらわす当期純利益とこれを生み出す株主資本との関係を示すことが重要である。そこで損益計算書にお

ける当期純利益の額と貸借対照表における株主資本の変動額が一致するクリーン・サープラス関係が明らかになるように、純資産の部を株主資本と株主資本以外の各項目に区分することとしている。

POINT

純資産の区分

(1)純資産は資産と負債の差額、(2)株主資本は純資産のうち株主に帰属する部分、(3)払込資本は株主資本のうち株主が払い込んだ元本を意味します。

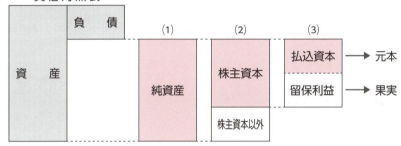

株主資本と純利益のクリーン・サープラス関係

特定期間における資本の変動額と当該期間の利益の額が一致する関係をクリーン・サープラス関係といいます。財務報告の情報開示において特に重要とされる当期純利益と株主資本がクリーン・サープラス関係にあるため、この関係を重視して株主資本と株主資本以外の各項目に区別することとされています。

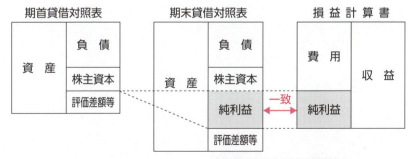

純資産(株主資本)と純利益の
クリーン・サープラス関係が成立

新株予約権の性格

新株予約権は権利行使の有無が確定するまでその性格が確定しません。また、権利行使された場合は払込資本、権利行使されなかった場合は新株予約権戻入益として当該期の利益となります。

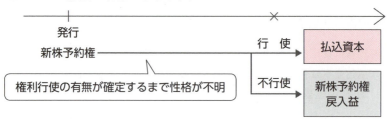

関連基準 「貸借対照表の純資産の部の表示に関する会計基準」13〜15、22、23

74：株主資本等変動計算書

▶▶ Question

1 株主資本等変動計算書の作成目的を答えなさい。

2 株主資本等変動計算書に記載すべき項目の範囲については(1)純資産の部のすべての項目とする考え方、(2)純資産のうち株主資本のみとする考え方の2つがあるが、それぞれの考えの論拠を答えなさい。

3 「株主資本等変動計算書に関する会計基準」（以下「基準」）では**2**と関連してどのように純資産の部を記載するとしているか理由とともに答えなさい。

▶▶ Answer

1 株主資本等変動計算書は、貸借対照表の純資産の部の一会計期間における変動額のうち、主として、株主に帰属する部分である株主資本の各項目の変動事由を報告するために作成される。

2(1) 資産と負債の差額である純資産について、国際的な会計基準では株主資本以外の項目についても、一会計期間の変動を開示する考え方であるため、国際的な会計基準との調和を重視すべきである。

(2) 財務報告における情報開示の中で、財務諸表利用者にとって特に重要な情報は投資の成果を表す利益の情報であり、当該情報の主要な利用者であり受益者である株主に対して、当期純利益とこれを生み出す株主資本との関係を示すことが重要である。

3 「基準」では、国際的調和の観点から純資産の部のすべての項目とするものの、株主資本とそれ以外の項目とでは一会計期間における変動事由ごとの金額に関する情報の有用性が異なること、および株主資本以外の各項目を変動事由ごとに表示することに対する事務負担の増大などを考慮し、株主資本の各項目については、変動事由ごとにその金額を表示することとし、株主資本以外の各項目は、原則として、当期変動額を純額で表示することとしている。

POINT

▶ 株主資本等変動計算書の記載項目の範囲

株主資本等変動計算書に記載すべき項目については、次のような考え方があります。

(1) 純資産の部のすべての項目とする考え

(2) 純資産の部のうち、株主資本のみとする考え

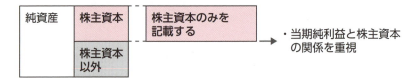

(3) 現行制度上採用されている方法

関連基準 「株主資本等変動計算書に関する会計基準」1、6～8

75：株主資本の区分表示

▶▶ Question

1 株主資本の区分にあたって企業会計基準（金融商品取引法会計）が重視する考え方とその考え方に準じた区分方法を答えなさい。

2 **1**に関連して、会社法が重視する考え方とその考え方に準じた区分方法を答えなさい。

3 「会社計算規則」において株主資本はどのように区分されるか、理由ともに答えなさい。

4 「純資産表示基準」において資本剰余金、利益剰余金はそれぞれどのように区分されるか、理由ともに答えなさい。

▶▶ Answer

1 投資者保護のための情報開示の観点から、取引源泉別に資本取引から生じた維持拘束性を特質とする払込資本（資本金・資本剰余金）と、損益取引から生じた処分可能性を特質とする留保利益（利益剰余金）を区別することを重視している。したがって株主資本は、資本金、資本剰余金および利益剰余金に区分される。

2 株主と債権者の利害調整の観点から、分配可能額を構成する剰余金とそれ以外の資本金および準備金に区別することを重視している。したがって、株主資本は、資本金、準備金および剰余金に区分される。

3 株主資本は、資本金、資本剰余金および利益剰余金に区分される。このように区分されるのは、金融商品取引法会計と会社法会計の一元化の観点から株主資本の表示を企業会計基準および財務諸表等規則に合わせたためである。

4 資本剰余金は資本準備金およびその他資本剰余金に区分される。また利益剰余金は利益準備金およびその他利益剰余金に区分される。このように区分されるのは、分配可能額を構成する剰余金とそれ以外の準備金を区別する必要がある会社法の考え方を考慮しているためである。

187

POINT

企業会計基準における株主資本の区分

企業会計基準は、投資者保護のための情報開示の観点から元本と果実を明確に区別すべきとする考え方より資本金、資本剰余金、利益剰余金を区別することを要求しています。

さらに基準では会社法の考え方も取り入れて、資本剰余金、利益剰余金の各項目をそれぞれ準備金と剰余金に区別することとしています。なお、金融商品取引法上、株主資本は基準にもとづいた区分によって表示します。

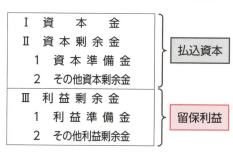

会社法会計における株主資本の区分

会社法は株主と債権者の利害調整の観点から分配可能額を構成する剰余金とそれ以外の資本金・準備金に区別することを重視して株主資本を区分しています。なお、会社計算規則とは会社法の規定により委任された会社の計算に関する事項を定めた法務省令のことをいいます。

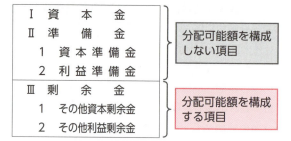

関連基準 「貸借対照表の純資産の部の表示に関する会計基準」4〜8

76 : 計数の変動

▶▶ Question

1 資本金および資本準備金の額の減少によって生ずる剰余金がその他資本剰余金に計上される理由を答えなさい。

2 利益準備金の額の減少によって生ずる剰余金がその他利益剰余金に計上される理由を答えなさい。

3 払込資本と留保利益の混同が問題とならないケースとその際の会計処理、混同が問題にならない理由を答えなさい。

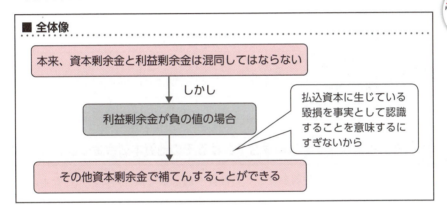

▶▶ Answer

1 資本金および資本準備金の額の減少にともなって生ずる剰余金は、いずれも減額前の資本金および資本準備金の持っていた会計上の性格が変わるわけではなく、資本性の剰余金の性格を有すると考えられるため、その他資本剰余金に計上される。

2 利益準備金はもともと留保利益を原資とするものであり、利益性の剰余金の性格を有するものと考えられるため、その他利益剰余金に計上される。

3 利益剰余金が負の値の場合にはその他資本剰余金で補てんすることができる。払込資本と留保利益の混同が問題になるのは両者が正の場合であり、当該処理は混同ではなく払込資本に生じている毀損を事実として認識することを意味するにすぎないからである。

POINT

株主資本の計数の変動

会社法においては、株主資本の計数の変動について、いつでも株主総会の決議（一定の要件を満たす場合には、取締役会の決議）で行うことができるとされています。基本的に、払込資本は払込資本内で、留保利益は留保利益内でのすべての組み合わせの計数変動が認められており、いわゆる資本と利益は、基本的に区別されています。

減少項目	増加項目	払込資本 資本金	払込資本 資本準備金	払込資本 その他資本剰余金	留保利益 利益準備金	留保利益 その他利益剰余金
払込資本	資本金		○	○	—	—
払込資本	資本準備金	○		○	—	—
払込資本	その他資本剰余金	○	○		—	—
留保利益	利益準備金	○	—	—		○
留保利益	その他利益剰余金	○	—	—	○	

利益剰余金がマイナスの場合におけるその他資本剰余金による補塡

負の残高になった利益剰余金をその他資本剰余金で補うのは、払込資本に生じている毀損を事実として認識するものであり、払込資本と留保利益の区分の問題にはあたりません。

事実として払込資本が400しか存在しない

77：自己株式

▶▶ Question

自己株式の性格に関する考え方に関連して、次の各問に答えなさい。

1(1) 資産説の内容を答えなさい。
(2) 資本控除説の内容を答えなさい。
(3) 「貸借対照表の純資産の部の表示に関する会計基準」において期末に保有する自己株式はどのように表示されるか答えなさい。
(4) 上記(3)のように自己株式が表示される理由を答えなさい。

2 自己株式処分差益がその他資本剰余金に計上される理由を答えなさい。

3 自己株式処分差損がその他資本剰余金から減額される理由を答えなさい。

▶▶ Answer

1(1) 資産説とは、自己株式を取得したのみでは株式は失効しておらず、他の有価証券と同様に換金性のある会社財産と捉え、資産として扱う考え方をいう。
(2) 資本控除説とは、自己株式の取得は株主との間の資本取引であり、会社所有者に対する会社財産の払戻しの性格を有するものと捉え、資本の控除として扱う考え方をいう。
(3) 期末に保有する自己株式は、純資産の部の株主資本の末尾に自己株式として一括して控除する形式で表示する。
(4) 自己株式を取得したのみでは発行済株式総数が減少するわけではなく、取得後の処分もあり得ることから、自己株式の保有は処分または消却までの暫定的な状態であると考えられるためである。

2 自己株式の処分が新株の発行と同様の経済的実態を有する点を考慮すると、その処分差額も株主からの払込資本と同様の性格を有すると考えられ、また、会社法において自己株式処分差益は分配可能額を構成することから、その他資本剰余金に計上される。

3 自己株式の取得と処分を一連の取引とみた場合、純資産の部の株主資本からの分配の性格を有すると考えられ、自己株式の処分が新株の発行と同様の経済的実態を有する点を考慮すると、利益剰余金の額を増減させるべきではなく、

処分差益と同じく処分差損についても、資本剰余金の額の減少とすることが適切であると考えられる。さらに、資本準備金からの減額が会社法上の制約を受けることから、その他資本剰余金から減額される。

POINT

▌ 自己株式の会計的性格

自己株式の理論上の考え方には、次のようなものがあります。制度上は、資本控除説を採用しています。

	資産説	資本控除説
考え方	自己株式を資産と考える立場で、自己株式に関する取引を資産に関する取引と考える。	自己株式を資本の控除と考える立場で、自己株式に関する取引を資本取引と考える。
主な論拠	自己株式を取得したのみでは株式は失効しておらず、他の有価証券と同様に換金性のある会社財産とみられること。	自己株式の取得は株主との間の資本取引であり、会社所有者に対する会社財産の払戻しの性格を有すること。
表示	資産として表示する。	株主資本から控除する形式で表示する。

▌ 自己株式の処分の処理

自己株式処分差益はその他資本剰余金に計上し、自己株式処分差損はその他資本剰余金から減額して表示します。

⑴　自己株式の取得原価＜自己株式の処分価額

（現 金 及 び 預 金）	×××	（自 己 株 式）	×××
		（その他資本剰余金） 自己株式処分差益	×××

⑵　自己株式の取得原価＞自己株式の処分価額

（現 金 及 び 預 金）	×××	（自 己 株 式）	×××
（その他資本剰余金） 自己株式処分差損	×××		

関連基準　「自己株式及び準備金の額の減少等に関する会計基準」7 ～ 12

78 : 自己株式の無償取得・付随費用

▶▶ Question

1 自己株式を無償取得した場合、(1)時価で測定する方法と(2)自己株式の数のみの増加として処理する方法の2つが考えられる。それぞれの方法の論拠を答えなさい。

2 自己株式の取得、処分および消却時の付随費用の会計処理に関しては、(1)自己株式本体とは異なる損益取引とみなす考えと(2)自己株式本体の取引と一体となった資本取引であるという考えがある。それぞれの考えの論拠について答えなさい。

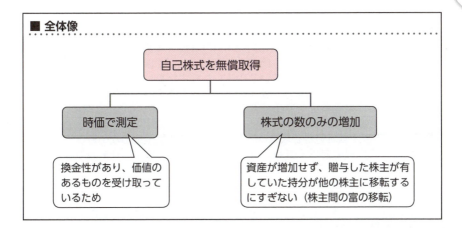

▶▶ Answer

1(1) 通常の有価証券と同様に自己株式も換金性があり、価値のあるものを受け取っている限り、その側面を適切に表すために、自己株式を時価で測定し認識すべきである。

(2) 自己株式を無償で取得しても取得した会社にとっては資産が増加せず、贈与した株主が有していた持分が他の株主に移転するのみ、すなわち株主間の富の移転が生じているのみと考えられる。

2(1)　自己株式に関する付随費用は、形式的には株主との直接的な取引により生じるものではなく、資金調達に関連する財務費用として処理すべきである。

(2)　自己株式に関する付随費用は、形式的には株主との直接的な取引により生じるものではないが、自己株式に関する付随費用は、自己株式本体の取引と一体となって生じるものと考えられる。

POINT

▌▶ 自己株式の無償取得

　自己株式を無償取得した場合の会計処理には次の2つの方法が考えられるが、制度上は「自己株式の数のみの増加として処理する方法」が採用されています。

	自己株式を時価で測定する方法	自己株式の数のみの増加として処理する方法
論拠	1.　通常の有価証券と同様に自己株式も換金性があり、価値のあるものを受け取っている限り、その側面を適切に表すために、自己株式を時価で測定し認識すべきである。 2.　自己株式を時価で取得した後に、取得の対価の支払いを免除されたと擬制できる。 3.　自己株式の譲渡者は、通常譲り受けた会社が利益を計上することを意図しており、その意図を反映すべきである。	自己株式を無償で取得しても取得した会社にとっては資産が増加せず、贈与した株主が有していた持分が他の株主に移転するのみ、すなわち株主間の富の移転が生じているのみと考えられる。新株の有利発行の際に時価と発行価額の差額を費用処理しないことにみられるように、一般に、株主間の富の移転のみによって当該会社の株主持分額の変動は認識されない。その処理との整合性からは、自己株式を無償で取得した場合は、自己株式の数のみの増加として処理することとなる。

194

自己株式の取得、処分および消却に関する付随費用

　自己株式の取得、処分および消却に関する付随費用の会計処理は、次の2つの考え方があります。基準では「損益計算書に計上する考え方」が採用されていますが、自己株式の処分に関する付随費用は、株式交付費に含め、繰延資産として資産計上することも容認されています。

	損益計算書に計上する考え方	取得に要した費用は取得原価に含め、処分および消却に要した費用は自己株式処分差額等の調整とする考え方
自己株式に関する付随費用が生じる取引の理解	資本取引である自己株式本体の取引と別個の取引として捉え、損益取引であると考える。	資本取引である自己株式本体の取引と一体として捉え、資本取引であると考える。
論拠	自己株式に関する付随費用は、形式的には株主との直接的な取引により生じるものではない。	自己株式に関する付随費用は、形式的には株主との直接的な取引により生じるものではない。しかし、自己株式に関する付随費用は、自己株式本体の取引と一体となって生じるものと考えられる。

関連基準　「自己株式及び準備金の額の減少等に関する会計基準」50～54
　　　　　「自己株式及び準備金の額の減少等に関する会計基準の適用指針」14

79：ストック・オプション

▶▶ Question

1 次の文章中の空欄に当てはまる語句を答えなさい。

> ストック・オプションとは、株式会社が、会社の役員・使用人その他の者に対して、その ① の対価として、一定の金額を支払うことによって ② を受けることができる権利を与える場合における当該権利のことである。

2 権利確定日以前の会計処理において費用認識が行われる根拠を答えなさい。

3 従来ストック・オプションに関しては

(1) ストック・オプションの付与によっても、新旧株主間で富の移転が生じるに過ぎないため、現行の企業会計の枠組みの中では特に会計処理を行うべきではない。

(2) 企業には現金その他の会社財産の流出が生じないため、費用認識を行うべきではない。

という2つの考えにより会計処理が行われていなかった。この2つの論拠に対する反論をそれぞれ述べなさい。

4 ストック・オプションの権利不行使による失効が生じた場合、新株予約権として計上した額のうち当該失効に対応する部分を利益として計上するが、そのように処理する根拠を答えなさい。

▶▶ Answer

1 ①役務の提供等　②株式の交付

2 従業員等に付与されたストック・オプションを対価として、これと引換えに企業に追加的にサービスが提供され、企業に帰属することとなったサービスを消費したと考えられるため、費用認識を行うべきである。

3(1) 従業員等に対してストック・オプションを付与する取引のように対価として利用されている取引と、自社の株式の時価未満での発行のように発行価額

の払込み以外に対価関係にある給付の受入れをともなわない取引は異なる種類の取引であり、この２つを会計上同様の取引として評価するという指摘は必ずしも成り立たない。
(2) 対価としての会社財産の流出は費用認識の必要条件ではなく、ストック・オプションによって取得したサービスの消費も、消費の事実に着目すれば、企業にとっての費用と考えられる。

4 ストック・オプションが行使されないまま失効すれば、結果として会社は株式を時価未満で引き渡す義務を免れることになり、無償で提供されたサービスを消費したと考えることができるためである。

POINT

▌ストック・オプションの概要

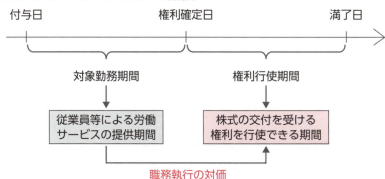

▌ストック・オプションの処理

(1) ストック・オプション付与時

仕　訳　な　し

(2) 権利確定日までの各事業年度

ストック・オプションの公正な評価額のうち、対象勤務期間を基礎とする方法その他の合理的な方法にもとづき各期に発生したと認められる額を株式報酬費用として計上します。

（株式報酬費用）	×××	（新株予約権）	×××
販売費及び一般管理費		純資産の部	

関連基準 「ストック・オプション等に関する会計基準」４〜７

80：新株予約権付社債

▶▶ Question

1 新株予約権付社債とストック・オプションに共通する性質は何か説明しなさい。

2 転換社債型新株予約権付社債であることの条件を2つ答えなさい。

3 新株予約権付社債は、転換社債型新株予約権付社債と転換社債型以外の新株予約権付社債の2種類に分類されるがそれらの会計処理方法として区分法と一括法どちらが認められているか、取得者側、発行者側両方の処理方法をそれぞれ答えなさい。

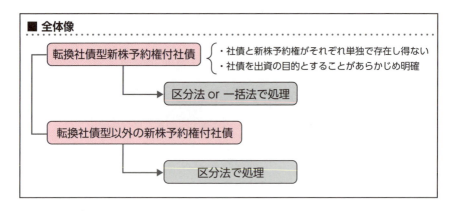

▶▶ Answer

1 どちらも自社の株式を交付する義務を負い、払込資本を増加させる可能性を有するものであるという性質。

2 ① 社債と新株予約権がそれぞれ単独で存在し得ないこと
　② 新株予約権が付された社債を当該新株予約権行使時における出資の目的とすることを、あらかじめ明確にしていること

3

	取得者側	発行者側
転換社債型新株予約権付社債	一括法	区分法または一括法
転換社債型以外の新株予約権付社債	区分法	区分法

POINT

新株予約権付社債の種類

　新株予約権付社債は、権利行使時に社債による払込みとすることがあらかじめ決められているかどうかで、次の2つに分類されます。

転換社債型新株予約権付社債	権利行使時に、金銭等による払込みに代えて、社債の償還による払込み（代用払込）とすることがあらかじめ決められているもの。下図の(2)のみ選択可。
転換社債型以外の新株予約権付社債	権利行使時に、社債による払込みとすることがあらかじめ決められていないもの。つまり、権利行使時には金銭の払込みか、金銭の代わりに社債の償還による払込み（代用払込）を選択できるもの。下図の(1)、(2)両方選択可。

(1) 金銭払込

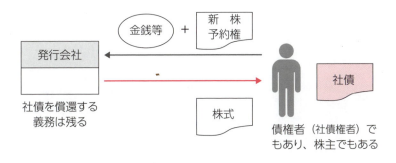

(2) 代用払込

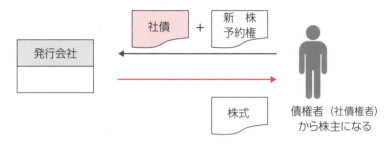

新株予約権付社債の会計処理

新株予約権付社債の会計処理には区分法と一括法があり、新株予約権付社債の種類によって会計処理の方法が異なります。

区分法	新株予約権付社債の発行にともなう払込金額を、社債の対価部分と新株予約権の対価部分に区分したうえで、社債の対価部分は、普通社債の発行に準じて処理し、新株予約権の対価部分は新株予約権の発行者側の会計処理に準じて処理する方法
一括法	新株予約権付社債の発行にともなう払込金額を、社債の対価部分と新株予約権の対価部分に区分せず、普通社債の発行に準じて処理する方法

	発行者側	取得者側
転換社債型新株予約権付社債	区分法 or 一括法	一括法
転換社債型以外の新株予約権付社債	区分法	区分法

THEME 6

構造論点・その他

81：会計方針の変更

▶▶ Question

1 次の文章中の空欄に当てはまる語句を答えなさい。

> 会計方針は、正当な理由により変更を行う場合を除き、毎期継続して適用する。正当な理由により変更を行う場合は、次のいずれかに分類される。
> (1)　　① 　に伴う会計方針の変更
> 　（中略）
> (2) (1)以外の正当な理由による会計方針の変更
> 　　正当な理由に基づき　 ② 　を行うことをいう。

2 会計方針の変更に該当する有形固定資産の減価償却方法の変更が、会計上の見積りの変更と区別することが困難な場合にあたると「会計方針の開示、会計上の変更及び誤謬の訂正に関する会計基準」が判断している理由を答えなさい。

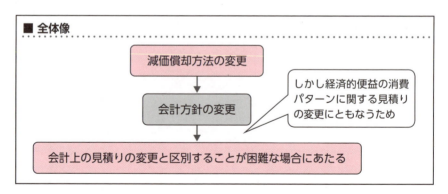

▶▶ Answer

1 ①会計基準等の改正　②自発的に会計方針の変更
2 減価償却方法の変更は、計画的・規則的な償却方法の中での変更であるから会計方針の変更だが、有形固定資産に関する経済的便益の消費パターンに関する見積りの変更にともなうものとも考えられるためである。

POINT

会計方針の変更

会計方針は、次のいずれかの場合を除き、毎期継続して適用します。

会計基準等の改正にともなう会計方針の変更	会計基準等が変更（改正、廃止および新基準の設定）されることにより、特定の会計処理が強制または任意に選択する余地がなくなる場合などにともなって、会計方針の変更を行うことをいいます。
上記以外の正当な理由による会計方針の変更	正当な理由にもとづき自発的に会計方針の変更を行うことをいいます。

会計上の変更等

会計上の変更等には、次のようなものがあります。

分　　類		原則的な処理
会計上の変更	会計方針の変更	遡及処理する（遡及適用）
	表示方法の変更	遡及処理する（財務諸表の組替え）
	会計上の見積りの変更	遡及処理しない
誤謬の訂正		遡及処理する（修正再表示）

会計方針の変更に該当する有形固定資産の減価償却方法の変更が、会計上の見積りの変更と区別することが困難な場合

「会計方針の開示、会計上の変更及び誤謬の訂正に関する会計基準」では、変更前に選択された減価償却方法は、当初、減価償却方法を決定する時の状況のもとでは、適切に選択されたものであると考えられています。

つまり、有形固定資産の減価償却方法の変更は、(a)会計方針の変更とみる見解と(b)経済的便益の消費（資産の能力の減少）パターンに関する見積りの変更とみる見解と両方の性質を有していると解釈されています。

関連基準 「会計方針の開示、会計上の変更及び誤謬の訂正に関する会計基準」4、6、7

82：会計上の見積りの変更

▶▶ Question

1 次の文章中の空欄に当てはまる語句を答えなさい。

> 「会計上の見積り」とは、資産及び負債や収益及び費用等の額に、① がある場合において、財務諸表作成時に ② な情報に基づいて、その ③ を算出することをいう。
> 「会計上の見積りの変更」とは、④ となった情報に基づいて ⑤ に財務諸表を作成する際に行った会計上の見積りを変更することをいう。

2 有形固定資産の耐用年数の短縮という会計上の見積りの変更に関連して、「キャッチアップ方式」と「プロスペクティブ方式」についてそれぞれ説明しなさい。また、「基準」がどちらの考え方を採用しているか答えなさい。

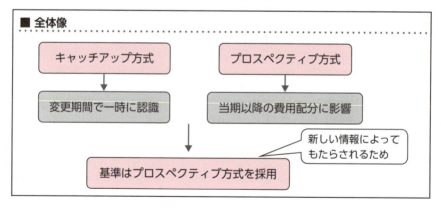

▶▶ Answer

1 ①不確実性 ②入手可能 ③合理的な金額 ④新たに入手可能 ⑤過去

2 キャッチアップ方式とは、耐用年数の変更等に関する影響額を、その変更期間で一時に認識する方法をいう。
　プロスペクティブ方式は、耐用年数の変更等に関する影響額を、当期以降の費用配分に影響させる方法をいう。
　基準はプロスペクティブ方式を採用している。

POINT

▌「会計上の見積り」と「会計上の見積りの変更」

会計上の見積り	会計上の見積りの変更
会計上の見積りとは、資産および負債や収益および費用等の額に不確実性がある場合において、財務諸表作成時に入手可能な情報にもとづいて、その合理的な金額を算出することをいいます。	会計上の見積りの変更とは、新たに入手可能となった情報にもとづいて、過去に財務諸表を作成する際に行った会計上の見積りを変更することをいいます。

会計上の見積りの変更は、次のような場合に損益認識のタイミングが異なります。

当該変更が変更期間のみに影響する場合	変更期間に損益認識 →例：回収不能債権に対する貸倒見積額の見積りの変更など
当該変更が将来の期間にも影響する場合	変更期間および将来の期間で損益認識 →例：有形固定資産の耐用年数の見積りの変更など

▌キャッチアップ方式とプロスペクティブ方式

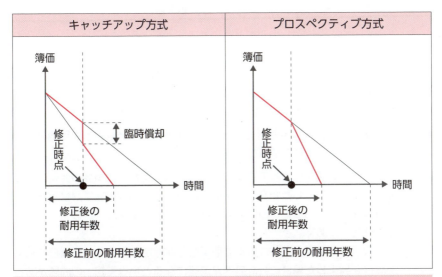

関連基準　「会計方針の開示、会計上の変更及び誤謬の訂正に関する会計基準」17

83：外貨建取引（一取引基準・二取引基準）

▶▶ Question

1. 外貨建取引の処理方法に関連して、一取引基準の意義を答えなさい。
2. 外貨建取引の処理方法に関連して、二取引基準の意義を答えなさい。
3. 「外貨建取引等会計処理基準」において二取引基準が採用されている理由を2つ答えなさい。

■ 全体像

- 一取引基準：外貨建取引、代金決済取引を連続した一つの取引とみなす
- 二取引基準：外貨建取引、代金決済取引を別個の取引とみなす

↓

基準は二取引基準を採用

・経営者が為替相場の変動に対してどのように対処したかを示すもの
・一取引基準によると会計処理が煩雑になる

▶▶ Answer

1. 一取引基準とは、外貨建取引とその取引に係る代金決済取引とを連続した一つの取引とみなして会計処理を行う基準をいう。

2. 二取引基準とは、外貨建取引とその取引に係る代金決済取引とを別個の取引とみなして会計処理を行う基準をいう。

3. ① 為替相場の変動によって生じる損益は、経営者が為替相場の変動に対してどのように対処したかを示すものであるから、当該損益は財務損益として処理すべきであるという考え方がある。二取引基準は、このような考え方と整合性がある。

   ② 一取引基準によると、決済まで取得原価が確定しないなど決済日の前に決算日が到来した場合に会計処理が煩雑になるという実務上の問題があるために二取引基準が採用されている。

POINT

▌一取引基準と二取引基準

外貨建取引の処理方法には、一取引基準と二取引基準があります。

一取引基準		二取引基準
一取引基準とは、外貨建取引と取引に係る代金決済取引とを連続した一つの取引とみなして会計処理を行う基準をいう。	内容	二取引基準とは、外貨建取引とその取引に係る代金決済取引とを別個の取引とみなして会計処理を行う基準をいう。
当初の取引高（たとえば、売上や仕入の額）を調整し、営業損益とする。	為替換算差額	財務的な成果として為替差損益（財務損益）で処理する。

▌二取引基準採用の理由

基準では、次の理由により、二取引基準を採用しています。

二取引基準採用の理由
為替相場の変動によって生じる損益は、経営者が為替相場の変動に対してどのような対処をしたかを示すものであるから、当該損益は財務損益として処理すべきであるため
一取引基準によると、決済時まで取得原価が確定しないなど決済日の前に決算日が到来した場合に会計処理が煩雑になるという実務上の問題があるため

▌一取引基準と二取引基準の会計処理の違い

一取引基準と二取引基準では仕入時の仕訳は同じものになりますが、決済時の仕訳に違いがあります。

次の例題で確認してください。

例 商品50千ドルを外国の企業から掛けで仕入れた。仕入時の直物為替相場は1ドルあたり102円、決済時の直物為替相場は1ドルあたり104円である。

一取引基準によった場合と二取引基準によった場合の仕訳を示しなさい。

一取引基準					二取引基準			
(仕 入)	5,100	(買掛金)	5,100	仕入時	(仕 入)	5,100	(買掛金)	5,100
(買掛金)	5,100	(現 金)	5,200	決済時	(買掛金)	5,100	(現 金)	5,200
(仕 入)	100				(為替差損益)	100		

208

84：決算時における外貨換算の方法

▶▶ Question

1 次の文章中の空欄に当てはまる語句を答えなさい。

① ［ ① ］
　　［ ① ］とは、すべての外貨表示財務諸表項目を、決算時の為替相場により換算する方法をいう。

② 流動・非流動法
　　流動・非流動法とは、流動項目を［ ② ］によって、非流動項目を［ ③ ］によって換算する方法をいう。

③ 貨幣・非貨幣法
　　貨幣・非貨幣法とは、貨幣項目を［ ④ ］によって、非貨幣項目を［ ⑤ ］によって換算する方法をいう。

④ ［ ⑥ ］
　　［ ⑥ ］とは、外貨表示財務諸表項目のうち、取得時または発生時の外貨で測定されている項目については取得時または発生時の為替相場で換算し、決算時の外貨で測定されている項目については［ ⑦ ］で換算する方法をいう。

2 在外支店における外貨建取引について、基準で採用している方法の名称を答えなさい。
　　また、その方法を採用する理由を答えなさい。

3 在外子会社における外貨建取引について、基準で採用している方法の名称を答えなさい。
　　また、その方法を採用する理由を答えなさい。

▸▸ Answer

1 ①決算日レート法　②決算時の為替相場　③取得時または発生時の為替相場
④決算時の為替相場　⑤取得時または発生時の為替相場　⑥テンポラル法
⑦決算時の為替相場

2 名称：テンポラル法
理由：在外支店の財務諸表は本国の本店財務諸表の構成要素となるので、本
店の外貨建項目の換算基準と整合的であると考えテンポラル法を採用
している。

3 名称：決算日レート法
理由：在外子会社は、独立事業体としての性格が強く、現地通貨による測定
値そのものを重視する傾向が強まったことや、テンポラル法による財
務諸表項目の換算が実務的に著しく困難になっているため、決算日レ
ート法を採用している。

POINT

▌決算時における外貨建資産・負債の円貨額への換算方法

　決算時における外貨建資産・負債等の円貨額への換算方法は、次のように分
類されます。

単一レート法	決算日レート法	すべての外貨表示財務諸表項目を、決算時の為替相場により換算する方法
複数レート法	流動・非流動法	流動項目を決算時の為替相場によって、非流動項目を取得時または発生時の為替相場によって換算する方法
	貨幣・非貨幣法	貨幣項目を決算時の為替相場によって、非貨幣項目を取得時または発生時の為替相場によって換算する方法
	テンポラル法	外貨表示財務諸表項目のうち、取得時または発生時の外貨で測定されている項目については取得時または発生時の為替相場で換算し、決算時の外貨で測定されている項目については決算時の為替相場で換算する方法

在外支店および在外子会社の換算基準

在外支店と在外子会社では、換算基準が次のように異なります。

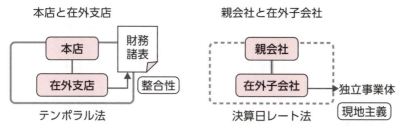

在外支店	換算基準	在外子会社
テンポラル法		決算日レート法
在外支店の財務諸表は本国の本店財務諸表の構成要素となるため、本店の外貨建項目の換算基準と整合的である。	理由	在外子会社は独立事業体としての性格が強く、現地の通貨による測定値そのものを重視する傾向が高い。また、在外子会社の増加にともない、テンポラル法による財務諸表項目の換算が実務的に困難になった。

関連基準 「外貨建取引等会計処理基準」二、三

85：外貨建金銭債権債務・外貨建有価証券

▶▶ Question

1 「外貨建取引等会計処理基準」（以下「基準」という）において、外貨建金銭債権・債務については、決算時の為替相場による円貨額を付して評価する理由を答えなさい。

2 「基準」において、外貨建売買目的有価証券の決算時の換算方法および換算差額の取扱いについて答えなさい。

3 「基準」において、外貨建満期保有目的の債券の決算時の換算方法、換算差額の取扱いおよびその理由について答えなさい。

4 「基準」において、外貨建子会社株式および関連会社株式の決算時の換算方法、換算差額の取扱いおよびその理由について答えなさい。

5 「基準」において、外貨建その他有価証券の決算時の換算方法および換算差額の取扱いについて答えなさい。

▶▶ Answer

1 外貨建金銭債権・債務は、外貨額では時価の変動リスクを負わないため、時価評価の対象とはならないが、円貨額では為替相場の変動リスクを負っていることから、決算時の為替相場により換算する。

2 外貨建売買目的有価証券については、外国通貨による時価を決算時の為替相場により円換算した額とする。換算差額は、当期の有価証券評価損益として処理する。

3 外貨建満期保有目的の債券については、決算時の為替相場による円貨額とする。換算差額は、当期の為替差損益として処理する。外貨建満期保有目的の債券は、金銭債権と同様の性質を持つと考えられるため、決算時の為替相場により換算する。

4 外貨建子会社株式および関連会社株式については、取得時の為替相場による円貨額とする。子会社株式および関連会社株式は、事業用資産と同様の性質を有するため、取得時の為替相場により換算する。

5 外貨建その他有価証券については、外国通貨による時価を決算時の為替相場により円換算した額とする。換算差額は、全部純資産直入法または部分純資産直入法により処理する。

POINT

決算時に適用する為替相場（外貨建有価証券を除く）

以下に示す外貨建資産・負債の決算時に適用する為替相場は、決算時の為替相場（CR）を適用します。

(1) 外国通貨
(2) 外貨建預金
(3) 外貨建金銭債権
(4) 外貨建金銭債務

決算時の為替相場
Current Rate（CR）

外貨建有価証券の決算時における換算方法

外貨建有価証券は、その分類によって貸借対照表価額と換算差額の処理方法が次のように異なります。

分　　類	換算方法（貸借対照表価額）		換算差額
売買目的	時価×CR		有価証券評価損益
満期保有目的	償却なし	取得原価×CR	為替差損益
	償却あり	償却原価×CR	為替差損益
子会社・関連会社	取得原価×HR		なし
その他	時価あり	時価×CR	・その他有価証券評価差額金
	市場価格なし	取得原価×CR	・投資有価証券評価損*
強制評価減	時価あり	時価×CR	投資有価証券評価損など
実価法	市場価格なし	実質価額×CR	

* 部分純資産直入法の場合

関連基準 「外貨建取引等会計処理基準」一・2
「外貨建取引等会計処理基準注解」注8～注10

86：企業結合の考え方

▶▶ Question

1 企業結合の意義を答えなさい。

2 企業結合の会計処理に関連した文章の空欄に入る適切な語句を答えなさい。

> 「企業結合に関する会計基準」は企業結合には ① と ② という異なる経済的実態を有するものが存在する以上、それぞれの実態に対応する適切な会計処理方法を適用する必要があるとの考え方に立っている。
>
> ① とは、ある企業が他の企業または企業を構成する事業に対する ③ を獲得することをいう。
>
> ② とは、いずれの企業（または事業）の株主（または持分保有者）も他の企業（または事業）を ③ したとは認められず、結合後企業のリスクや便益を引続き相互に共有することを達成するため、それぞれの事業のすべてまたは事実上のすべてを統合して一つの報告単位となることをいう。

3 パーチェス法の意義を答えなさい。

4 パーチェス法の採用理由を現行の一般的な会計処理との整合性の観点から答えなさい。

▶▶ Answer

1 企業結合とは、ある企業またはある企業を構成する事業と他の企業または他の企業を構成する事業とが、一つの報告単位に統合されることをいう。

2 ①取得　②持分の結合　③支配

3 パーチェス法とは、被結合企業から受け入れる資産および負債の取得原価を、対価として交付する現金および株式等の時価（公正価値）とする方法をいう。

4 企業結合の多くは、実質的にはいずれかの結合当事企業による新規の投資と同じであり、交付する現金および株式等の投資額を取得価額として他の結合当事企業から受け入れる資産および負債を評価することが、現行の一般的な会計処理と整合するからである。

POINT

企業結合

　企業結合とは、現金を対価とした株式の取得による子会社化、合併、株式交換、株式移転、会社分割などにより、一つの報告単位に統合されることをいいます。

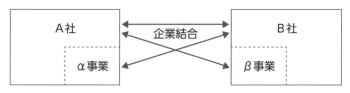

「企業結合に関する会計基準」の基本的考え方

　「企業結合に関する会計基準」は企業結合には「取得」と「持分の結合」という異なる経済的実態を有するものが存在し、それぞれの実態に対応する適切な会計処理方法を適用する必要があるとの考え方に立っています。

	内　　容	会計処理
取得	ある企業が他の企業または企業を構成する事業に対する支配を獲得すること	パーチェス法
持分の結合	いずれの企業（または事業）の株主（または持分保有者）も他の企業（または事業）を支配したとは認められず、結合後企業のリスクや便益を引き続き相互に共有することを達成するため、それぞれの事業のすべてまたは事実上のすべてを統合して一つの報告単位となること	持分プーリング法

現行制度上の会計処理

　現行制度上、共同支配企業の形成以外の企業結合については取得となるものとして、パーチェス法により会計処理を行います。この結果、持分プーリング法は廃止されました。

関連基準　「企業結合に関する会計基準」17

87：パーチェス法・持分プーリング法

▶▶ Question

1 パーチェス法を採用した場合の被取得企業または取得した事業の取得原価の決定方法を答えなさい。

2 持分プーリング法の意義を答えなさい。

3 パーチェス法と持分プーリング法について、投資の継続性または投資の清算・再投資という観点から、2つの会計処理を区別して述べなさい。

4 パーチェス法と持分プーリング法について、投資原価の回収計算という損益計算の観点からみた場合の利益の違いを簡潔に答えなさい。

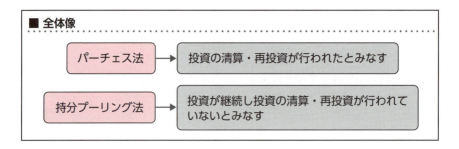

▶▶ Answer

1 被取得企業または取得した事業の取得原価は、原則として、取得の対価（支払対価）となる財の企業結合日における時価で算定する。支払対価が現金以外の資産の引渡し、負債の引受けまたは株式の交付の場合には、支払対価となる財の時価と被取得企業または取得した事業の時価のうち、より高い信頼性をもって測定可能な時価で算定する。

2 持分プーリング法とは、すべての結合当事企業の資産、負債および純資産を、それぞれの適切な帳簿価額で引継ぐ方法をいう。

3 パーチェス法では、投資の継続が断たれ投資の清算・再投資が行われたとみなされているのに対して、持分プーリング法では、投資が継続し投資の清算・再投資が行われていないとみなされている。

4 パーチェス法では、企業結合時点での資産および負債の時価が投資原価（再投資額）となり、その投資原価を超えて回収した超過額が利益となるのに対し、持分プーリング法では、企業結合前の帳簿価額が投資原価となり、その投資原価を超えて回収した超過額が利益となる。

POINT

パーチェス法の処理

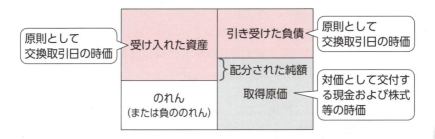

持分プーリング法の処理

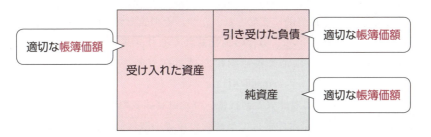

フレッシュ・スタート法

すべての結合当事企業の資産および負債を企業結合時の時価に評価替えする方法をいいます。

現行制度では採用していません。

関連基準 「企業結合に関する会計基準」18、19、23、32、33

88：共同支配企業・共通支配下の取引

▶▶ Question

1 共同支配企業および共同支配企業の形成の意義を述べなさい。

2 共同支配企業の会計処理について説明した文章中に当てはまる語句を選択しなさい。

> 基準にいう共同支配企業の形成は（ア．取得　イ．持分の結合）であり、共同支配企業は、資産および負債を企業結合直前に付されていた適正な帳簿価額により計上することとなる。

3 共通支配下の取引に関連して、①から⑥に入る語句として適切なものを、それぞれ選択しなさい。

> 共通支配下の取引とは、結合当事企業（または事業）の①（ア．すべて　イ．一部）が、企業結合の前後で②（ウ．同一の株主　エ．異なる株主）により最終的に支配され、かつ、その支配が一時的③（オ．である　カ．ではない）場合の企業結合であり、共通支配下の取引は、親会社の立場からは企業集団内における純資産等の移転取引として④（キ．内部取引　ク．外部取引）と考えられる。
>
> このため、連結財務諸表と同様に、個別財務諸表の作成にあたっても、基本的には、企業結合の前後で当該純資産等の帳簿価額が相違することにならないよう、企業集団内における⑤（ケ．移転先　コ．移転元）の企業は⑥（サ．移転先　シ．移転元）の適正な帳簿価額により計上することとされた。

▶▶ Answer

1 共同支配企業とは、複数の独立した企業により共同で支配される企業をいい、共同支配企業の形成とは、複数の独立した企業が契約等にもとづき、当該共同支配企業を形成する企業結合をいう。

2　イ．持分の結合
3　①ア．すべて　②ウ．同一の株主　③カ．ではない　④キ．内部取引
　　⑤ケ．移転先　⑥シ．移転元

POINT

▍共同支配企業の形成

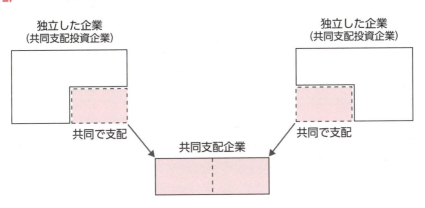

▍共通支配下の取引

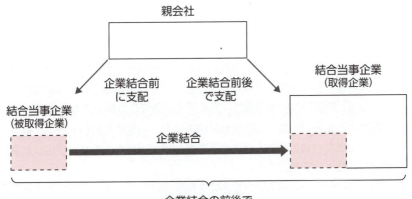

関連基準　「企業結合に関する会計基準」　11、116、119

89 : のれん・負ののれん

▶▶ Question

1 のれんの会計処理について、次の各問に答えなさい。
 (1) のれんの会計処理の内容を答えなさい。
 (2) 上記(1)のような会計処理が採用される理由を3つ答えなさい。

2 負ののれんの会計処理について、次の各問に答えなさい。
 (1) 負ののれんの会計処理の内容を答えなさい。
 (2) 上記(1)のような会計処理が採用される理由を2つ答えなさい。

▶▶ Answer

1(1) のれんは、資産に計上し、20年以内のその効果の及ぶ期間にわたって、定額法その他の合理的な方法により規則的に償却する。
 (2) ① 企業結合の成果たる収益と、その対価の一部を構成する投資消去差額の償却という費用の対応が可能になるためである。
  ② のれんは投資原価の一部であることに鑑みれば、のれんを規則的に償却する方法は、投資原価を超えて回収された超過額を企業にとっての利益とみる考え方とも首尾一貫しているためである。
  ③ 企業結合により生じたのれんは時間の経過とともに自己創設のれんに入れ替わる可能性があり、企業結合により計上したのれんの非償却による自己創設のれんの実質的な資産計上を防ぐことができるためである。

2(1) 負ののれんが生じると見込まれる場合には、一定の見直しを行い、見直しを行ってもなお負ののれんが生じる場合には、当該負ののれんが生じた事業年度の利益として処理する。
 (2) ① 負ののれんの発生原因を認識不能な項目やバーゲン・パーチェスであると位置づけ、現実には異常かつ発生の可能性が低いことから、異常利益としての処理が妥当であると考えるためである。
  ② 負ののれんは負債として計上されるべき要件を満たしていないためである。

POINT

規則的な償却を行う理由

のれんを規則的に償却するのは、次のような長所があるためです。

① 企業結合の成果たる収益と、その対価の一部を構成する投資消去差額の償却という費用の対応が可能になる。

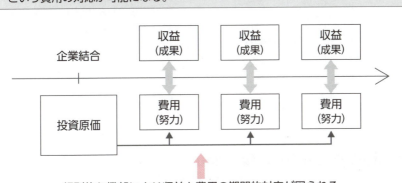

② のれんは投資原価の一部であることに鑑みれば、のれんを規則的に償却する方法は、投資原価を超えて回収された超過額を企業にとっての利益とみる考え方とも首尾一貫している。

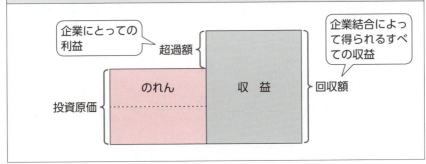

③ 企業結合により生じたのれんは時間の経過とともに自己創設のれんに入れ替わる可能性があるため、企業結合により計上したのれんの非償却による自己創設のれんの実質的な資産計上を防ぐことができる。

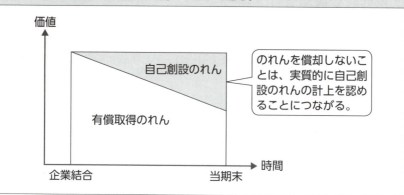

負ののれんの会計処理の理由

負ののれんを、その生じた事業年度の利益として処理するのは、次のような理由があるためです。

負ののれんの利益処理の理由	負ののれんの発生原因を認識不能な項目やバーゲン・パーチェス（時価よりも低い価額で事業等を取得すること）であると位置づけ、現実には異常かつ発生可能性が低いことから、異常利益としての処理が妥当であると考えるため。
	負ののれんは負債として計上されるべき要件を満たしていないため。

関連基準 「企業結合に関する会計基準」47、48

90：事業分離

▶▶ Question

1 事業分離の意義を答えなさい。
2 分離元企業の会計処理について、次の各問に答えなさい。
　(1) 会計処理の基本的な考え方を答えなさい。
　(2) 移転した事業に関する投資が清算されたとみる場合の会計処理の内容を答えなさい。
　(3) 移転した事業に関する投資がそのまま継続しているとみる場合の会計処理の内容を答えなさい。

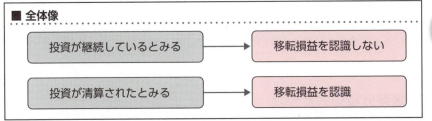

▶▶ Answer

1 事業分離とは、ある企業を構成する事業を他の企業に移転することをいう。

2(1) 分離した事業に関する投資が継続しているとみるか清算されたとみるかによって、一般的な売却や交換にともなう損益認識と同様に、分離元企業において移転損益が認識されない場合と認識される場合がある。

(2) 分離元企業は、事業分離日に、その事業を分離先企業に移転したことにより受け取った対価となる財の時価と、移転した事業に係る株主資本相当額との差額を移転損益として認識するとともに、改めて当該受取対価の時価にて投資を行ったものとする。

(3) 分離元企業は、事業分離日に、移転損益を認識せず、その事業を分離先企業に移転したことにより受け取る資産の取得原価は、移転した事業に係る株主資本相当額にもとづいて算定するものとする。

POINT

▶ 事業分離の基本的な考え方

分離元企業が受け取った対価の種類によって、投資が清算されたとみるか、継続しているとみるかを判定します。

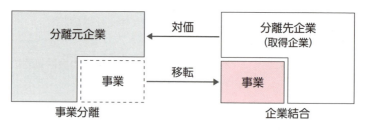

対 価 の 種 類	投 資
現金など	清 算
子会社株式や関連会社株式となる分離先企業の株式のみ	継 続

▶ 事業分離の会計処理

分離した事業に関する投資が清算されたとみるか、継続しているとみるかによって、分離元企業に移転損益が認識されるかされないかという違いがあります。

①投資が清算されたとみる場合の会計処理

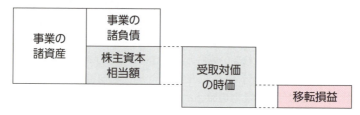

対 価 の 種 類	現金など
投資の継続・清算	投資の清算
会 計 処 理	・移転損益の認識 ・受取対価の取得原価は受取対価の時価で算定

②投資が継続しているとみる場合の会計処理

	事業の諸負債	
事業の諸資産	株主資本相当額	受取対価の取得価額

対 価 の 種 類	子会社株式や関連会社株式となる分離先企業の株式のみ
投資の継続・清算	投資の継続
会 計 処 理	・移転損益は認識しない ・受取対価の取得原価は、移転した事業に係る株主資本相当額で算定

関連基準 「事業分離等に関する会計基準」4、10 ～ 17

91：被結合企業の株主の会計処理

▶▶ Question

1 被結合企業の株主の会計処理について、次の各問に答えなさい。
(1) 会計処理の基本的な考え方を答えなさい。
(2) 被結合企業に関する投資が清算されたとみる場合の会計処理の内容を答えなさい。
(3) 被結合企業に関する投資がそのまま継続しているとみる場合の会計処理の内容を答えなさい。

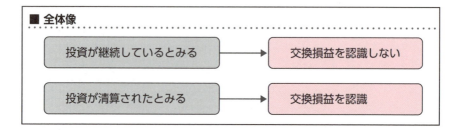

▶▶ Answer

1(1) 被結合企業に関する投資が継続しているとみるか清算されたとみるかによって、一般的な売却や交換にともなう損益認識と同様に、被結合企業の株主において交換損益が認識されない場合と認識される場合がある。
(2) 被結合企業の株主は、企業結合日に、被結合企業の株式と引換えに受け取った対価となる財の時価と、被結合企業の株式に係る企業結合直前の適正な帳簿価額との差額を交換損益として認識するとともに、改めて当該受取対価の時価にて投資を行ったものとする。
(3) 被結合企業の株主は、企業結合日に、交換損益を認識せず、被結合企業の株式と引換えに受け取る資産の取得原価は、被結合企業の株式に係る適正な帳簿価額にもとづいて算定するものとする。

POINT

▌被結合企業の株主の基本的な考え方

被結合企業の株主が受け取った対価の種類によって、投資が清算されたとみるか、継続しているとみるかを判定します。

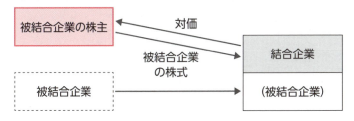

対 価 の 種 類	投 資
現金など	清 算
子会社株式や関連会社株式となる結合企業の株式のみ	継 続

▌被結合企業の株主の会計処理

被結合企業に関する投資が清算されたとみるか、継続しているとみるかによって、被結合企業の株主において交換損益が認識されるかされないかという違いがあります。

①投資が清算されたとみる場合の会計処理

対 価 の 種 類	現金など
投資の継続・清算	投資の清算
会 計 処 理	・交換損益の認識 ・受取対価の取得原価は受取対価の時価で算定

②投資が継続しているとみる場合の会計処理

株式に係る 適正な 帳簿価額	受取対価の 取得価額

対 価 の 種 類	子会社株式や関連会社株式となる結合企業の株式のみ
投資の継続・清算	投資の継続
会 計 処 理	・交換損益は認識しない ・受取対価の取得原価は被結合企業の株式に係る適正な帳簿価額にもとづいて算定

関連基準 「事業分離等に関する会計基準」32 ～ 34

92 : 連結財務諸表作成の一般原則

Rank B

▶▶ Question

1 連結財務諸表の作成目的とその開示理由を答えなさい。

2 次に掲げる連結財務諸表作成における一般原則の内容を答えなさい。

(1) 真実性の原則

(2) 基準性の原則

(3) 明瞭性の原則

(4) 継続性の原則

▶▶ Answer

1 連結財務諸表は、支配従属関係にある２つ以上の企業からなる集団（企業集団）を単一の組織体とみなして、親会社が当該企業集団の財政状態、経営成績およびキャッシュ・フローの状況を総合的に報告するために作成するものである。

　　我が国の企業の多角化・国際化の進展、我が国の証券市場への海外投資家の参入の増加等、環境の著しい変化に伴い、企業の側においては連結経営重視の傾向が、投資者の側からは連結情報に対するニーズが高まった。そこで、従来の個別情報を中心としたディスクロージャーから連結情報を中心とするディスクロージャーへ転換を図ることとし、企業集団に連結財務諸表の開示が求められている。

2(1) 真実性の原則

　　連結財務諸表は、企業集団の財政状態、経営成績およびキャッシュ・フローの状況に関して真実な報告を提供するものでなければならない。

(2) 基準性の原則

　　連結財務諸表は、企業集団に属する親会社および子会社が一般に公正妥当と認められる企業会計の基準に準拠して作成した個別財務諸表を基礎として作成しなければならない。

(3) 明瞭性の原則

　　連結財務諸表は、企業集団の状況に関する判断を誤らせないよう、利害関係者に対し必要な財務情報を明瞭に表示するものでなければならない。

(4) 継続性の原則

　連結財務諸表作成のために採用した基準および手続は、毎期継続して適用し、みだりにこれを変更してはならない。

POINT

▶連結財務諸表の作成方法

　連結財務諸表は、支配従属関係にある2つ以上の会社の個別財務諸表を連結決算手続によって合算・修正することで作成します。

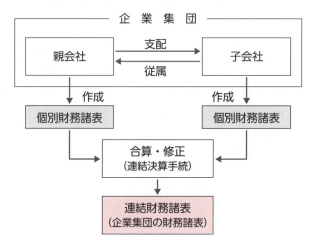

連結財務諸表における一般原則

連結財務諸表における一般原則は次のとおりです。

真実性の原則	連結財務諸表は、企業集団の財政状態、経営成績およびキャッシュ・フローの状況に関して真実な報告を提供するものでなければならない。
基準性の原則	連結財務諸表は、企業集団に属する親会社および子会社が一般に公正妥当と認められる企業会計の基準に準拠して作成した個別財務諸表を基礎として作成しなければならない。
明瞭性の原則	連結財務諸表は、企業集団の状況に関する判断を誤らせないよう、利害関係者に対し必要な財務情報を明瞭に表示するものでなければならない。
継続性の原則	連結財務諸表作成のために採用した基準および手続は、毎期継続して適用し、みだりにこれを変更してはならない。

連結財務諸表作成における一般原則の関連性

真実性の原則は、他の原則の上位に位置づけられています。

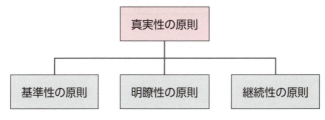

関連基準 「連結財務諸表に関する会計基準」9～12

93：連結基礎概念

▶▶ Question

1 親会社説とはどのような考え方か答えなさい。

2 経済的単一体説とはどのような考え方か答えなさい。

3 親会社の子会社に対する投資とこれに対応する子会社の資本との相殺消去にあたり、差額が生じる場合の当該差額の取扱いを答えなさい。

■ 全体像

親会社説	・親会社株主の立場から作成 ・非支配株主は連結実体の外部者
経済的単一体説	・非支配株主も含めたすべての株主の立場から作成 ・非支配株主も連結実体の持分保有者

▶▶ Answer

1 親会社説とは、連結財務諸表を親会社の株主のために作成するものと考え、親会社の株主の持分を強調する考え方である。

2 経済的単一体説とは、連結財務諸表を親会社の株主のためだけではなく、非支配株主も含めたすべての株主のために作成するものとする考え方である。

3 親会社の子会社に対する投資とこれに対応する子会社の資本との相殺消去にあたり、差額が生じる場合には、当該差額をのれん（または負ののれん）とする。

POINT

▌親会社説と経済的単一体説の相違点

連結財務諸表がどのような立場から、どのような性質を持つものとして作成されるのかという一種の仮定を、連結基礎概念といい、親会社説と経済的単一体説の2つがあります。

	親会社説	経済的単一体説
株主資本の位置づけ	親会社の株主に帰属する持分	企業集団を構成するすべての株主に帰属する持分
非支配株主持分の表示	純資産の部の株主資本以外に表示	純資産の部の株主資本に含める
連結純利益の位置づけ	親会社の株主に帰属する利益	企業集団を構成するすべての株主に帰属する利益
非支配株主に帰属する利益の表示	連結純利益の計算にあたり控除する形式で表示	連結純利益に含める

▌投資と資本の相殺消去

親会社の子会社に対する投資とこれに対応する子会社の資本との相殺消去の際に差額が生じることがありますが、借方に生じた場合はのれん（貸方に生じた場合は負ののれん）として処理します。

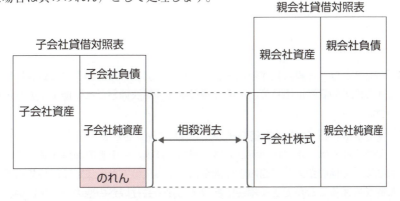

関連基準　「連結財務諸表に関する会計基準」23、24

94：持分法

▶▶ Question

1 持分法の意義について答えなさい。

2 持分法の適用範囲および適用範囲となる会社の意義を答えなさい。

3 連結と持分法を比較した次の文章を読んで、空欄に当てはまる言葉を答えなさい。

> 連結は、連結会社の財務諸表を ① ごとに合算するため、完全連結（全部連結）といわれる。これに対して持分法による処理は、被投資会社の純資産および損益に対する投資会社の持分相当額を、原則として貸借対照表上は ② の修正、損益計算書上は、 ③ によって連結財務諸表に反映することから一行連結といわれる。

▶▶ Answer

1 持分法とは、投資会社が被投資会社の純資産および損益のうち投資会社に帰属する部分の変動に応じて、その投資の額を連結決算日ごとに修正する方法をいう。

2 持分法は、関連会社と非連結子会社に対して適用される。
関連会社とは、企業が出資、人事、資金、技術、取引等の関係を通じて、子会社以外の他の企業の財務および営業または事業の方針の決定に対して重要な影響を与えることができる場合における当該子会社以外の他の企業をいい、非連結子会社とは、連結対象とされなかった子会社をいう。

3 ①勘定科目　②投資有価証券　③持分法による投資損益

POINT

持分法の適用範囲

　持分法は、非連結子会社（連結対象とされなかった子会社）と、関連会社に対して適用されます。

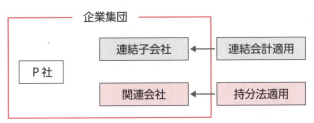

持分法の会計処理

　持分法の会計処理は次のようにイメージします。

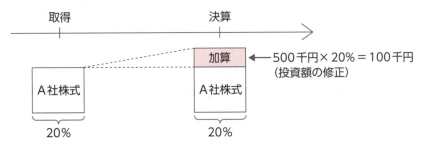

　このとき、次のような持分法適用仕訳で処理します。

| （投資有価証券） | 100 | （持分法による投資損益） | 100 |

連結と持分法の比較

　連結と持分法による処理との間には、連結財務諸表における連結対象科目が全科目か一科目かの違いはあるものの、当期純利益および純資産に与える影響は同一となります。

関連基準　「持分法に関する会計基準」4〜6

95：四半期財務諸表

▶▶ Question

1 四半期財務諸表の作成目的について答えなさい。

2 四半期財務諸表の性格に関する考え方に関連して、次の各問に答えなさい。

(1) 実績主義とはどのような考え方か答えなさい。

(2) 予測主義とはどのような考え方か答えなさい。

(3) 実績主義の採用理由を3つ答えなさい。

3 四半期財務諸表作成に特有な会計処理とそれが認められる理由を答えなさい。

▶▶ Answer

1 企業の財政状態、経営成績およびキャッシュ・フローの状況に関する情報をより頻繁かつタイムリーに開示し投資判断に必要な情報を十分に提供するためである。

2 (1) 実績主義とは、四半期会計期間を年度と並ぶ一会計期間とみたうえで、四半期財務諸表を、原則として年度の財務諸表と同じ会計方針を適用して作成することにより、当該四半期会計期間に係る企業集団または企業の財政状態、経営成績およびキャッシュ・フローの状況に関する情報を提供するという考え方である。

(2) 予測主義とは、四半期会計期間を年度の一構成部分と位置づけて、四半期財務諸表を、年度の財務諸表と部分的に異なる会計方針を適用して作成することにより、当該四半期会計期間を含む年度の業績予測に資する情報を提供するという考え方である。

(3)① 四半期会計期間の実績を明らかにすることにより、将来の業績予測に資する情報を提供するものと位置づけることがむしろ適当と考えられるためである。

② 恣意的な判断の介入の余地や実行面での計算手続の明確化などを理由として、四半期財務諸表等の性格づけが予測主義よりも優れていると考えられるためである。

③ 季節変動性については、実績主義によっても十分な定性的情報や前年同

236

期比較を開示することにより対応できるためである。

3 四半期財務諸表作成では、原価差異の繰延処理と税金費用の計算について特有の会計処理が認められている。これは、年度の財務諸表よりも開示の迅速性が求められているためである。

POINT

▌ 実績主義と予測主義

実績主義と予測主義では、四半期の位置づけ、作成、情報提供の考え方に違いがあります。

	実 績 主 義	予 測 主 義
四半期の位置づけ	年度と並ぶ一会計期間	年度の一構成部分
作 成 方 法	原則として年度の財務諸表と同じ会計方針を適用	年度の財務諸表と部分的に異なる会計方針を適用
情報提供の考え方	当該四半期会計期間に係る企業集団または企業の財政状態、経営成績およびキャッシュ・フローの状況に関する情報を提供	当該四半期会計期間を含む年度の業績予測に資する情報を提供

四半期財務諸表の範囲

四半期財務諸表の範囲は次のとおりです。

四半期連結財務諸表	
1計算書方式	2計算書方式
・四半期連結貸借対照表 ・四半期連結損益及び包括利益計算書 ・四半期連結キャッシュ・フロー計算書	・四半期連結貸借対照表 ・四半期連結損益計算書 ・四半期連結包括利益計算書 ・四半期連結キャッシュ・フロー計算書
四半期個別財務諸表	
・四半期個別貸借対照表 ・四半期個別損益計算書 ・四半期個別キャッシュ・フロー計算書	

※ 四半期連結財務諸表を開示する場合には、四半期個別財務諸表の開示は要しません。
※ 第1四半期および第3四半期において、四半期（連結）キャッシュ・フロー計算書の開示の省略を行うことができますが、省略する場合、第1四半期より行うものとします。

四半期財務諸表特有の会計処理

標準原価計算を採用している場合において、原価差異が操業度などの季節的な変動に起因して発生したものであり、かつ、原価計算期間末までにほぼ解消が見込まれるときには、継続適用を条件として、当該原価差異を流動資産または流動負債として繰り延べることができる。

関連基準 「四半期財務諸表に関する会計基準」5、6、39

96：包括利益計算書

▶▶ Question

1 次の包括利益およびその他の包括利益に関する文章の空欄に入る適切な語句を答えなさい。

> 包括利益とは、ある企業の ① の財務諸表において認識された ② のうち、当該企業の純資産に対する ③ との直接的な取引によらない部分をいう。
> その他の包括利益とは、包括利益のうち ④ に含まれない部分をいう。連結財務諸表におけるその他の包括利益には、 ⑤ に係る部分と ⑥ に係る部分が含まれる。

2 包括利益を表示する計算書の形式を2つ答えなさい。

3 包括利益を表示することによる利点を3つ答えなさい。

4 包括利益及びその他の包括利益の内訳を表示する目的を示しなさい。また、当期純利益にその他の包括利益の内訳項目を加減して包括利益を表示する方法が採用されている理由を述べなさい。

▶▶ Answer

1 ①特定期間　②純資産の変動額　③持分所有者　④当期純利益　⑤親会社株主　⑥非支配株主

2 包括利益を表示する計算書は、次のいずれかの形式により表示する。
　① 2計算書方式
　　当期純利益を計算する損益計算書と、包括利益を計算する包括利益計算書とで表示する形式
　② 1計算書方式
　　当期純利益の計算と包括利益の計算を1つの計算書（損益及び包括利益計算書）で表示する形式

3 ① 包括利益の表示によって提供される情報は、投資家等の財務諸表利用者が企業全体の事業活動について検討するのに役立つことが期待される。

②　貸借対照表との連携（純資産と包括利益とのクリーン・サープラス関係）を明示することを通じて、財務諸表の理解可能性と比較可能性を高めるものと考えられる。

③　当期純利益に関する情報と併せて利用することにより、企業活動の成果についての情報の全体的な有用性を高めるものと考えられる。

4　包括利益及びその他の包括利益の内訳を表示する目的は、期中に認識された取引及び経済的事象により生じた純資産の変動を報告するとともに、その他の包括利益の内訳項目をより明瞭に開示することである。

当期純利益にその他の包括利益の内訳項目を加減して包括利益を表示する方法が採用されている理由は、包括利益に至る過程が明瞭であることや、その他の包括利益の内訳の表示について国際的な会計基準とのコンバージェンスを図ることができるためである。

POINT

包括利益を表示する計算書の形式

包括利益を表示する計算書は、２計算書方式か１計算書方式のいずれかの形式により表示します。

2計算書方式

当期純利益を計算する連結損益計算書と、
包括利益を計算する連結包括利益計算書とで表示する形式

連結損益計算書

⋮	⋮	⋮
税金等調整前当期純利益		××
法人税、住民税及び事業税	××	
法人税等調整額	××	××
当期純利益		××
非支配株主に帰属する当期純利益		××
親会社株主に帰属する当期純利益		××

連結包括利益計算書

当期純利益		××
その他の包括利益		
その他有価証券評価差額金	××*	
繰延ヘッジ損益	××*	××
包括利益		××
(内訳)		
親会社株主に係る包括利益		××
非支配株主に係る包括利益		××

＊ 前期末残高と当期末残高との純増減額

1計算書方式

当期純利益の計算と包括利益の計算を
１つの計算書（連結損益及び包括利益計算書）で表示する形式

連結損益及び包括利益計算書

⋮	⋮	⋮
税金等調整前当期純利益		××
法人税、住民税及び事業税	××	
法人税等調整額	××	××
当期純利益		××
(内訳)		
親会社株主に帰属する当期純利益		××
非支配株主に帰属する当期純利益		××
その他の包括利益		
その他有価証券評価差額金	××*	
繰延ヘッジ損益	××*	××
包括利益		××
(内訳)		
親会社株主に係る包括利益		××
非支配株主に係る包括利益		××

＊ 前期末残高と当期末残高との純増減額

▌▶ 包括利益と純利益の関係

包括利益と純利益は、下記のような関係にあります。

包括利益 − 投資のリスク + 過年度に計上 − 非支配株主に = 純利益
〈下記 から解放され された包括利 帰属する純利 （親会社株主
③、④、⑤〉 ていない部分 益（その他の 益 に帰属する純
（当期新たに 包括利益）の 〈下記②、④〉 利益）
計上されたそ うち期中に投 〈下記①、③〉
の他の包括利 資のリスクか
益） ら解放された
〈下記⑤〉 部分
〈下記①、②〉

当期のリスクからの解放部分 | リスクから解放されて
いない部分

親会社株主帰属分	①	③	⑤
非支配株主帰属分	②	④	当期新たに計上された その他の包括利益

過年度に計上された　　　　　　　当期包括利益
包括利益の一部

親会社株主に帰属する当期純利益＝①＋③
当期包括利益＝③＋④＋⑤

また、「当期純利益を構成する項目のうち、当期または過去の期間にその他の包括利益に含まれていた部分」は、組替調整またはリサイクリングを行います。

関連基準「包括利益の表示に関する会計基準」7 ～ 9、11

97：キャッシュ・フロー計算書①

▶▶ Question

1 キャッシュ・フロー計算書における資金の範囲は、現金および現金同等物とされている。この現金同等物について説明しなさい。

2 「キャッシュ・フロー計算書は、貸借対照表および損益計算書と同様に企業活動を対象とする重要な情報を提供する」とされている。どのような意味で、キャッシュ・フロー計算書が企業活動全体を対象とする情報を提供するのか、対象とする企業活動に関連づけて簡潔に説明しなさい。

3 キャッシュ・フロー計算書の必要性を2つ答えなさい。

▶▶ Answer

1 現金同等物とは、容易に換金可能であり、かつ、価値の変動について僅少なリスクしか負わない短期投資をいう。

2 キャッシュ・フロー計算書は、一会計期間におけるキャッシュ・フローの状況を営業活動、投資活動および財務活動別に表示するものであり、資金の調達、投資および回収という一連の企業活動全体に関わるキャッシュ・フローの状況に係る情報を提供するものである。

3 ① 企業の収益性や安全性を投資者が判断するためには、損益計算書に加え、企業の資金情報を提供することが必要である。
② 損益計算書に比べ、代替的方法が少ないことから、企業間の比較可能性の観点からも有用である。

POINT

▌キャッシュ・フロー計算書の表示区分

キャッシュ・フロー計算書の表示区分には次の3つがあります。

営業活動によるキャッシュ・フローの区分
営業損益計算の対象となった取引のほか、投資活動および財務活動以外の取引によるキャッシュ・フローを記載して、営業活動によるキャッシュ・フローを計算する。これにより、企業の本務である営業活動における現金創造能力の現在の結果が明らかとなる。
投資活動によるキャッシュ・フローの区分
設備投資、証券投資および融資などに係るキャッシュ・フローを記載して、投資活動によるキャッシュ・フローを計算する。これにより、将来の現金創造能力を高めるために、投資活動を通して企業の資金がどのように投下されまたは回収されたかが明らかとなる。
財務活動によるキャッシュ・フローの区分
資金調達および返済によるキャッシュ・フローを記載して、財務活動によるキャッシュ・フローを計算する。これにより、営業活動および投資活動を維持するためにどの程度の資金が調達されまたは返済されたかが明らかとなる。

▌キャッシュ・フロー計算書の必要性

キャッシュ・フロー計算書の必要性は次の2つがあります。

収益性・安全性に関する情報の提供	企業の収益性や安全性を投資者が判断するためには、損益計算書に加え、企業の資金情報を提供することが必要
比較可能性の向上	損益計算書に比べ、代替的方法が少ないため、企業間の比較可能性の観点からも有用

関連基準 「連結キャッシュ・フロー計算書等の作成基準」第二・一、二

244

98：キャッシュ・フロー計算書②

▶▶ Question

1 営業活動によるキャッシュ・フローの区分の表示方法に関連して、次の各問に答えなさい。
 (1) 直接法とはどのような表示方法か答えなさい。
 (2) 間接法とはどのような表示方法か答えなさい。
 (3) 営業活動によるキャッシュ・フローの区分の表示方法につき、直接法と間接法の長所を答えなさい。

2 利息及び配当金の2つの表示方法を答えなさい。また、そのような表示方法が採用される理由をそれぞれ答えなさい。

▶▶ Answer

1(1) 直接法とは、主要な取引ごとに収入総額と支出総額を表示する方法をいう。
 (2) 間接法とは、税引前当期純利益に必要な調整項目を加減して表示する方法をいう。
 (3) ① 直接法による表示方法は、営業活動に係るキャッシュ・フローが総額で表示される点に長所が認められる。
   ② 間接法による表示方法は、会計上の利益と営業活動に係るキャッシュ・フローとの関係が明示される点に長所が認められる。

2 ① 受取利息、受取配当金および支払利息を「営業活動によるキャッシュ・フロー」の区分に、支払配当金を「財務活動によるキャッシュ・フロー」の区分に記載する方法
　　　このように記載するのは、受取利息、受取配当金および支払利息が損益の算定に含まれるものであり、損益の算定に含まれない支払配当金と区別して表示するためである。
  ② 受取利息および受取配当金を「投資活動によるキャッシュ・フロー」の区分に、支払利息および支払配当金を「財務活動によるキャッシュ・フロー」の区分に記載する方法

このように記載するのは、投資活動に関連する受取利息および受取配当金と財務活動に関連する支払利息および支払配当金を活動区分別に区分して表示するためである。

POINT

直接法と間接法の比較

　「営業活動によるキャッシュ・フロー」の表示方法には、直接法と、間接法があります。それぞれ、次のような長所から、継続適用を条件として、これらの方法の選択適用を認めています。

	直 接 法	間 接 法
意　　義	主要な取引ごとに収入総額と支出総額を表示する方法	税引前当期純利益に必要な調整項目を加減して表示する方法
特　　徴	総額で表示されるため、理解可能性が高い	会計上の利益とキャッシュ・フローの関係が明瞭に表示される
実務上の対応	実務上、手数がかかるため、あまり採用されていない	損益計算書と貸借対照表を利用し、利益から逆算的な修正で求めるため、計算が簡単である

利息及び配当金の表示区分

利息及び配当金の表示区分については、次の2つの方法があります。

表示方法	理　由
受取利息、受取配当金および支払利息を「営業活動によるキャッシュ・フロー」の区分に、支払配当金を「財務活動によるキャッシュ・フロー」の区分に記載する方法	このように記載するのは、受取利息、受取配当金および支払利息が損益の算定に含まれるものであり、損益の算定に含まれない支払配当金と区別して表示するためである。
受取利息および受取配当金を「投資活動によるキャッシュ・フロー」の区分に、支払利息および支払配当金を「財務活動によるキャッシュ・フロー」の区分に記載する方法	このように記載するのは、投資活動に関連する受取利息および受取配当金と財務活動に関連する支払利息および支払配当金を、活動区分で区別して表示するためである。

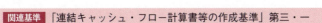
関連基準 「連結キャッシュ・フロー計算書等の作成基準」第三・一

一 関 東 地 方 の 古 墳

01：企業会計原則、企業会計原則注解

第一　一般原則

一　企業会計は、企業の**財政状態**及び**経営成績**に関して、真実な報告を提供するものでなければならない。

二　企業会計は、すべての取引につき、**正規の簿記の原則**に従って、**正確な会計帳簿**を作成しなければならない。(注1)

> **【注1】　重要性の原則の適用について**（一般原則二、四及び貸借対照表原則一）
>
> 企業会計は、定められた会計処理の方法に従って正確な計算を行うべきものであるが、企業会計が目的とするところは、企業の財務内容を明らかにし、企業の状況に関する利害関係者の判断を誤らせないようにすることにあるから、**重要性の乏しいもの**については、本来の厳密な会計処理によらないで他の**簡便な方法**によることも、**正規の簿記の原則**に従った処理として認められる。

三　**資本取引**と**損益取引**とを明瞭に区別し、特に**資本剰余金**と**利益剰余金**とを混同してはならない。(注2)

> **【注2】　資本取引と損益取引との区分について**（一般原則三）
>
> (1)　資本剰余金は、**資本取引**から生じた剰余金であり、利益剰余金は**損益取引**から生じた剰余金、すなわち**利益の留保額**であるから、両者が混同されると、企業の**財政状態及び経営成績**が適正に示されないことになる。従って、例えば、新株発行による株式払込剰余金から新株発行費用を控除することは許されない。

四　企業会計は、財務諸表によって、利害関係者に対し必要な**会計事実**を**明瞭に表示**し、企業の状況に関する判断を誤らせないようにしなければならない。(注1)

五　企業会計は、その**処理の原則及び手続**を**毎期継続して適用**し、**みだりに**これを変更してはならない。

> **【注3】 継続性の原則について**（一般原則五）
>
> 　企業会計上継続性が問題とされるのは、一つの会計事実について二つ以上の**会計処理の原則又は手続**の選択適用が認められている場合である。
>
> 　このような場合に、企業が選択した**会計処理の原則及び手続**を毎期**継続**して適用しないときは、同一の**会計事実**について異なる利益額が算出されることになり、財務諸表の**期間比較**を困難ならしめ、この結果、企業の財務内容に関する利害関係者の判断を誤らしめることになる。
>
> 　従って、いったん採用した**会計処理の原則又は手続**は、**正当な理由**により変更を行う場合を除き、財務諸表を作成する各時期を通じて**継続**して適用しなければならない。
>
> 　なお、**正当な理由**によって、会計処理の原則又は手続に重要な変更を加えたときは、これを当該財務諸表に**注記**しなければならない。

六　企業の財政に**不利な影響**を及ぼす可能性がある場合には、これに備えて**適当に健全な会計処理**をしなければならない。^(注4)

> **【注4】 保守主義の原則について**（一般原則六）
>
> 　企業会計は、予測される将来の危険に備えて、**慎重な判断**に基づく会計処理を行わなければならないが、**過度に保守的**な会計処理を行うことにより、企業の**財政状態及び経営成績**の真実な報告をゆがめてはならない。

七　株主総会提出のため、信用目的のため、租税目的のため等種々の目的のために異なる形式の財務諸表を作成する必要がある場合、それらの内容は、信頼しうる会計記録に基づいて作成されたものであって、政策の考慮のために事実の真実な表示をゆがめてはならない。

第二　損益計算書原則

❖ 損益計算書の本質

一　損益計算書は、企業の**経営成績**を明らかにするため、一会計期間に属するすべての収益とこれに**対応**するすべての費用とを記載して**経常利益**を表示し、これに**特別損益**に属する項目を加減して当期純利益を表示しなければならない。

A　すべての費用及び収益は、その**支出**及び**収入**に基づいて計上し、その**発生**した期間に正しく割当てられるように処理しなければならない。ただし、**未実現収益**は、原則として、当期の損益計算に計上してはならない。

前払費用及び**前受収益**は、これを当期の損益計算から除去し、未払費用及び未収収益は、当期の損益計算に計上しなければならない。^(注5)

【注5】 **経過勘定項目について**（損益計算書原則一のＡの２項）

(1)　前払費用

　　前払費用は、一定の契約に従い、継続して役務の提供を受ける場合、いまだ提供されていない役務に対し支払われた対価をいう。従って、このような役務に対する対価は、時間の経過とともに次期以降の費用となるものであるから、これを当期の損益計算から除去するとともに貸借対照表の資産の部に計上しなければならない。また、前払費用は、かかる役務提供契約以外の契約等による前払金とは区別しなければならない。

(2)　前受収益

　　前受収益は、一定の契約に従い、継続して役務の提供を行う場合、いまだ提供していない役務に対し支払を受けた対価をいう。従って、このような役務に対する対価は、時間の経過とともに次期以降の収益となるものであるから、これを当期の損益計算から除去するとともに貸借対照表の負債の部に計上しなければならない。また、前受収益は、かかる役務提供契約以外の契約等による前受金とは区別しなければならない。

(3)　未払費用

　　未払費用は、一定の契約に従い、継続して役務の提供を受ける場合、既に提供された役務に対していまだその対価の支払が終らないものをいう。従って、このような役務に対する対価は、時間の経過に伴い既に当期の費用として発生しているものであるから、これを当期の損益計算に計上するとともに貸借対照表の負債の部に計上しなければならない。また、未払費用は、かかる役務提供契約以外の契約等による未払金とは区別しなければならない。

(4)　未収収益

　　未収収益は、一定の契約に従い、継続して役務の提供を行う場合、既に提供した役務に対していまだその対価の支払を受けていないものをいう。従って、このような役務に対する対価は時間の経過に伴い既に当期の収益として発生しているものであるから、これを当期の損益計算に計上するとともに貸借対照表の資産の部に計上しなければならない。また、未収収益は、かかる役務提供契約以外の契約等による未収金とは区別しなければならない。

B　費用及び収益は、**総額**によって記載することを原則とし、費用の項目と収益の項目とを直接に**相殺**することによってその全部又は一部を損益計算書から**除去**してはならない。

C　費用及び収益は、その**発生源泉**に従って明瞭に分類し、各収益項目とそれに関連する費用項目とを損益計算書に**対応表示**しなければならない。

❖ 損益計算書の区分

二　損益計算書には、**営業損益計算**、**経常損益計算**及び**純損益計算**の区分を設けなければならない。

A　**営業損益計算**の区分は、当該企業の**営業活動**から生ずる費用及び収益を記載して、**営業利益**を計算する。

　　二つ以上の営業を目的とする企業にあっては、その費用及び収益を主要な営業別に区分して記載する。

B　**経常損益計算**の区分は、営業損益計算の結果を受けて、利息及び割引料、有価証券売却損益その他**営業活動**以外の原因から生ずる損益であって**特別損益**に属しないものを記載し、**経常利益**を計算する。

C　**純損益計算**の区分は、経常損益計算の結果を受けて、固定資産売却損益等の**特別損益**を記載し、当期純利益を計算する。

❖ 営業利益

三　営業損益計算は、一会計期間に属する売上高と売上原価とを記載して**売上総利益**を計算し、これから販売費及び一般管理費を控除して、**営業利益**を表示する。

A　企業が商品等の販売と役務の給付とをともに主たる営業とする場合には、商品等の売上高と役務による営業収益とは、これを区別して記載する。

❖ 営業外損益

四　営業外損益は、受取利息及び割引料、有価証券売却益等の営業外収益と支払利息及び割引料、有価証券売却損、有価証券評価損等の営業外費用とに区分して表示する。

❖ 経常利益

五　経常利益は、営業利益に営業外収益を加え、これから営業外費用を控除して表示する。

❖ 特別損益

六　特別損益は、固定資産売却益等の特別利益と固定資産売却損、災害による損失等の特別損失とに区分して表示する。(注12)

【注12】　特別損益項目について (損益計算書原則六)

特別損益に属する項目としては次のようなものがある。

(1)　臨時損益
  イ　固定資産売却損益
  ロ　転売以外の目的で取得した有価証券の売却損益
  ハ　災害による損失

なお、特別損益に属する項目であっても、金額の僅少なもの又は毎期経常的に発生するものは、経常損益計算に含めることができる。

❖ 税引前当期純利益

七　税引前当期純利益は、経常利益に特別利益を加え、これから特別損失を控除して表示する。

❖ 当期純利益

八　当期純利益は、税引前当期純利益から当期の負担に属する法人税額、住民税額等を控除して表示する。(注13)

【注13】　法人税等の追徴税額等について (損益計算書原則八)

法人税等の更正決定等による追徴税額及び還付税額は、税引前当期純利益に加減して表示する。この場合、当期の負担に属する法人税額等とは区別することを原則とするが、重要性の乏しい場合には、当期の負担に属するものに含めて表示することができる。

第三	貸借対照表原則

❖ 貸借対照表の本質

一 　貸借対照表は、企業の**財政状態**を明らかにするため、貸借対照表日におけるすべての資産、負債及び資本*を記載し、株主、債権者その他の利害関係者にこれを正しく表示するものでなければならない。ただし、**正規の簿記の原則**に従って処理された場合に生じた**簿外資産及び簿外負債**は、貸借対照表の記載外におくことができる。(注1)

A 　資産、負債及び資本*は、適当な区分、配列、分類及び評価の基準に従って記載しなければならない。

B 　資産、負債及び資本*は、**総額**によって記載することを原則とし、資産の項目と負債又は資本*の項目とを**相殺**することによって、その全部又は一部を貸借対照表から**除去**してはならない。

C 　受取手形の割引高又は裏書譲渡高、保証債務等の偶発債務、債務の担保に供している資産、発行済株式一株当たり当期純利益及び同一株当たり純資産額等企業の財務内容を判断するために重要な事項は、貸借対照表に**注記**しなければならない。

D 　**将来の期間に影響する特定の費用**は、次期以後の期間に**配分**して処理するため、**経過的**に貸借対照表の**資産の部**に記載することができる。(注15)

E 　貸借対照表の資産の合計金額は、負債と資本*の合計金額に一致しなければならない。 　　　　　　　　　　　* 　現在、『純資産』となっています。

【注15】 将来の期間に影響する特定の費用について
(貸借対照表原則一のD及び四の(一)のC)

　「将来の期間に影響する特定の費用」とは、既に**代価の支払が完了し又は支払義務が確定**し、これに対応する**役務の提供を受けた**にもかかわらず、その効果が**将来にわたって発現するものと期待**される費用をいう。これらの費用は、**その効果が及ぶ数期間に合理的に配分**するため、**経過的**に貸借対照表上**繰延資産**として計上することができる。なお、天災等により固定資産又は企業の営業活動に必須の手段たる資産の上に生じた損失が、その期の純利益から当期の処分予定額を控除した金額をもって負担しえない程度に巨額であって特に法令をもって認められた場合には、これを経過的に貸借対照表の資産の部に記載して繰延経理することができる。

❖ 貸借対照表の区分

二　貸借対照表は、資産の部、負債の部及び資本＊の部の三区分に分ち、さらに資産の部を流動資産、固定資産及び繰延資産に、負債の部を流動負債及び固定負債に区分しなければならない。　　　＊　現在、『純資産』となっています。

❖ 貸借対照表の配列

三　資産及び負債の項目の配列は、原則として、流動性配列法によるものとする。

❖ 貸借対照表科目の分類

四　資産、負債及び資本＊の各科目は、一定の基準に従って明瞭に分類しなければならない。

（二）　負　債

負債は流動負債に属する負債と固定負債に属する負債とに区別しなければならない。仮受金、未決算等の勘定を貸借対照表に記載するには、その性質を示す適当な科目で表示しなければならない。

A　取引先との通常の商取引によって生じた支払手形、買掛金等の債務及び期限が一年以内に到来する債務は、流動負債に属するものとする。

支払手形、買掛金その他流動負債に属する債務は、取引先との通常の商取引上の債務とその他の債務とに区別して表示しなければならない。

引当金のうち、賞与引当金、工事補償引当金、修繕引当金のように、通常一年以内に使用される見込みのものは流動負債に属するものとする。(注18)

B　社債、長期借入金等の長期債務は、固定負債に属するものとする。

引当金のうち、退職給与引当金、特別修繕引当金のように、通常一年をこえて使用される見込みのものは、固定負債に属するものとする。(注18)

C　債務のうち、役員等企業の内部の者に対するものと親会社又は子会社に対するものは、特別の科目を設けて区別して表示し、又は注記の方法によりその内容を明瞭に示さなければならない。

【注18】 引当金について
（貸借対照表原則四の（一）のＤの1項、（二）のＡの３項及びＢの２項）

　将来の特定の費用又は損失であって、その発生が当期以前の事象に起因し、発生の可能性が高く、かつ、その金額を合理的に見積ることができる場合には、当期の負担に属する金額を当期の費用又は損失として引当金に繰入れ、当該引当金の残高を貸借対照表の負債の部又は資産の部に記載するものとする。

　製品保証引当金、売上割戻引当金*、返品調整引当金*、賞与引当金、工事補償引当金、退職給与引当金、修繕引当金、特別修繕引当金、債務保証損失引当金、損害補償損失引当金、貸倒引当金等がこれに該当する。

　発生の可能性の低い偶発事象に係る費用又は損失については、引当金を計上することはできない。

　　　＊　収益認識に関する会計基準を適用する場合は、引当金として計上されません。

❖ 資産の貸借対照表価額

五　貸借対照表に記載する資産の価額は、原則として、当該資産の取得原価を基礎として計上しなければならない。

　資産の取得原価は、資産の種類に応じた費用配分の原則によって、各事業年度に配分しなければならない。有形固定資産は、当該資産の耐用期間にわたり、定額法、定率法等の一定の減価償却の方法によって、その取得原価を各事業年度に配分し、無形固定資産は、当該資産の有効期間にわたり、一定の減価償却の方法によって、その取得原価を各事業年度に配分しなければならない。繰延資産についても、これに準じて、各事業年度に均等額以上を配分しなければならない。(注20)

【注20】 減価償却の方法について（貸借対照表原則五の２項）

　固定資産の減価償却の方法としては、次のようなものがある。

(1) **定額法**　固定資産の耐用期間中、毎期均等額の減価償却費を計上する方法
(2) **定率法**　固定資産の耐用期間中、毎期期首未償却残高に一定率を乗じた減価償却費を計上する方法
(3) **級数法**　固定資産の耐用期間中、毎期一定の額を算術級数的に逓減した減価償却費を計上する方法
(4) **生産高比例法**　固定資産の耐用期間中、毎期当該資産による生産又は用役の提供の度合に比例した減価償却費を計上する方法
　　　　　　　この方法は、当該固定資産の総利用可能量が物理的に確定

でき、かつ、減価が主として**固定資産の利用**に比例して発生するもの、例えば、鉱業用設備、航空機、自動車等について適用することが認められる。

なお、同種の物品が多数集まって一つの全体を構成し、老朽品の**部分的取替**を繰り返すことにより全体が維持されるような固定資産については、部分的取替に要する費用を**収益的支出**として処理する方法（**取替法**）を採用することができる。

02：外貨建取引等会計処理基準

❖ 一 外貨建取引

1．取引発生時の処理

　外貨建取引は、原則として、当該**取引発生時**の為替相場による円換算額をもって記録する。ただし、外貨建取引に係る外貨建金銭債権債務と為替予約等との関係が「金融商品に係る会計基準の設定に関する意見書」（以下「金融商品に係る会計基準*」という。）における「**ヘッジ会計の要件**」を充たしている場合には、当該外貨建取引について**ヘッジ会計**を適用することができる。

　　　　　　　　　　＊　現在、『金融商品に関する会計基準』で規定されています。

2．決算時の処理

(1) 換算方法

　外国通貨、外貨建金銭債権債務、外貨建有価証券及び外貨建デリバティブ取引等の金融商品については、決算時において、原則として、次の処理を行う。ただし、外貨建金銭債権債務と為替予約等との関係が金融商品に係る会計基準*における「**ヘッジ会計**の要件」を充たしている場合には、当該外貨建金銭債権債務等について**ヘッジ会計**を適用することができる。(注8)

① **外国通貨**

　　外国通貨については、**決算時の為替相場**による円換算額を付する。

② **外貨建金銭債権債務（外貨預金を含む。以下同じ。）**

　　外貨建金銭債権債務については、**決算時の為替相場**による円換算額を付する。

③ **外貨建有価証券**

　　イ　満期保有目的の外貨建債券については、**決算時の為替相場**による円換算額を付する。(注9)

　　ロ　売買目的有価証券及びその他有価証券については、外国通貨による時価を**決算時の為替相場**により円換算した額を付する。

　　ハ　子会社株式及び関連会社株式については、**取得時の為替相場**による円換算額を付する。

ニ　外貨建有価証券について**時価の著しい下落**又は**実質価額**の著しい低下により評価額の引下げが求められる場合には、当該外貨建有価証券の時価又は実質価額は、外国通貨による**時価**又は**実質価額**を**決算時の為替相場**により円換算した額による。

④　**デリバティブ取引等**

　　デリバティブ取引等①から③に掲げるもの以外の外貨建ての金融商品の時価評価においては、外国通貨による**時価**を**決算時の為替相場**により円換算するものとする。

【注6】　ヘッジ会計の方法について

　ヘッジ会計を適用する場合には、金融商品に係る会計基準における「**ヘッジ会計**の方法」によるほか、当分の間、為替予約等により確定する決済時における円貨額により外貨建取引及び金銭債権債務等を換算し直物為替相場との差額を期間配分する方法（以下「**振当処理**」という。）によることができる。

⑵　**換算差額の処理**

　　決算時における換算によって生じた換算差額は、原則として、当期の**為替差損益**として処理する。ただし、有価証券の**時価の著しい下落**又は**実質価額**の著しい低下により、決算時の為替相場による換算を行ったことによって生じた換算差額は、当期の**有価証券の評価損**として処理する。また、金融商品に係る会計基準＊による時価評価に係る評価差額に含まれる換算差額については、原則として、当該評価差額に関する処理方法に従うものとする。(注10)

【注8】　決算時の直物為替相場について

　決算時の直物為替相場としては、決算日の直物為替相場のほか、**決算日の前後一定期間**の直物為替相場に基づいて算出された平均相場を用いることができる。

【注9】　償却原価法における償却額の換算について

　外貨建金銭債権債務及び外貨建債券について償却原価法を適用する場合における償却額は、外国通貨による償却額を**期中平均相場**により円換算した額による。

【注10】 その他有価証券に属する債券の換算差額の処理について

その他有価証券に属する債券については、外国通貨による時価を決算時の為替相場で換算した金額のうち、外国通貨による時価の変動に係る換算差額を**評価差額**とし、それ以外の換算差額については**為替差損益**として処理することができる。

3．決済に伴う損益の処理

外貨建金銭債権債務の決済（外国通貨の円転換を含む。）に伴って生じた損益は、原則として、当期の**為替差損益**として処理する。

❖二　在外支店の財務諸表項目の換算

在外支店における外貨建取引については、原則として、**本店**と同様に処理する＊。ただし、外国通貨で表示されている在外支店の財務諸表に基づき本支店合併財務諸表を作成する場合には、在外支店の財務諸表について次の方法によることができる。

＊　現在、『棚卸資産の評価に関する会計基準』にもとづき、収益性の低下による簿価の引下げが必要な場合、正味売却価額を決算時の為替相場により円換算します。

1．収益及び費用の換算の特例

収益及び費用（収益性負債の収益化額及び費用性資産の費用化額を除く。）の換算については、**期中平均相場**によることができる。(注12)

【注12】 期中平均相場について

収益及び費用の換算に用いる期中平均相場には、当該収益及び費用が帰属する月又は半期等を算定期間とする**平均相場**を用いることができる。

2．外貨表示財務諸表項目の換算の特例

在外支店の外国通貨で表示された財務諸表項目の換算にあたり、**非貨幣性項目**の額に重要性がない場合には、すべての貸借対照表項目（支店における本店勘定等を除く。）について**決算時の為替相場**による円換算額を付する方法を適用することができる。この場合において、損益項目についても**決算時の為替相**

場によることを妨げない。

３．換算差額の処理

　本店と異なる方法により換算することによって生じた換算差額は、当期の**為替差損益**として処理する。

❖三　在外子会社等の財務諸表項目の換算

　連結財務諸表の作成又は持分法の適用にあたり、外国にある子会社又は関連会社の外国通貨で表示されている財務諸表項目の換算は、次の方法による。

１．資産及び負債

　資産及び負債については、**決算時の為替相場**による円換算額を付する。

２．資本

　親会社による株式の取得時における資本に属する項目については、**株式取得時の為替相場**による円換算額を付する。

　親会社による株式の取得後に生じた資本に属する項目については、当該項目の**発生時の為替相場**による円換算額を付する。

３．収益及び費用

　収益及び費用については、原則として**期中平均相場**による円換算額を付する。ただし、**決算時の為替相場**による円換算額を付することを妨げない。なお、親会社との取引による収益及び費用の換算については、**親会社が換算に用いる**為替相場による。この場合に生じる差額は当期の**為替差損益**として処理する。(注12)

４．換算差額の処理

　換算によって生じた換算差額については、**為替換算調整勘定**として貸借対照表の資本の部*に記載する。　　　　　　＊　現在、『純資産の部』として表示されます。

03：連結キャッシュ・フロー計算書等の作成基準

第一　作成目的

連結キャッシュ・フロー計算書は、企業集団の一会計期間におけるキャッシュ・フローの状況を報告するために作成するものである。

第二　作成基準

❖ 一　資金の範囲

連結キャッシュ・フロー計算書が対象とする資金の範囲は、現金及び現金同等物とする。

1　現金とは、手許現金及び要求払預金をいう。(注1)
2　現金同等物とは、容易に換金可能であり、かつ、価値の変動について僅少なリスクしか負わない短期投資をいう。(注2)

【注1】　要求払預金について

要求払預金には、例えば、当座預金、普通預金、通知預金が含まれる。

【注2】　現金同等物について

現金同等物には、例えば、取得日から満期日又は償還日までの期間が3か月以内の短期投資である定期預金、譲渡性預金、コマーシャル・ペーパー、売戻し条件付現先、公社債投資信託が含まれる。

❖ 二　表示区分

1　連結キャッシュ・フロー計算書には、「営業活動によるキャッシュ・フロー」、「投資活動によるキャッシュ・フロー」及び「財務活動によるキャッシュ・フロー」の区分を設けなければならない。

① 「営業活動によるキャッシュ・フロー」の区分には、営業損益計算の対象となった取引のほか、投資活動及び財務活動以外の取引によるキャッシュ・フローを記載する。

② 「投資活動によるキャッシュ・フロー」の区分には、固定資産の取得及

び売却、現金同等物に含まれない短期投資の取得及び売却等によるキャッシュ・フローを記載する。

③　「**財務活動によるキャッシュ・フロー**」の区分には、資金の調達及び返済によるキャッシュ・フローを記載する。

2　法人税等（住民税及び利益に関連する金額を課税標準とする事業税を含む。）に係るキャッシュ・フローは、「**営業活動によるキャッシュ・フロー**」の区分に記載する。

3　利息及び配当金に係るキャッシュ・フローは、次のいずれかの方法により記載する。

①　受取利息、受取配当金及び支払利息は「**営業活動によるキャッシュ・フロー**」の区分に記載し、支払配当金は「**財務活動によるキャッシュ・フロー**」の区分に記載する方法

②　受取利息及び受取配当金は「**投資活動によるキャッシュ・フロー**」の区分に記載し、支払利息及び支払配当金は「**財務活動によるキャッシュ・フロー**」の区分に記載する方法

第三　表示方法 (注7)

❖一　「営業活動によるキャッシュ・フロー」の表示方法

「営業活動によるキャッシュ・フロー」は、次のいずれかの方法により表示しなければならない。

1　**主要な取引ごと**にキャッシュ・フローを**総額表示**する方法（以下、「**直接法**」という。）

2　税金等調整前当期純利益に非資金損益項目、営業活動に係る資産及び負債の増減、「投資活動によるキャッシュ・フロー」及び「財務活動によるキャッシュ・フロー」の区分に含まれる**損益項目を加減**して表示する方法（以下、「**間接法**」という。）

【注7】 連結キャッシュ・フロー計算書の様式について

利息及び配当金を第二の二の3①の方法により表示する場合の連結キャッシュ・フロー計算書の標準的な様式は、次のとおりとする。

様式1（「営業活動によるキャッシュ・フロー」を直接法により表示する場合）

Ⅰ　営業活動によるキャッシュ・フロー

営業収入	× × ×
原材料又は商品の仕入支出	－ × × ×
人件費支出	－ × × ×
その他の営業支出	－ × × ×
小計	× × ×
利息及び配当金の受取額	× × ×
利息の支払額	－ × × ×
損害賠償金の支払額	－ × × ×
・・・・・・・	× × ×
法人税等の支払額	－ × × ×
営業活動によるキャッシュ・フロー	× × ×

Ⅱ　投資活動によるキャッシュ・フロー

有価証券の取得による支出	－ × × ×
有価証券の売却による収入	× × ×
有形固定資産の取得による支出	－ × × ×
有形固定資産の売却による収入	× × ×
投資有価証券の取得による支出	－ × × ×
投資有価証券の売却による収入	× × ×
連結範囲の変更を伴う子会社株式の取得	－ × × ×
連結範囲の変更を伴う子会社株式の売却	× × ×
貸付けによる支出	－ × × ×
貸付金の回収による収入	× × ×
・・・・・・・	× × ×
投資活動によるキャッシュ・フロー	× × ×

Ⅲ　財務活動によるキャッシュ・フロー

短期借入れによる収入	× × ×
短期借入金の返済による支出	－ × × ×
長期借入れによる収入	× × ×

長期借入金の返済による支出	－×××
社債の発行による収入	×××
社債の償還による支出	－×××
株式の発行による収入	×××
自己株式の取得による支出	－×××
親会社による配当金の支払額	－×××
非支配株主への配当金の支払額	－×××
・・・・・・	×××
財務活動によるキャッシュ・フロー	×××
Ⅳ 現金及び現金同等物に係る換算差額	×××
Ⅴ 現金及び現金同等物の増加額	×××
Ⅵ 現金及び現金同等物期首残高	×××
Ⅶ 現金及び現金同等物期末残高	×××

様式2（「営業活動によるキャッシュ・フロー」を間接法により表示する場合）

Ⅰ 営業活動によるキャッシュ・フロー	
税金等調整前当期純利益	×××
減価償却費	×××
連結調整勘定償却額*	×××
貸倒引当金の増加額	×××
受取利息及び受取配当金	－×××
支払利息	×××
為替差損	×××
持分法による投資利益	－×××
有形固定資産売却益	－×××
損害賠償損失	×××
売上債権の増加額	－×××
たな卸資産の減少額	×××
仕入債務の減少額	－×××
・・・・・・・・	×××
小計	×××
利息及び配当金の受取額	×××
利息の支払額	－×××
損害賠償金の支払額	－×××
・・・・・・・	×××
法人税等の支払額	－×××
営業活動によるキャッシュ・フロー	×××

Ⅱ	投資活動によるキャッシュ・フロー（様式1に同じ）	
Ⅲ	財務活動によるキャッシュ・フロー（様式1に同じ）	
Ⅳ	現金及び現金同等物に係る換算差額	×××
Ⅴ	現金及び現金同等物の増加額	×××
Ⅵ	現金及び現金同等物期首残高	×××
Ⅶ	現金及び現金同等物期末残高	×××

＊　現在、『のれん償却額』として表示されます。

❖二　「投資活動によるキャッシュ・フロー」及び「財務活動によるキャッシュ・フロー」の表示方法

「投資活動によるキャッシュ・フロー」及び「財務活動によるキャッシュ・フロー」は、主要な取引ごとにキャッシュ・フローを総額表示しなければならない。(注8)

【注8】　純額表示について

期間が短く、かつ、回転が速い項目に係るキャッシュ・フローについては、純額で表示することができる。

❖三　現金及び現金同等物に係る換算差額の表示方法

現金及び現金同等物に係る換算差額は、他と区別して表示する。

第四　注記事項

連結キャッシュ・フロー計算書については、次の事項を注記しなければならない。

1　資金の範囲に含めた現金及び現金同等物の内容並びにその期末残高の連結貸借対照表科目別の内訳

2　資金の範囲を変更した場合には、その旨、その理由及び影響額

04：研究開発費等に係る会計基準

一　定義

1．研究及び開発

研究とは、新しい知識の発見を目的とした計画的な調査及び探究をいう。

開発とは、新しい製品・サービス・生産方法（以下、「製品等」という。）についての計画若しくは設計又は既存の製品等を著しく改良するための計画若しくは設計として、研究の成果その他の知識を具体化することをいう。

2．ソフトウェア

ソフトウェアとは、コンピュータを機能させるように指令を組み合わせて表現したプログラム等をいう。

二　研究開発費を構成する原価要素

研究開発費には、人件費、原材料費、固定資産の減価償却費及び間接費の配賦額等、研究開発のために費消されたすべての原価が含まれる。(注1)

> 【注1】　研究開発費を構成する原価要素について
>
> 特定の研究開発目的にのみ使用され、他の目的に使用できない機械装置や特許権等を取得した場合の原価は、取得時の研究開発費とする。

三　研究開発費に係る会計処理

研究開発費は、すべて発生時に費用として処理しなければならない。

なお、ソフトウェア制作費のうち、研究開発に該当する部分も研究開発費として費用処理する。(注2)(注3)

> **【注2】 研究開発費に係る会計処理について**
>
> 　費用として処理する方法には、一般管理費として処理する方法と当期製造費用として処理する方法がある。
>
> **【注3】 ソフトウェア制作における研究開発費について**
>
> 　市場販売目的のソフトウェアについては、最初に製品化された製品マスターの完成までの費用及び製品マスター又は購入したソフトウェアに対する著しい改良に要した費用が研究開発費に該当する。

❖四　研究開発費に該当しないソフトウェア制作費に係る会計処理

1．受注制作のソフトウェアに係る会計処理

　受注制作のソフトウェアの制作費は、請負工事の会計処理*に準じて処理する。　　　　　*　現在、『収益認識に関する会計基準』にもとづいた処理となっています。

2．市場販売目的のソフトウェアに係る会計処理

　市場販売目的のソフトウェアである製品マスターの制作費は、研究開発費に該当する部分を除き、資産として計上しなければならない。ただし、製品マスターの機能維持に要した費用は、資産として計上してはならない。

3．自社利用のソフトウェアに係る会計処理

　ソフトウェアを用いて外部へ業務処理等のサービスを提供する契約等が締結されている場合のように、その提供により将来の収益獲得が確実であると認められる場合には、適正な原価を集計した上、当該ソフトウェアの制作費を資産として計上しなければならない。

　社内利用のソフトウェアについては、完成品を購入した場合のように、その利用により将来の収益獲得又は費用削減が確実であると認められる場合には、当該ソフトウェアの取得に要した費用を資産として計上しなければならない。

　機械装置等に組み込まれているソフトウェアについては、当該機械装置等に含めて処理する。

４．ソフトウェアの計上区分

　市場販売目的のソフトウェア及び自社利用のソフトウェアを資産として計上する場合には、**無形固定資産**の区分に計上しなければならない。[注4]

【注4】　制作途中のソフトウェアの計上科目について

　制作途中のソフトウェアの制作費については、無形固定資産の仮勘定として計上することとする。

５．ソフトウェアの減価償却方法

　無形固定資産として計上したソフトウェアの**取得原価**は、当該**ソフトウェアの性格**に応じて、**見込販売数量**に基づく償却方法その他**合理的な方法**により償却しなければならない。

　ただし、毎期の償却額は、残存有効期間に基づく均等配分額を下回ってはならない。[注5]

【注5】　ソフトウェアの減価償却方法について

　いずれの減価償却方法による場合にも、毎期見込販売数量等の見直しを行い、減少が見込まれる販売数量等に相当する取得原価は、費用又は損失として処理しなければならない。

---

05 : 税効果会計に係る会計基準および一部改正

第一　税効果会計の目的

　税効果会計は、企業会計上の資産又は負債の額と課税所得計算上の資産又は負債の額に相違がある場合において、法人税その他利益に関連する金額を課税標準とする税金（以下「法人税等」という。）の額を適切に期間配分することにより、法人税等を控除する前の当期純利益と法人税等を合理的に対応させることを目的とする手続である。(注1)

【注1】　法人税等の範囲

　法人税等には、法人税のほか、都道府県民税、市町村民税及び利益に関連する金額を課税標準とする事業税が含まれる。

第二　税効果会計に係る会計基準

一　一時差異等の認識

1．法人税等については、一時差異に係る税金の額を適切な会計期間に配分し、計上しなければならない。
2．一時差異とは、貸借対照表及び連結貸借対照表に計上されている資産及び負債の金額と課税所得計算上の資産及び負債の金額との差額をいう。
　　一時差異は、例えば、次のような場合に生ずる。
(1)　財務諸表上の一時差異
　①　収益又は費用の帰属年度が相違する場合
　②　資産の評価替えにより生じた評価差額が直接資本の部*に計上され、かつ、課税所得の計算に含まれていない場合
(2)　連結財務諸表固有の一時差異
　①　資本連結に際し、子会社の資産及び負債の時価評価により評価差額が生じた場合
　②　連結会社相互間の取引から生ずる未実現損益を消去した場合
　③　連結会社相互間の債権と債務の相殺消去により貸倒引当金を減額修正

した場合 　　　　　　　　　　＊　現在、『純資産の部』として表示されます。

3．一時差異には、当該一時差異が解消するときにその期の課税所得を減額する効果を持つもの（以下「将来減算一時差異」という。）と、当該一時差異が解消するときにその期の課税所得を増額する効果を持つもの（以下「将来加算一時差異」という。）とがある。

4．将来の課税所得と相殺可能な繰越欠損金等については、一時差異と同様に取り扱うものとする（以下一時差異及び繰越欠損金等を総称して「一時差異等」という。）。

❖二　繰延税金資産及び繰延税金負債等の計上方法

1．一時差異等に係る税金の額は、将来の会計期間において回収又は支払が見込まれない税金の額を除き、繰延税金資産又は繰延税金負債として計上しなければならない。繰延税金資産については、将来の回収の見込みについて毎期見直しを行わなければならない。(注4) (注5)

【注4】　繰延税金資産及び繰延税金負債の計上に係る重要性の原則の適用について

重要性が乏しい一時差異等については、繰延税金資産及び繰延税金負債を計上しないことができる。

【注5】　繰延税金資産の計上について

繰延税金資産は、将来減算一時差異が解消されるときに課税所得を減少させ、税金負担額を軽減することができると認められる範囲内で計上するものとし、その範囲を超える額については控除しなければならない。

2．繰延税金資産又は繰延税金負債の金額は、回収又は支払が行われると見込まれる期の税率に基づいて計算するものとする。(注6)

【注6】　税率の変更があった場合の取扱いについて

法人税等について税率の変更があった場合には、過年度に計上された繰延税金資産及び繰延税金負債を新たな税率に基づき再計算するものとする。

3．繰延税金資産と繰延税金負債の差額を期首と期末で比較した増減額は、当期に納付すべき法人税等の調整額として計上しなければならない。

　　ただし、資産の評価替えにより生じた評価差額が直接資本の部*に計上される場合には、当該評価差額に係る繰延税金資産又は繰延税金負債を当該評価差額から控除して計上するものとする。

　　　　　　　　　　　　　*　現在、『純資産の部』として表示されます。

第三　繰延税金資産及び繰延税金負債等の表示方法

3．当期の法人税等として納付すべき額及び法人税等調整額は、法人税等を控除する前の当期純利益から控除する形式により、それぞれ区分して表示しなければならない。

第四　注記事項

　財務諸表及び連結財務諸表については、次の事項を注記しなければならない。

2．税引前当期純利益又は税金等調整前当期純利益に対する法人税等（法人税等調整額を含む。）の比率と法定実効税率との間に重要な差異があるときは、当該差異の原因となった主要な項目別の内訳

3．税率の変更により繰延税金資産及び繰延税金負債の金額が修正されたときは、その旨及び修正額

4．決算日後に税率の変更があった場合には、その内容及びその影響

税効果会計に係る会計基準の設定に関する意見書

❖二　税効果会計の適用の必要性

1．法人税等の課税所得の計算に当たっては企業会計上の利益の額が基礎となるが、企業会計と課税所得計算とはその目的を異にするため、収益又は費用（益金又は損金）の認識時点や、資産又は負債の額に相違が見られるのが一般的である。

　　このため、税効果会計を適用しない場合には、課税所得を基礎とした法人税等の額が費用として計上され、法人税等を控除する前の企業会計上の利益と課税所得とに差異があるときは、法人税等の額が法人税等を控除する前の

当期純利益と期間的に対応せず、また、将来の法人税等の支払額に対する影響が表示されないことになる。

　このような観点から、『財務諸表』の作成上、税効果会計を全面的に適用することが必要と考える。

2．税効果会計を適用すると、繰延税金資産及び繰延税金負債が貸借対照表に計上されるとともに、当期の法人税等として納付すべき額及び税効果会計の適用による法人税等の調整額が損益計算書に計上されることになる。

　このうち、繰延税金資産は、将来の法人税等の支払額を減額する効果を有し、一般的には法人税等の前払額に相当するため、資産としての性格を有するものと考えられる。また、繰延税金負債は、将来の法人税等の支払額を増額する効果を有し、法人税等の未払額に相当するため、負債としての性格を有するものと考えられる。

❖三　「税効果会計に係る会計基準」の概要

税効果会計の方法には繰延法と資産負債法とがあるが、本会計基準では、資産負債法によることとし、次のような基準を設定することとする。

1．一時差異（貸借対照表上の資産及び負債の金額と課税所得計算上の資産及び負債の金額との差額）に係る税金の額を適切な会計期間に配分し、計上するものとする。また、将来の課税所得と相殺可能な繰越欠損金等については、一時差異と同様に取り扱う。

2．一時差異には、当該一時差異が解消するときに税務申告上その期の課税所得を減額させる効果を持つもの（将来減算一時差異）と、当該一時差異が解消するときに税務申告上その期の課税所得を増額させる効果を持つもの（将来加算一時差異）とがある。

　将来減算一時差異に係る繰延税金資産及び将来加算一時差異に係る繰延税金負債の金額は、回収又は支払いが行われると見込まれる期の税率に基づいて計算するものとする。

3．法人税等について税率の変更があった場合には、過年度に計上された繰延税金資産及び繰延税金負債を新たな税率に基づき再計算するものとする。また、繰延税金資産については、将来の支払税金を減額する効果があるかどうか、すなわち、将来の回収の見込みについて毎期見直しを行うものとする。税務上の繰越欠損金については、繰越期間内に課税所得が発生する可能性が

低く、繰越欠損金を控除することができると認められない場合は相当額を控除する。

4．繰延税金資産と繰延税金負債の差額を期首と期末で比較した増減額は、当期に納付すべき法人税等の調整額として計上ししなければならない。

　　ただし、資産の評価替えにより生じた評価差額が直接資本の部＊に計上される場合には、当該評価差額に係る繰延税金資産又は繰延税金負債を当該評価差額から控除して計上するものとする。また、資本連結に際し、子会社の資産及び負債の時価評価により生じた評価差額がある場合には、当該評価差額に係る繰延税金資産又は繰延税金負債を当該評価差額から控除した額をもって、親会社の投資額と相殺の対象となる子会社の資本とするものとする。

＊　現在、『純資産の部』として表示されます。

「税効果会計に係る会計基準」の一部改正

表示

2．税効果会計基準の「第三 繰延税金資産及び繰延税金負債等の表示方法」
　　1．及び 2．の 定めを次のとおり改正する。

　　1．繰延税金資産は投資その他の資産の区分に表示し、繰延税金負債は固定負債の区分に表示する。

　　2．同一納税主体の繰延税金資産と繰延税金負債は、双方を相殺して表示する。　異なる納税主体の繰延税金資産と繰延税金負債は、双方を相殺せずに表示する。

注記事項

3．税効果会計基準の「第四 注記事項」1．の定めを次のとおり改正する。

　　1．繰延税金資産及び繰延税金負債の発生原因別の主な内訳

❖ 結論の背景

表示

15．この点、繰延税金資産及び繰延税金負債を、これらに関連した資産及び負債の分類に基づいて流動又は非流動区分に表示するという現行の取扱いは、一時差異等に関連した資産及び負債と、その税金費用に関する資産及び負債（当該一時差異等に係る繰延税金資産及び繰延税金負債）が同時に取り崩さ

れるという特徴を踏まえており、同一の区分に表示することに一定の論拠があると考えられる。

　一方、繰延税金資産は換金性のある資産ではないことや、決算日後に税金を納付する我が国においては、1 年以内に解消される一時差異等について、1 年以内にキャッシュ・フローは生じないことを勘案すると、すべてを非流動区分に表示することにも一定の論拠があると考えられる。

17. 我が国の会計基準の取扱いを国際的な会計基準に整合させることは、一般的に、財務諸表の比較可能性が向上することが期待され、財務諸表利用者に一定の便益をもたらすと考えられる。流動又は非流動区分に表示する取扱いもすべてを非流動区分に表示する取扱いも一定の論拠があることや、すべてを非流動区分に表示する場合、財務諸表作成者の負担が軽減されることに加え、我が国の東京証券取引所市場第一部に上場している企業を対象にデータ分析を行った範囲では、変更による流動比率に対する影響は限定的であり財務分析に影響が生じる企業は多くないと考えられることも勘案し、繰延税金資産又は繰延税金負債の表示については国際的な会計基準に整合させ、すべてを非流動区分に表示することとした。

06：固定資産の減損に係る会計基準

❖ 一　対象資産

　本基準は、**固定資産**を対象に適用する。ただし、他の基準に**減損処理**に関する定めがある資産、例えば、「金融商品に係る会計基準＊」における**金融資産**や「税効果会計に係る会計基準」における**繰延税金資産**については、対象資産から除くこととする。（注1）（注12）

　　　　　　　　　＊　現在、『金融商品に関する会計基準』で規定されています。

【注1】 本基準における用語の定義は、次のとおりである。

1　回収可能価額とは、資産又は資産グループの**正味売却価額**と**使用価値**のいずれか**高い**方の金額をいう。
2　**正味売却価額**とは、資産又は資産グループの時価から**処分費用見込額**を控除して算定される金額をいう。
3　時価とは、**公正な評価額**をいう。通常、それは観察可能な**市場価格**をいい、**市場価格**が観察できない場合には合理的に算定された価額をいう。
4　**使用価値**とは、資産又は資産グループの継続的使用と使用後の処分によって生ずると見込まれる**将来キャッシュ・フローの現在価値**をいう。
5　共用資産とは、複数の資産又は資産グループの将来キャッシュ・フローの生成に寄与する資産をいい、**のれん**を除く。

【注12】

1　ファイナンス・リース取引について、借手側が賃貸借取引に係る方法に準じて会計処理を行っている場合、借手側が当該ファイナンス・リース取引により使用している資産（以下「リース資産」という。）又は当該リース資産を含む資産グループの減損処理を検討するに当たっては、当該リース資産の**未経過リース料**の現在価値を、当該リース資産の**帳簿価額**とみなして、本基準を適用する。ただし、リース資産の重要性が低い場合においては、**未経過リース料**の現在価値に代えて、割引前の**未経過リース料**を、リース資産の**帳簿価額**とみなすことができる。
2　賃貸借取引に係る方法に準じて会計処理を行っているファイナンス・リース取引に係るリース資産に本基準を適用した場合、リース資産に配分された減損損失は**負債**として計上し、リース契約の残存期間にわたり規則的

に取崩す。取崩された金額は、各事業年度の支払リース料と相殺する。

❖二　減損損失の認識と測定

1　減損の兆候

　資産又は資産グループ（6(1)における最小の単位をいう。）に減損が生じている可能性を示す事象（以下「減損の兆候」という。）がある場合には、当該資産又は資産グループについて、減損損失を認識するかどうかの判定を行う。減損の兆候としては、例えば、次の事象が考えられる。

① 　資産又は資産グループが使用されている営業活動から生ずる損益又はキャッシュ・フローが、継続してマイナスとなっているか、あるいは、継続してマイナスとなる見込みであること

② 　資産又は資産グループが使用されている範囲又は方法について、当該資産又は資産グループの回収可能価額を著しく低下させる変化が生じたか、あるいは、生ずる見込みであること

③ 　資産又は資産グループが使用されている事業に関連して、経営環境が著しく悪化したか、あるいは、悪化する見込みであること

④ 　資産又は資産グループの市場価格が著しく下落したこと

2　減損損失の認識

(1) 　減損の兆候がある資産又は資産グループについての減損損失を認識するかどうかの判定は、資産又は資産グループから得られる割引前将来キャッシュ・フローの総額と帳簿価額を比較することによって行い、資産又は資産グループから得られる割引前将来キャッシュ・フローの総額が帳簿価額を下回る場合には、減損損失を認識する。

(2) 　減損損失を認識するかどうかを判定するために割引前将来キャッシュ・フローを見積る期間は、資産の経済的残存使用年数又は資産グループ中の主要な資産の経済的残存使用年数と20年のいずれか短い方とする。(注3) (注4)

【注3】

主要な資産とは、資産グループの将来キャッシュ・フロー生成能力にとって最も重要な構成資産をいう。

【注4】

資産又は資産グループ中の主要な資産の経済的残存使用年数が20年を超える場合には、20年経過時点の回収可能価額を算定し、20年目までの割引前将来キャッシュ・フローに加算する。

3　減損損失の測定

減損損失を認識すべきであると判定された資産又は資産グループについては、帳簿価額を回収可能価額まで減額し、当該減少額を減損損失として当期の損失とする。

5　使用価値の算定に際して用いられる割引率

使用価値の算定に際して用いられる割引率は、貨幣の時間価値を反映した税引前の利率とする。

資産又は資産グループに係る将来キャッシュ・フローがその見積値から乖離するリスクが、将来キャッシュ・フローの見積りに反映されていない場合には、割引率に反映させる。

6　資産のグルーピング

(1)　資産のグルーピングの方法

減損損失を認識するかどうかの判定と減損損失の測定において行われる資産のグルーピングは、他の資産又は資産グループのキャッシュ・フローから概ね独立したキャッシュ・フローを生み出す最小の単位で行う。

(2)　資産グループについて認識された減損損失の配分

資産グループについて認識された減損損失は、帳簿価額に基づく比例配分等の合理的な方法により、当該資産グループの各構成資産に配分する。

❖三 減損処理後の会計処理

1 減価償却

　減損処理を行った資産については、**減損損失**を控除した**帳簿価額**に基づき減価償却を行う。

2 減損損失の戻入れ

　減損損失の**戻入れ**は、行わない。

固定資産の減損に係る会計基準の設定に関する意見書

❖四 会計基準の要点と考え方

2 減損損失の認識と測定

(6) 資産のグルーピング

① 資産のグルーピングの方法

　　複数の資産が一体となって独立したキャッシュ・フローを生み出す場合には、減損損失を認識するかどうかの判定及び減損損失の測定に際して、合理的な範囲で資産のグルーピングを行う必要がある。

　　そこで、資産のグルーピングに際しては、他の資産又は資産グループのキャッシュ・フローから概ね独立したキャッシュ・フローを生み出す最小の単位で行うこととした。

固定資産の減損に係る会計基準の適用指針

❖資産のグルーピング

70. 複数の資産が一体となって独立したキャッシュ・フローを生み出す場合には、減損の兆候の把握、減損損失の認識の判定及び減損損失の測定に際して、合理的な範囲で**資産のグルーピング**を行う必要がある。様々な事業を営む企業における資産のグルーピングの方法を一義的に示すことは困難であり、実務的には管理会計上の区分や投資の意思決定（資産の処分や事業の廃止に関する意思決定を含む。）を行う際の単位等を考慮してグルーピングの方法を定めることになると考えられる。本適用指針では、資産のグルーピングを行う手順を例示することにより、実務的な指針として役立てることを考

えている。

(1) 例示において、本適用指針では、企業は、資産と対応して継続的に収支の把握がなされている単位を識別し、グルーピングの単位を決定する基礎とするものとしている。一般に、管理会計上の区分は、事業別、製品別、地域別などの区分を基礎にして行われていると考えられるが、継続的に収支の把握がなされている単位は、予算や業績評価の単位より小さい場合もある。収支の把握は、必ずしも現金基準に基づくものではなく、発生基準に基づく損益の把握でもよい。

　また、賃貸ビルや小売用店舗のように、資産の利用とキャッシュ・フローが直接的に関連づけられやすい資産については、当該資産ごとに継続的な収支の把握が行われている場合が多いと考えられる。

　なお、事業の種類や業態によっては、当該資産から生ずるキャッシュ・イン・フローが他の資産から生ずるキャッシュ・イン・フローと相互補完的であるため、管理会計上も合理的な内部振替価額を用いて収入の把握を行うことが困難な場合がある。また、当該資産に係るキャッシュ・フローに見積要素が極めて多いため、管理会計上、資産ごと又は複数の資産をまとめた単位では継続的な収支の把握に意義を見出せない場合がある。このような場合、企業の継続的な収支は、当該事業を行っている大きさでしか把握されていないことがあるが、管理会計上の目的や効果から合理性を有するものに限られることに留意する必要がある。

　さらに、本適用指針では、資産のグルーピングの単位を決定する基礎は、原則として、小さくとも物理的な1つの資産になると考えている。これは、固定資産の減損会計は、資産を対象とするため、1つの資産において、継続的に収支の把握がなされている単位が複数存在する場合でも、1つの資産を細分化して減損処理の対象とすることは適切ではないと考えられることによる。

　ただし、物理的な1つの資産でも仕様が異なる等のため、複数からなる資産と考えられる場合もある。これには、商業ビルにおいて仕様が異ならなくとも、自社利用部分と外部賃貸部分とが長期継続的に区分されるような場合も含めることができるものと考えられる。

(2) 継続的に収支の把握がなされているグルーピングの単位を決定する基礎が、特定の製品やサービスと関連していると想定される場合でも、複数の

グルーピングの単位を決定する基礎が生み出す製品やサービスの性質、市場などに類似性等があり（これには、販売方法として契約に基づく継続的な一括販売などを含む。）、それらから生ずるキャッシュ・イン・フローが相互に補完的な影響を及ぼしあっている場合には、当該単位を切り離したときに他の単位から生ずるキャッシュ・イン・フローに大きな影響を及ぼすことがある。このような場合には、当該単位を切り離すことにより、企業の実態を適切に反映しない結果となることが考えられるため、これらの複数の単位をグルーピングすることが適当である。

なお、グルーピングの単位を決定する基礎において内部取引が存在し、合理的な内部振替価額（例えば、企業が外部からの収入価額に基づく適切な内部振替価額）により管理会計上、キャッシュ・イン・フローを擬制している場合、他の単位から生ずるキャッシュ・イン・フローと相互補完的でなければ、当該単位を切り離したときに他の単位から生ずるキャッシュ・イン・フローに大きな影響を及ぼすものとしては取り扱わず、他の単位とグルーピングを行わないこととなる。

また、稀ではあるが、法規制によって企業に製品やサービスの供給義務が課されており、このため、販売価格の認可制や広い安全管理義務があり、拡張撤退が自由にできないような場合には、供給義務が課されている資産又は複数の資産を切り離したときに他の単位から生ずるキャッシュ・イン・フローに大きな影響を及ぼすものと考えられるため、当該資産から生ずるキャッシュ・イン・フローには相互補完的な影響があることに該当すると考えられる。

71. 資産のグルーピングは、実務的には、投資の意思決定を行う際の単位等を考慮してグルーピングの方法を定めることになると考えられている。それには、資産の処分や事業の廃止に関する意思決定を含む。このため、資産の処分や事業の廃止に関する意思決定を行い、その代替的な投資も予定されていない場合における資産が他の資産又は資産グループのキャッシュ・フローから概ね独立したキャッシュ・フローを生み出す最小の単位に該当すると考えられる。

なお、資産の処分や事業の廃止に関する意思決定は、取締役会等において行われるほか、社内規定等に基づき、他に決定権限が委譲されている場合に

は、当該決定権限に従った権限者の承認により行われる。

　また、実務上の負担を考慮し、重要性の乏しい資産は、他の資産又は資産グループのキャッシュ・フローから概ね独立したキャッシュ・フローを生み出す最小の単位として取り扱う必要はなく、これまでの使用状況等に鑑みて、資産グループに含めて取り扱うことができると考えられる。

72. 遊休状態は、企業活動にほとんど使用されていない状態であって、過去の利用実態や将来の用途の定めには関係がない現在の状態である。また、このような状態にある資産が遊休資産である。このうち、将来の使用が見込まれていない遊休資産は、当該資産を切り離しても他の資産又は資産グループの使用にほとんど影響を与えないと考えられるため、処分の意思決定を行った資産や廃止の意思決定を行った事業に係る資産について、代替的な投資が予定されていない場合などと同様に、重要なものについては、他の資産又は資産グループのキャッシュ・フローから独立したキャッシュ・フローを生み出す最小の単位として取り扱うことが適当である。

　なお、資産の処分や事業の廃止に関する意思決定を行った資産と同様に、将来の使用が見込まれていない遊休資産のうち、重要性の乏しいものは、これまでの使用状況等に鑑みて、資産グループに含めて取り扱うことができると考えられる。

　また、処分の意思決定を行った重要な資産や、廃止の意思決定を行った事業に係る重要な資産、将来の使用が見込まれていない重要な遊休資産は、これら同士の将来キャッシュ・フローを合算して減損損失を認識するかどうかの判定を行ったり、減損損失を測定したりしないことに留意する。

73. 業種や規模にかかわりなく、企業には複数の資産又は資産グループが存在すると考えられる。また、連結財務諸表における資産グループは、どんなに大きくとも、事業の種類別セグメント情報における開示対象セグメントの基礎となる事業区分よりも大きくなることはないと考えられる。

74. 当期に行われた資産のグルーピングは、事実関係が変化した場合（例えば、事業の再編成による管理会計上の区分の変更、主要な資産の処分、事業の種類別セグメント情報におけるセグメンテーションの方法等の変更など）

を除き、翌期以降の会計期間においても同様に行う。

75. 連結財務諸表は、企業集団に属する親会社及び子会社が作成した個別財務諸表を基礎として作成されるため、個別財務諸表上は、資産のグルーピングが当該企業を超えて他の企業の全部又は一部とされることはなく、また、連結財務諸表においても、原則として、個別財務諸表における資産のグルーピングが用いられる。しかしながら、管理会計上の区分や投資の意思決定を行う単位の設定等が複数の連結会社（在外子会社を含む。）を対象に行われており、連結財務諸表において、他の資産又は資産グループのキャッシュ・フローから概ね独立したキャッシュ・フローを生み出す最小の単位が、各連結会社の個別財務諸表における資産のグルーピングと異なる場合には、連結財務諸表において資産のグルーピングの単位が見直されることとなる。

このように、連結財務諸表における資産のグルーピングの単位の見直しは、必ず行わなければならないものではなく、また、管理会計上の区分や投資の意思決定を行う単位の設定等が複数の連結会社を対象に行われていない場合には、見直されるわけではない。また、複数の資産が一体となって独立したキャッシュ・フローを生み出す場合に必要となる資産のグルーピングの考え方から、当該見直しは、連結上、固定資産が計上される連結会社が対象であり、持分法が適用されている非連結子会社や関連会社は含まれないことに留意する必要がある。

なお、連結の見地から資産のグルーピングの単位が見直された場合には、個別財務諸表における減損損失が、連結上、修正されることとなる。すなわち、連結財務諸表において計上される減損損失が、個別財務諸表における減損損失の合計額を下回る場合には、連結上、当該差額を消去し、上回る場合には、連結上、当該差額を追加計上することとなる。

❖ 共用資産及びのれんの取扱い

共用資産の取扱い

129. 一般に、共用資産の帳簿価額を合理的な基準で各資産又は資産グループに配分することは困難であると考えられるため、共用資産を含む、より大きな単位又は共用資産自体に減損の兆候がある場合の共用資産に係る減損損失を認識するかどうかの判定及び減損損失の測定は、共用資産が関連する複数

の資産又は資産グループに共用資産を加えた、より大きな単位で行うこととされている。

　この際、共用資産を加えることによって算定される減損損失の増加額は、共用資産に配分するが、共用資産に配分される減損損失が、共用資産の帳簿価額と正味売却価額の差額を超過することが明らかな場合には、当該超過額を各資産又は資産グループに合理的な基準により配分することとなる。ここで合理的な基準については、資産グループについて認識された減損損失が、帳簿価額に基づく比例配分の方法のほか、各構成資産の時価を考慮した配分等の方法が合理的と認められる場合には、当該方法によることができるとされていることから、この方法に準じて、各資産又は資産グループの回収可能価額が容易に把握できる場合には、当該超過額を、各資産又は資産グループの帳簿価額と回収可能価額の差額の比率等により配分することが考えられる。

130. 共用資産とは、複数の資産又は資産グループの将来キャッシュ・フローの生成に寄与する資産をいい、本社の建物や試験研究施設などの全社的な資産のみならず、複数の資産又は資産グループに係る福利厚生施設や開発、動力、修繕、運搬等を行う設備なども該当する。共用資産の帳簿価額を当該共用資産に関連する各資産又は資産グループに合理的に配分することができる場合には、共用資産の帳簿価額を各資産又は資産グループに配分する方法を採用することができるが、それは、共用資産に係る費用を配分しているのみならず共用資産の帳簿価額を各資産又は資産グループに配分して管理会計を行っている場合や、共用資産であっても、各資産又は資産グループの将来キャッシュ・フローの生成に密接に関連し、例えば、動力設備における合理的に見込まれる総消費量の比率など、その寄与する度合いとの間に強い相関関係を持つ合理的な配賦基準が存在する場合が該当すると考えられる。このような場合には、共用資産の帳簿価額を当該共用資産に関連する各資産又は資産グループに当該合理的な配賦基準で配分することができる。

　なお、共用資産の帳簿価額を各資産又は資産グループに配分する方法を採用する場合には、原則として、翌期以降の会計期間においても同じ方法を採用する必要があり、また、当該企業の類似の資産又は資産グループにおいては、同じ方法を採用する必要がある。

企業会計基準第1号

07：自己株式及び準備金の額の減少等に関する会計基準

❖ 自己株式の会計処理及び表示
自己株式の取得及び保有
7．取得した自己株式は、**取得原価**をもって純資産の部の株主資本から控除する。
8．期末に保有する自己株式は、**純資産の部**の**株主資本の末尾**に自己株式として**一括して控除**する形式で表示する。

自己株式の処分
9．自己株式処分差益は、**その他資本剰余金**に計上する。
10．自己株式処分差損は、**その他資本剰余金**から減額する。

自己株式の消却
11．自己株式を消却した場合には、消却手続が完了したときに、消却の対象となった自己株式の帳簿価額を**その他資本剰余金**から減額する。

その他資本剰余金の残高が負の値になった場合の取扱い
12．第10項及び第11項の会計処理の結果、その他資本剰余金の残高が負の値となった場合には、**会計期間末**において、その他資本剰余金を**零**とし、当該負の値を**その他利益剰余金（繰越利益剰余金）**から減額する。

自己株式の取得、処分及び消却に関する付随費用
14．自己株式の取得、処分及び消却に関する付随費用は、**損益計算書**の**営業外費用**に計上する。

❖ 資本金及び準備金の額の減少の会計処理
資本剰余金と利益剰余金の混同の禁止
19．資本剰余金の各項目は、利益剰余金の各項目と混同してはならない。したがって、**資本剰余金**の**利益剰余金**への振替は原則として認められない。

資本金及び資本準備金の額の減少によって生ずる剰余金

20. 資本金及び資本準備金の額の減少によって生ずる剰余金は、減少の法的効力が発生したとき（会社法（平成17年法律第86号）第447条から第449条）に、その他資本剰余金に計上する。

利益準備金の額の減少によって生ずる剰余金

21. 利益準備金の額の減少によって生ずる剰余金は、減少の法的効力が発生したとき（会社法第448条及び第449条）に、その他利益剰余金（繰越利益剰余金）に計上する。

❖ 自己株式の会計処理及び表示

自己株式の取得、処分及び消却に関する付随費用

50. 自己株式の取得、処分及び消却時の付随費用（取得のための手数料、消却のための手数料、処分時に募集株式の発行等の手続を行うための費用等）は、損益計算書に計上する考えと、取得に要した費用は取得価額に含め、処分及び消却に要した費用は自己株式処分差額等の調整とする考えがある。

51. 損益計算書に計上する考えは、付随費用を財務費用と考え、損益取引とする方法であり、本会計基準公表以前から消却目的の自己株式の取得に要した付随費用に用いられていた方法である。この考えは、付随費用は株主との間の資本取引ではない点に着目し、会社の業績に関係する項目であるとの見方に基づく。

52. 一方、取得に要した費用は取得価額に含め、処分及び消却時の費用は自己株式処分差額等の調整とする考えは、付随費用を自己株式本体の取引と一体と考え、資本取引とする方法である。この考えは、自己株式の処分時及び消却時の付随費用は、形式的には株主との取引ではないが、自己株式本体の取引と一体であるとの見方に基づいており、国際的な会計基準で採用されている方法である。

53. 本会計基準では、新株発行費用を株主資本から減額していない処理との整合性から、自己株式の取得、処分及び消却時の付随費用は、損益計算書で認識することとし、営業外費用に計上することとした。

54. なお、この問題は新株発行費の会計処理と合わせ、資本会計の本質に関わる問題であり、今後その本質について十分な議論をする予定である。

自己株式及び準備金の額の
減少等に関する会計基準の適用指針

❖ 自己株式の取得原価の算定（対価が金銭以外の場合）

（企業集団内の企業から自己株式を取得する場合）

7．企業集団内の企業（同一の企業（又は個人）により最終的に支配され（取引当事者が最終的な支配企業である場合を含む。）、かつ、その支配が一時的でない企業）から、金銭以外の財産を対価として自己株式を取得する場合、当該自己株式の取得原価は、移転された資産及び負債の適正な帳簿価額により算定する。

自己株式の無償取得の会計処理

14．自己株式を無償で取得した場合、自己株式の数のみの増加として処理する。

15．無償で取得した自己株式の数に重要性があり、かつ、連結株主資本等変動計算書又は個別株主資本等変動計算書の注記事項として自己株式の種類及び株式数に関する事項を記載する場合（企業会計基準第6号「株主資本等変動計算書に関する会計基準」第9項(1)②及び(2)）には、その旨及び株式数を当該事項に併せて注記する。

企業会計基準第5号

08：貸借対照表の純資産の部の表示に関する会計基準

❖ 会計基準

純資産の部の表示

4．貸借対照表は、資産の部、負債の部及び純資産の部に区分し、純資産の部は、株主資本と株主資本以外の各項目（第7項参照）に区分する。

5．株主資本は、資本金、資本剰余金及び利益剰余金に区分する。

6．個別貸借対照表上、資本剰余金及び利益剰余金は、さらに次のとおり区分する。

 (1) 資本剰余金は、資本準備金及び資本準備金以外の資本剰余金（以下「その他資本剰余金」という。）に区分する。

 (2) 利益剰余金は、利益準備金及び利益準備金以外の利益剰余金（以下「その他利益剰余金」という。）に区分し、その他利益剰余金のうち、任意積立金のように、株主総会又は取締役会の決議に基づき設定される項目については、その内容を示す科目をもって表示し、それ以外については繰越利益剰余金にて表示する。

7．株主資本以外の各項目は、次の区分とする。

 (1) 個別貸借対照表上、評価・換算差額等（第8項参照）及び新株予約権に区分する。

 (2) 連結貸借対照表上、評価・換算差額等*（第8項参照）、新株予約権及び非支配株主持分に区分する。

　　なお、連結貸借対照表において、連結子会社の個別貸借対照表上、純資産の部に直接計上されている評価・換算差額等は、持分比率に基づき親会社持分割合と非支配株主持分割合とに按分し、親会社持分割合は当該区分において記載し、非支配株主持分割合は非支配株主持分に含めて記載する。

　　　　　　＊　連結財務諸表上は、『その他の包括利益累計額』と読み替えます。

8．評価・換算差額等には、その他有価証券評価差額金や繰延ヘッジ損益のように、資産又は負債は時価をもって貸借対照表価額としているが当該資産又は負債に係る評価差額を当期の損益としていない場合の当該評価差額や、為替換算調整勘定、退職給付に係る調整累計額等が含まれる。当該評価・換算

289

差額等は、その他有価証券評価差額金、繰延ヘッジ損益、退職給付に係る調整累計額等その内容を示す科目をもって表示する。

なお、当該評価・換算差額等については、これらに係る繰延税金資産又は繰延税金負債の額を控除した金額を記載することとなる。

❖ 結論の背景

経　緯

（平成17年会計基準の公表）

13.　これまで貸借対照表は、資産の部、負債の部及び資本の部に区分するものとされ、さらに資本の部は、会計上、株主の払込資本と利益の留保額（留保利益）に区分する考え方が反映されてきた。

14.　平成11年1月に企業会計審議会から公表された「金融商品に係る会計基準」（平成18年8月に企業会計基準第10号「金融商品に関する会計基準」として改正されている。）において、その他有価証券に係る評価差額は、損益計算書を経由せず資本の部に直接計上する考え方が導入された。同様に、平成11年10月に企業会計審議会から公表された改訂「外貨建取引等会計処理基準」において、在外子会社等の財務諸表の換算によって生じた換算差額（為替換算調整勘定）も連結貸借対照表の資本の部に直接計上することとされていた。

15.　平成9年6月に企業会計審議会から公表された改訂「連結財務諸表原則」（以下「連結原則」という。）において、連結貸借対照表には、資産の部、負債の部、少数株主持分及び資本の部を設けるものとされ、子会社の資本のうち親会社に帰属しない部分は少数株主持分として、負債の部の次に区分して記載するものとされていた。これは、親会社説の考え方による連結原則の下において、資本の部は、原則として、親会社の株主に帰属するものを示すこと、少数株主持分は、返済義務のある負債ではないことによる。この結果、少数株主持分は、負債の部と資本の部の中間に独立の項目として表示することとされていた。

貸借対照表の区分

18.　平成17年会計基準の公表前まで、貸借対照表上で区分されてきた資産、負債及び資本の定義は必ずしも明示されてはいないが、そこでいう資本につ

290

いては、一般に、財務諸表を報告する主体の所有者（株式会社の場合には株主）に帰属するものと理解されており、また、連結貸借対照表における資本に関しては、連結財務諸表を親会社の財務諸表の延長線上に位置づけて、親会社の株主に帰属するもののみを反映させることとされてきた。

19. また、資産は、一般に、過去の取引又は事象の結果として、財務諸表を報告する主体が支配している経済的資源、負債は、一般に、過去の取引又は事象の結果として、報告主体の資産やサービス等の経済的資源を放棄したり引渡したりする義務という特徴をそれぞれ有すると考えられている。このような理解を踏まえて、返済義務のあるものは負債の部に記載するが、非支配株主持分や為替換算調整勘定のように返済義務のないものは負債の部に記載しないこととする取扱いが、連結財務諸表を中心に行われてきた（第14項及び第15項参照）。

20. このように、資本は報告主体の所有者に帰属するもの、負債は返済義務のあるものとそれぞれ明確にした上で貸借対照表の貸方項目を区分する場合、資本や負債に該当しない項目が生ずることがある。この場合には、独立した中間的な区分を設けることが考えられるが、中間区分自体の性格や中間区分と損益計算との関係などを巡る問題が指摘されている。また、国際的な会計基準においては、中間区分を解消する動きがみられる。

21. このような状況に鑑み、平成17年会計基準では、まず、貸借対照表上、資産性又は負債性をもつものを資産の部又は負債の部に記載することとし、それらに該当しないものは資産と負債との差額として「純資産の部」に記載することとした（第4項参照）。この結果、報告主体の支払能力などの財政状態をより適切に表示することが可能となるものと考えられる。

なお、「純資産の部」という表記に対しては、平成17年会計基準の公開草案に対するコメントにおいて、「株主持分の部」とすべきという意見があった。しかしながら、持分には、単なる差額概念以上の意味が含まれる可能性があり、資産と負債との差額を表すには、純資産と表記することが内容をより適切に示すものと考えられる。

また、平成17年会計基準の公開草案に対するコメントの中には、資本と純資産とが相違することに対する懸念も見られた。これに対しては、以前であれば、株主に帰属する資本が差額としての純資産となるように資産及び負債が取り扱われてきたが、その他有価証券評価差額金を資本の部に直接計上

する考え方（第14項参照）が導入されて以降、株主に帰属する資本と、資産と負債との差額である純資産とは、既に異なっているという見方がある。平成17年会計基準では、資本と利益の連繋を重視し、資本については、株主に帰属するものであることを明確にすることとした。また、前項で示したように資産や負債を明確にすれば、これらの差額がそのまま資本となる保証はない。このため、貸借対照表の区分において、資本とは必ずしも同じとはならない資産と負債との単なる差額を適切に示すように、これまでの「資本の部」という表記を「純資産の部」に代えることとした。

22. 前項までの考え方に基づき、平成17年会計基準においては、新株予約権や非支配株主持分を純資産の部に区分して記載することとした。

(1) 新株予約権

新株予約権は、将来、権利行使され払込資本となる可能性がある一方、失効して払込資本とはならない可能性もある。このように、発行者側の新株予約権は、権利行使の有無が確定するまでの間、その性格が確定しないことから、これまで、仮勘定として負債の部に計上することとされていた。しかし、新株予約権は、返済義務のある負債ではなく、負債の部に表示することは適当ではないため、純資産の部に記載することとした。

(2) 非支配株主持分

非支配株主持分は、子会社の資本のうち親会社に帰属していない部分であり、返済義務のある負債でもなく、また、連結財務諸表における親会社株主に帰属するものでもないため、これまで、負債の部と資本の部の中間に独立の項目として表示することとされていた。しかし、平成17年会計基準では、独立した中間区分を設けないこととし、純資産の部に記載することとした。

23. さらに、平成17年会計基準では、貸借対照表上、これまで損益計算の観点から資産又は負債として繰り延べられてきた項目についても、資産性又は負債性を有しない項目については、純資産の部に記載することが適当と考えた。このような項目には、ヘッジ会計の原則的な処理方法における繰延ヘッジ損益（ヘッジ対象に係る損益が認識されるまで繰り延べられるヘッジ手段に係る損益又は時価評価差額）が該当する（第8項参照）。

企業会計基準第6号

09：株主資本等変動計算書に関する会計基準

❖目的

1．本会計基準は、連結株主資本等変動計算書及び個別株主資本等変動計算書（以下合わせて「株主資本等変動計算書」という。）の表示区分及び表示方法等を定めることを目的とする。株主資本等変動計算書は、貸借対照表の純資産の部の一会計期間における変動額のうち、主として、株主（連結上は親会社株主）に帰属する部分である株主資本の各項目の変動事由を報告するために作成するものである。

本会計基準の適用にあたり、既存の会計基準と異なる取扱いを定めているものについては、本会計基準の取扱いを優先する。

❖会計基準

範囲

3．本会計基準は、株主資本等変動計算書を作成することとなる**すべての会社**に適用する。

表示区分

4．株主資本等変動計算書の表示区分は、企業会計基準第5号「貸借対照表の純資産の部の表示に関する会計基準」（以下「純資産会計基準」という。）に定める貸借対照表の純資産の部の表示区分に従う。

表示方法

5．株主資本等変動計算書に表示される各項目の当期首残高及び当期末残高は、前期及び当期の貸借対照表の純資産の部における各項目の期末残高と整合したものでなければならない。

なお、企業会計基準第24号「会計方針の開示、会計上の変更及び誤謬の訂正に関する会計基準」（以下「企業会計基準第24号」という。）に従って遡及処理を行った場合には、表示期間のうち最も古い期間の株主資本等変動計算書の期首残高に対する、表示期間より前の期間の累積的影響額を区分表

示するとともに、遡及処理後の期首残高を記載する。

5－2．会計基準等における特定の経過的な取扱いとして、会計方針の変更に
よる影響額を適用初年度の期首残高に加減することが定められている場合に
は、第5項なお書きに準じて、期首残高に対する影響額を区分表示するとと
もに、当該影響額の反映後の期首残高を記載する。

5－3．企業会計基準第21号「企業結合に関する会計基準」（以下「企業結合
会計基準」という。）に従って暫定的な会計処理の確定が企業結合年度の翌
年度に行われ、当該年度の株主資本等変動計算書のみの表示が行われる場合
には、第5項なお書きに準じて、期首残高に対する影響額を区分表示すると
ともに、当該影響額の反映後の期首残高を記載する。

株主資本の各項目

6．貸借対照表の純資産の部における株主資本の各項目は、当期首残高、当期
変動額及び当期末残高に区分し、当期変動額は変動事由ごとにその金額を表
示する。

7．連結損益計算書の親会社株主に帰属する当期純利益（又は親会社株主に帰
属する当期純損失）は、連結株主資本等変動計算書において利益剰余金の変
動事由として表示する。また、個別損益計算書の当期純利益（又は当期純損
失）は、個別株主資本等変動計算書においてその他利益剰余金又はその内訳
科目である繰越利益剰余金の変動事由として表示する。

株主資本以外の各項目

8．貸借対照表の純資産の部における株主資本以外の各項目は、当期首残高、
当期変動額及び当期末残高に区分し、当期変動額は純額で表示する。ただ
し、当期変動額について主な変動事由ごとにその金額を表示（注記による開
示を含む。）することができる。

企業会計基準第7号

10：事業分離等に関する会計基準

❖ 用語の定義

4．「事業分離」とは、ある企業を構成する事業を他の企業（新設される企業を含む。）に移転することをいう。なお、複数の取引が1つの事業分離を構成している場合には、それらを一体として取り扱う。

5．「分離元企業」とは、事業分離において、当該企業を構成する事業を移転する企業をいう。

6．「分離先企業」とは、事業分離において、分離元企業からその事業を受け入れる企業（新設される企業を含む。）をいう。

7．「結合当事企業」とは、企業結合に係る企業をいい、このうち、他の企業又は他の企業を構成する事業を受け入れて対価（現金等の財産や自社の株式）を支払う企業を「結合企業」、当該他の企業を「被結合企業」という。また、企業結合によって統合された1つの報告単位となる企業を「結合後企業」という。

❖ 分離元企業の会計処理

10．分離元企業は、事業分離日に、次のように会計処理する。

(1) 移転した事業に関する投資が清算されたとみる場合には、その事業を分離先企業に移転したことにより受け取った対価となる財の時価と、移転した事業に係る株主資本相当額（移転した事業に係る資産及び負債の移転直前の適正な帳簿価額による差額から、当該事業に係る評価・換算差額等及び新株予約権を控除した額をいう。以下同じ。）との差額を移転損益として認識するとともに、改めて当該受取対価の時価にて投資を行ったものとする。

現金など、移転した事業と明らかに異なる資産を対価として受け取る場合には、投資が清算されたとみなされる。ただし、事業分離後においても、分離元企業の継続的関与（分離元企業が、移転した事業又は分離先企業に対して、事業分離後も引き続き関与すること）があり、それが重要であることによって、移転した事業に係る成果の変動性を従来と同様に負っ

ている場合には、投資が清算されたとみなされず、移転損益は認識されない。

(2) 移転した事業に関する投資がそのまま継続しているとみる場合、移転損益を認識せず、その事業を分離先企業に移転したことにより受け取る資産の取得原価は、移転した事業に係る株主資本相当額に基づいて算定するものとする。

　子会社株式や関連会社株式となる分離先企業の株式のみを対価として受け取る場合には、当該株式を通じて、移転した事業に関する事業投資を引き続き行っていると考えられることから、当該事業に関する投資が継続しているとみなされる。

　いずれの場合においても、分離元企業において、事業分離により移転した事業に係る資産及び負債の帳簿価額は、事業分離日の前日において一般に公正妥当と認められる企業会計の基準に準拠した適正な帳簿価額のうち、移転する事業に係る金額を合理的に区分して算定する。

11. 事業分離に要した支出額は、発生時の事業年度の費用として処理する。

12. 移転損益を認識する場合の受取対価となる財の時価は、受取対価が現金以外の資産等の場合には、受取対価となる財の時価と移転した事業の時価のうち、より高い信頼性をもって測定可能な時価で算定する。

13. 市場価格のある分離先企業の株式が受取対価とされる場合には、受取対価となる財の時価は、事業分離日の株価を基礎にして算定する。

❖ 受取対価が現金等の財産のみである場合の分離元企業の会計処理

子会社を分離先企業として行われた事業分離の場合

14. 現金等の財産のみを受取対価とする事業分離において、子会社へ事業分離する場合、分離元企業（親会社）は次の処理を行う。

(1) 個別財務諸表上、共通支配下の取引として、分離元企業が受け取った現金等の財産は、移転前に付された適正な帳簿価額により計上する。この結果、当該価額と移転した事業に係る株主資本相当額との差額は、原則として、移転損益として認識する。

(2) 連結財務諸表上、移転損益は、企業会計基準第22号「連結財務諸表に関する会計基準」（以下「連結会計基準」という。）における未実現損益の消去に準じて処理する。

関連会社を分離先企業として行われた事業分離の場合

15. 現金等の財産のみを受取対価とする事業分離において、関連会社へ事業分離する場合、分離元企業は次の処理を行う。

 ⑴ 個別財務諸表上、分離元企業が受け取った現金等の財産は、原則として、時価により計上する。この結果、当該時価と移転した事業に係る株主資本相当額との差額は、原則として、移転損益として認識する。

 ⑵ 連結財務諸表上、移転損益は、企業会計基準第16号「持分法に関する会計基準」（以下「持分法会計基準」という。）における未実現損益の消去に準じて処理する。

子会社や関連会社以外を分離先企業として行われた事業分離の場合

16. 現金等の財産のみを受取対価とする事業分離において、子会社や関連会社以外へ事業分離する場合、分離元企業が受け取った現金等の財産は、原則として、時価により計上し、移転した事業に係る株主資本相当額との差額は、原則として、移転損益として認識する。

❖ 受取対価が分離先企業の株式のみである場合の分離元企業の会計処理

分離先企業が子会社となる場合

17. 事業分離前に分離元企業は分離先企業の株式を有していないが、事業分離により分離先企業が新たに分離元企業の子会社となる場合、分離元企業（親会社）は次の処理を行う。

 ⑴ 個別財務諸表上、移転損益は認識せず、当該分離元企業が受け取った分離先企業の株式（子会社株式）の取得原価は、移転した事業に係る株主資本相当額に基づいて算定する。

❖ 開 示

損益計算書における表示

27. 移転損益は、原則として、特別損益に計上する。

❖ 結合当事企業の株主に係る会計処理

被結合企業の株主に係る会計処理

32. 被結合企業の株主は、企業結合日に、次のように会計処理する。

(1) 被結合企業に関する投資が清算されたとみる場合には、被結合企業の株式と引き換えに受け取った対価となる財の時価と、被結合企業の株式に係る企業結合直前の適正な帳簿価額との差額を交換損益として認識するとともに、改めて当該受取対価の時価にて投資を行ったものとする。

現金など、被結合企業の株式と明らかに異なる資産を対価として受け取る場合には、投資が清算されたとみなされる。ただし、企業結合後においても、被結合企業の株主の継続的関与（被結合企業の株主が、結合後企業に対して、企業結合後も引き続き関与すること）があり、それが重要であることによって、交換した株式に係る成果の変動性を従来と同様に負っている場合には、投資が清算されたとみなされず、交換損益は認識されない。

(2) 被結合企業に関する投資がそのまま継続しているとみる場合、交換損益を認識せず、被結合企業の株式と引き換えに受け取る資産の取得原価は、被結合企業の株式に係る適正な帳簿価額に基づいて算定するものとする。

被結合企業が子会社や関連会社の場合において、当該被結合企業の株主が、子会社株式や関連会社株式となる結合企業の株式のみを対価として受け取る場合には、当該引き換えられた結合企業の株式を通じて、被結合企業（子会社や関連会社）に関する事業投資を引き続き行っていると考えられることから、当該被結合企業に関する投資が継続しているとみなされる。

33. 交換損益を認識する場合の受取対価となる財の時価は、受取対価が現金以外の資産等の場合には、受取対価となる財の時価と引き換えた被結合企業の株式の時価のうち、より高い信頼性をもって測定可能な時価で算定する。

34. 市場価格のある結合企業の株式が受取対価とされる場合には、受取対価となる財の時価は、企業結合日の株価を基礎にして算定する。

❖ 開 示

損益計算書における表示

53. 交換損益は、原則として、特別損益に計上する。

企業会計基準第8号

11：ストック・オプション等に関する会計基準

❖ 用語の定義

2．本会計基準における用語の定義は次のとおりとする。

(1) 「自社株式オプション」とは、自社の株式（財務諸表を報告する企業の株式）を原資産とするコール・オプション（一定の金額の支払により、原資産である自社の株式を取得する権利）をいう。新株予約権はこれに該当する。

　なお、本会計基準においては、企業が、財貨又はサービスを取得する対価として自社株式オプションを取引の相手方に付与し、その結果、自社株式オプション保有者の権利行使に応じて自社の株式を交付する義務を負う場合を取り扱っている。

(2) 「ストック・オプション」とは、自社株式オプションのうち、特に企業がその従業員等に、報酬として付与するものをいう。ストック・オプションには、権利行使により対象となる株式を取得することができるというストック・オプション本来の権利を獲得すること（以下「権利の確定」という。）につき条件が付されているものが多い。当該権利の確定についての条件（以下「権利確定条件」という。）には、勤務条件や業績条件がある。

❖ ストック・オプションに関する会計処理

権利確定日以前の会計処理

4．ストック・オプションを付与し、これに応じて企業が従業員等から取得するサービスは、その取得に応じて費用として計上し、対応する金額を、ストック・オプションの権利の行使又は失効が確定するまでの間、貸借対照表の純資産の部に新株予約権として計上する。

5．各会計期間における費用計上額は、ストック・オプションの公正な評価額のうち、対象勤務期間を基礎とする方法その他の合理的な方法に基づき当期に発生したと認められる額である。ストック・オプションの公正な評価額は、公正な評価単価にストック・オプション数を乗じて算定する。

6．ストック・オプションの公正な評価単価の算定は、次のように行う。

(1) 付与日現在で算定し、第10項(1)の条件変更の場合を除き、その後は見直さない。

(2) ストック・オプションは、通常、市場価格を観察することができないため、株式オプションの合理的な価額の見積りに広く受け入れられている算定技法を利用することとなる。算定技法の利用にあたっては、付与するストック・オプションの特性や条件等を適切に反映するよう必要に応じて調整を加える。ただし、失効の見込みについてはストック・オプション数に反映させるため、公正な評価単価の算定上は考慮しない。

7. ストック・オプション数の算定及びその見直しによる会計処理は、次のように行う。

(1) 付与されたストック・オプション数（以下「付与数」という。）から、権利不確定による失効の見積数を控除して算定する。

(2) 付与日から権利確定日の直前までの間に、権利不確定による失効の見積数に重要な変動が生じた場合（第11項の条件変更による場合を除く。）には、これに応じてストック・オプション数を見直す。

　これによりストック・オプション数を見直した場合には、見直し後のストック・オプション数に基づくストック・オプションの公正な評価額に基づき、その期までに費用として計上すべき額と、これまでに計上した額との差額を見直した期の損益として計上する。

(3) 権利確定日には、ストック・オプション数を権利の確定したストック・オプション数（以下「権利確定数」という。）と一致させる。

　これによりストック・オプション数を修正した場合には、修正後のストック・オプション数に基づくストック・オプションの公正な評価額に基づき、権利確定日までに費用として計上すべき額と、これまでに計上した額との差額を権利確定日の属する期の損益として計上する。

権利確定日後の会計処理

8. ストック・オプションが権利行使され、これに対して新株を発行した場合には、新株予約権として計上した額（第4項）のうち、当該権利行使に対応する部分を払込資本に振り替える。

　なお、新株予約権の行使に伴い、当該企業が自己株式を処分した場合には、自己株式の取得原価と、新株予約権の帳簿価額及び権利行使に伴う払込

金額の合計額との差額は、自己株式処分差額であり、平成17年12月改正の企業会計基準第1号「自己株式及び準備金の額の減少等に関する会計基準」第9項、第10項及び第11項により会計処理を行う。

9. 権利不行使による失効が生じた場合には、新株予約権として計上した額（第4項）のうち、当該失効に対応する部分を利益として計上する。この会計処理は、当該失効が確定した期に行う。

企業会計基準第9号

12：棚卸資産の評価に関する会計基準

❖ 範　囲

3．本会計基準は、すべての企業における棚卸資産の評価方法、評価基準及び開示について適用する。棚卸資産は、商品、製品、半製品、原材料、仕掛品等の資産であり、企業がその営業目的を達成するために所有し、かつ、売却を予定する資産のほか、売却を予定しない資産であっても、販売活動及び一般管理活動において短期間に消費される事務用消耗品等も含まれる。

　なお、売却には、通常の販売のほか、活発な市場が存在することを前提として、棚卸資産の保有者が単に市場価格の変動により利益を得ることを目的とするトレーディングを含む。

❖ 用語の定義

4．「時価」とは、公正な評価額をいい、市場価格に基づく価額をいう。市場価格が観察できない場合には合理的に算定された価額を公正な評価額とする。ただし、本会計基準第15項及び第60項でいうトレーディング目的で保有する棚卸資産の「時価」の定義は、企業会計基準第30号「時価の算定に関する会計基準」（以下「時価算定会計基準」という。）第5項に従い、算定日において市場参加者間で秩序ある取引が行われると想定した場合の、当該取引における資産の売却によって受け取る価格とする。

5．「正味売却価額」とは、売価（購買市場と売却市場とが区別される場合における売却市場の時価）から見積追加製造原価及び見積販売直接経費を控除したものをいう。なお、「購買市場」とは当該資産を購入する場合に企業が参加する市場をいい、「売却市場」とは当該資産を売却する場合に企業が参加する市場をいう。

6．「再調達原価」とは、購買市場と売却市場とが区別される場合における購買市場の時価に、購入に付随する費用を加算したものをいう。

❖ **会計処理**

棚卸資産の評価方法

6－2．棚卸資産については、原則として**購入代価**又は**製造原価**に引取費用等の**付随費用**を加算して取得原価とし、次の評価方法の中から選択した方法を適用して売上原価等の払出原価と期末棚卸資産の価額を算定するものとする。

(1) 個別法

取得原価の異なる棚卸資産を区別して記録し、その個々の**実際原価**によって期末棚卸資産の価額を算定する方法

個別法は、**個別性**が強い棚卸資産の評価に適した方法である。

(2) 先入先出法

最も古く取得されたものから順次払出しが行われ、期末棚卸資産は**最も新しく取得**されたものからなると**みなして**期末棚卸資産の価額を算定する方法

(3) 平均原価法

取得した棚卸資産の**平均原価**を算出し、この**平均原価**によって期末棚卸資産の価額を算定する方法

なお、平均原価は、**総平均法**又は**移動平均法**によって算出する。

(4) 売価還元法

値入率等の類似性に基づく棚卸資産のグループごとの期末の**売価合計額**に、**原価率**を乗じて求めた金額を期末棚卸資産の価額とする方法

売価還元法は、**取扱品種**の極めて多い小売業等の業種における棚卸資産の評価に適用される。

6－3．棚卸資産の評価方法は、事業の種類、棚卸資産の種類、その性質及びその使用方法等を考慮した区分ごとに選択し、継続して適用しなければならない。

❖ **通常の販売目的で保有する棚卸資産の評価基準**

7．通常の販売目的（販売するための製造目的を含む。）で保有する棚卸資産は、**取得原価**をもって貸借対照表価額とし、期末における**正味売却価額**が**取得原価**よりも下落している場合には、当該**正味売却価額**をもって貸借対照表価額とする。この場合において、取得原価と当該正味売却価額との差額は**当**

期の費用として処理する。

8. 売却市場において市場価格が観察できないときには、合理的に算定された価額を売価とする。これには、期末前後での販売実績に基づく価額を用いる場合や、契約により取り決められた一定の売価を用いる場合を含む。

9. 営業循環過程から外れた滞留又は処分見込等の棚卸資産について、合理的に算定された価額によることが困難な場合には、正味売却価額まで切り下げる方法に代えて、その状況に応じ、次のような方法により収益性の低下の事実を適切に反映するよう処理する。

  (1) 帳簿価額を処分見込価額（ゼロ又は備忘価額を含む。）まで切り下げる方法

  (2) 一定の回転期間を超える場合、規則的に帳簿価額を切り下げる方法

10. 製造業における原材料等のように再調達原価の方が把握しやすく、正味売却価額が当該再調達原価に歩調を合わせて動くと想定される場合には、継続して適用することを条件として、再調達原価（最終仕入原価を含む。以下同じ。）によることができる。

11. 企業が複数の売却市場に参加し得る場合には、実際に販売できると見込まれる売価を用いる。また、複数の売却市場が存在し売価が異なる場合であって、棚卸資産をそれぞれの市場向けに区分できないときには、それぞれの市場の販売比率に基づいた加重平均売価等による。

12. 収益性の低下の有無に係る判断及び簿価切下げは、原則として個別品目ごとに行う。ただし、複数の棚卸資産を一括りとした単位で行うことが適切と判断されるときには、継続して適用することを条件として、その方法による。

13. 売価還元法を採用している場合においても、期末における正味売却価額が帳簿価額よりも下落している場合には、当該正味売却価額をもって貸借対照表価額とする。

  ただし、値下額等が売価合計額に適切に反映されている場合には、次に示す値下額及び値下取消額を除外した売価還元法の原価率により求められた期末棚卸資産の帳簿価額は、収益性の低下に基づく簿価切下額を反映したものとみなすことができる。

【値下額及び値下取消額を除外した売価還元法の原価率】

（「企業会計原則と関係諸法令との調整に関する連続意見書 第四 棚卸資産の

304

評価について」（以下「連続意見書 第四」という。）に定める売価還元低価法の原価率）

$$\frac{\text{期首繰越商品原価} + \text{当期受入原価総額}}{\text{期首繰越商品小売価額} + \text{当期受入原価総額} + \text{原始値入額} + \text{値上額} - \text{値上取消額}}$$

14. 前期に計上した簿価切下額の戻入れに関しては、当期に戻入れを行う方法（洗替え法）と行わない方法（切放し法）のいずれかの方法を棚卸資産の種類ごとに選択適用できる。また、売価の下落要因を区分把握できる場合には、物理的劣化や経済的劣化、若しくは市場の需給変化の要因ごとに選択適用できる。この場合、いったん採用した方法は、原則として、継続して適用しなければならない。

トレーディング目的で保有する棚卸資産の評価基準

15. トレーディング目的で保有する棚卸資産については、時価をもって貸借対照表価額とし、帳簿価額との差額（評価差額）は、当期の損益として処理する。

16. トレーディング目的で保有する棚卸資産として分類するための留意点や保有目的の変更の処理は、企業会計基準第10号「金融商品に関する会計基準」（以下「金融商品会計基準」という。）における売買目的有価証券に関する取扱いに準じる。

❖ 開 示

通常の販売目的で保有する棚卸資産の収益性の低下に係る損益の表示

17. 通常の販売目的で保有する棚卸資産について、収益性の低下による簿価切下額（前期に計上した簿価切下額を戻し入れる場合には、当該戻入額相殺後の額）は売上原価とするが、棚卸資産の製造に関連し不可避的に発生すると認められるときには製造原価として処理する。また、収益性の低下に基づく簿価切下額が、臨時の事象に起因し、かつ、多額であるときには、特別損失に計上する。臨時の事象とは、例えば次のような事象をいう。なお、この場合には、洗替え法を適用していても（第14項参照）、当該簿価切下額の戻入れを行ってはならない。

(1) 重要な事業部門の廃止

305

(2)　災害損失の発生

トレーディング目的で保有する棚卸資産に係る損益の表示

19.　トレーディング目的で保有する棚卸資産に係る損益は、原則として、純額
　　で売上高に表示する。

❖ 結論の背景

通常の販売目的で保有する棚卸資産の評価基準

（これまでの取扱い）

35.　我が国において、これまで棚卸資産の評価基準が原則として原価法とされ
　　てきたのは、棚卸資産の原価を当期の実現収益に対応させることにより、適
　　正な期間損益計算を行うことができると考えられてきたためといわれてい
　　る。すなわち、当期の損益が、期末時価の変動、又は将来の販売時点に確定
　　する損益によって歪められてはならないという考えから、原価法が原則的な
　　方法であり、低価法は例外的な方法と位置付けられてきた。

（棚卸資産の簿価切下げの考え方）

36.　これまでの低価法を原価法に対する例外と位置付ける考え方は、取得原価
　　基準の本質を、名目上の取得原価で据え置くことにあるという理解に基づい
　　たものと思われる。しかし、取得原価基準は、将来の収益を生み出すという
　　意味においての有用な原価、すなわち回収可能な原価だけを繰り越そうとす
　　る考え方であるとみることもできる。また、今日では、例えば、金融商品会
　　計基準や減損会計基準において、収益性が低下した場合には、回収可能な額
　　まで帳簿価額を切り下げる会計処理が広く行われている。そのため、棚卸資
　　産についても収益性の低下により投資額の回収が見込めなくなった場合に
　　は、品質低下や陳腐化が生じた場合に限らず、帳簿価額を切り下げることが
　　考えられる。収益性が低下した場合における簿価切下げは、取得原価基準の
　　下で回収可能性を反映させるように、過大な帳簿価額を減額し、将来に損失
　　を繰り延べないために行われる会計処理である。棚卸資産の収益性が当初の
　　予想よりも低下した場合において、回収可能な額まで帳簿価額を切り下げる
　　ことにより、財務諸表利用者に的確な情報を提供することができるものと考
　　えられる。

306

37. それぞれの資産の会計処理は、基本的に、**投資の性質**に対応して定められていると考えられることから、収益性の低下の有無についても、投資が回収される形態に応じて判断することが考えられる。棚卸資産の場合には、固定資産のように使用を通じて、また、債権のように契約を通じて投下資金の回収を図ることは想定されておらず、通常、販売によってのみ資金の回収を図る点に特徴がある。このような投資の回収形態の特徴を踏まえると、評価時点における資金回収額を示す棚卸資産の正味売却価額が、その帳簿価額を下回っているときには、**収益性が低下**していると考え、**帳簿価額の切下げ**を行うことが適当である。

企業会計基準第10号

13：金融商品に関する会計基準

❖ 会計基準
Ⅱ．金融資産及び金融負債の範囲等
1．金融資産及び金融負債の範囲 (注1)

4．金融資産とは、**現金預金**、**受取手形**、売掛金及び貸付金等の**金銭債権**、株式その他の出資証券及び公社債等の**有価証券**並びに先物取引、先渡取引、オプション取引、スワップ取引及びこれらに類似する取引（以下「**デリバティブ取引**」という。）により生じる**正味の債権等**をいう。

5．金融負債とは、支払手形、買掛金、借入金及び社債等の**金銭債務**並びに**デリバティブ取引**により生じる**正味の債務等**をいう。

【注1】 金融資産及び金融負債の範囲について

　金融資産及び金融負債の範囲には、複数種類の金融資産又は金融負債が組み合わされている複合金融商品も含まれる。また、現物商品（コモディティ）に係るデリバティブ取引のうち、通常差金決済により取引されるものから生じる正味の債権又は債務についても、本会計基準に従って処理する。

2．時価

6．金融資産及び金融負債の「時価」の定義は、時価算定会計基準第5項に従い、算定日において市場(注2)参加者間で秩序ある取引が行われると想定した場合の、当該取引における資産の売却によって受け取る価格又は負債の移転のために支払う価格とする。

【注2】 市場について

　市場には、公設の取引所及びこれに類する市場のほか、随時、売買・換金等を行うことができる取引システム等も含まれる。

Ⅲ．金融資産及び金融負債の発生及び消滅の認識

1．金融資産及び金融負債の発生の認識

7．金融資産の契約上の権利又は金融負債の契約上の義務を生じさせる契約を締結したときは、原則として、当該金融資産又は金融負債の発生を認識しなければならない^(注3)。

【注3】 商品等の売買又は役務の提供の対価に係る金銭債権債務の発生の認識について

商品等の売買又は役務の提供の対価に係る金銭債権債務は、原則として、当該商品等の受渡し又は役務提供の完了によりその発生を認識する。

2．金融資産及び金融負債の消滅の認識

(1) 金融資産の消滅の認識要件

8．金融資産の契約上の権利を行使したとき、権利を喪失したとき又は権利に対する支配が他に移転したときは、当該金融資産の消滅を認識しなければならない。

9．金融資産の契約上の権利に対する支配が他に移転するのは、次の要件がすべて充たされた場合とする。

　(1) 譲渡された金融資産に対する譲受人の契約上の権利が譲渡人及びその債権者から法的に保全されていること

　(2) 譲受人が譲渡された金融資産の契約上の権利を直接又は間接に通常の方法で享受できること

　(3) 譲渡人が譲渡した金融資産を当該金融資産の満期日前に買戻す権利及び義務を実質的に有していないこと

(2) 金融負債の消滅の認識要件

10．金融負債の契約上の義務を履行したとき、義務が消滅したとき又は第一次債務者の地位から免責されたときは、当該金融負債の消滅を認識しなければならない。

309

Ⅳ．金融資産及び金融負債の貸借対照表価額等

1．債権

14. 受取手形、売掛金、貸付金その他の債権の貸借対照表価額は、取得価額から貸倒見積高に基づいて算定された貸倒引当金を控除した金額とする。ただし、債権を債権金額より低い価額又は高い価額で取得した場合において、取得価額と債権金額との差額の性格が金利の調整と認められるときは、償却原価法^(注5)に基づいて算定された価額から貸倒見積高に基づいて算定された貸倒引当金を控除した金額としなければならない。

【注5】 償却原価法について

　償却原価法とは、金融資産又は金融負債を債権額又は債務額と異なる金額で計上した場合において、当該差額に相当する金額を弁済期又は償還期に至るまで毎期一定の方法で取得価額に加減する方法をいう。なお、この場合、当該加減額を受取利息又は支払利息に含めて処理する。

2．有価証券

(1) 売買目的有価証券

15. 時価の変動により利益を得ることを目的として保有する有価証券（以下「売買目的有価証券」という。）は、時価をもって貸借対照表価額とし、評価差額は当期の損益として処理する。

(2) 満期保有目的の債券

16. 満期まで所有する意図をもって保有する社債その他の債券（以下「満期保有目的の債券」という。）は、取得原価をもって貸借対照表価額とする。ただし、債券を債券金額より低い価額又は高い価額で取得した場合において、取得価額と債券金額との差額の性格が金利の調整と認められるときは、償却原価法^(注5)に基づいて算定された価額をもって貸借対照表価額としなければならない。

(3) 子会社株式及び関連会社株式

17. 子会社株式及び関連会社株式は、取得原価をもって貸借対照表価額とする。

⑷　その他有価証券

18. 売買目的有価証券、満期保有目的の債券、子会社株式及び関連会社株式以外の有価証券（以下「その他有価証券」という。）は、時価をもって貸借対照表価額とし、評価差額は洗い替え方式に基づき、次のいずれかの方法により処理する。

　⑴　評価差額の合計額を純資産の部に計上する。

　⑵　時価が取得原価を上回る銘柄に係る評価差額は純資産の部に計上し、時価が取得原価を下回る銘柄に係る評価差額は当期の損失として処理する。

　　なお、純資産の部に計上されるその他有価証券の評価差額については、税効果会計を適用しなければならない。

⑸　市場価格のない株式等の取扱い

19. 市場価格のない株式は、取得原価をもって貸借対照表価額とする。市場価格のない株式とは、市場において取引されていない株式とする。また、出資金など株式と同様に持分の請求権を生じさせるものは、同様の取扱いとする。これらを合わせて「市場価格のない株式等」という。

⑹　時価が著しく下落した場合

20. 満期保有目的の債券、子会社株式及び関連会社株式並びにその他有価証券のうち、市場価格のない株式等以外のものについて時価が著しく下落したときは、回復する見込があると認められる場合を除き、時価をもって貸借対照表価額とし、評価差額は当期の損失として処理しなければならない。

21. 市場価格のない株式等については、発行会社の財政状態の悪化により実質価額が著しく低下したときは、相当の減額をなし、評価差額は当期の損失として処理しなければならない。

22. 第20項及び第21項の場合には、当該時価及び実質価額を翌期首の取得原価とする。

⑺　有価証券の表示区分

23. 売買目的有価証券及び一年内に満期の到来する社債その他の債券は流動資産に属するものとし、それ以外の有価証券は投資その他の資産に属するものとする。

3．運用を目的とする金銭の信託

24．運用を目的とする金銭の信託（合同運用を除く。）は、当該信託財産の構成物である金融資産及び金融負債について、本会計基準により付されるべき評価額を合計した額をもって貸借対照表価額とし、評価差額は当期の損益として処理する[注8]。

> **【注8】 運用目的の信託財産の構成物である有価証券の評価について**
>
> 運用目的の信託財産の構成物である有価証券は、売買目的有価証券とみなしてその評価基準に従って処理する。

4．デリバティブ取引により生じる正味の債権及び債務

25．デリバティブ取引により生じる正味の債権及び債務は、時価をもって貸借対照表価額とし、評価差額は、原則として、当期の損益として処理する。

5．金銭債務

26．支払手形、買掛金、借入金、社債その他の債務は、債務額をもって貸借対照表価額とする。ただし、社債を社債金額よりも低い価額又は高い価額で発行した場合など、収入に基づく金額と債務額とが異なる場合には、償却原価法[注5]に基づいて算定された価額をもって、貸借対照表価額としなければならない。

Ⅴ．貸倒見積高の算定

1．債権の区分

27．貸倒見積高の算定にあたっては、債務者の財政状態及び経営成績等に応じて、債権を次のように区分する。

（1）経営状態に重大な問題が生じていない債務者に対する債権（以下「一般債権」という。）

（2）経営破綻の状態には至っていないが、債務の弁済に重大な問題が生じているか又は生じる可能性の高い債務者に対する債権（以下「貸倒懸念債権」という。）

（3）経営破綻又は実質的に経営破綻に陥っている債務者に対する債権（以下「破産更生債権等」という。）

２．貸倒見積高の算定方法

28. 債権の貸倒見積高は、その区分に応じてそれぞれ次の方法により算定する(注9)。

(1) 一般債権については、債権全体又は同種・同類の債権ごとに、債権の状況に応じて求めた過去の貸倒実績率等合理的な基準により貸倒見積高を算定する。

(2) 貸倒懸念債権については、債権の状況に応じて、次のいずれかの方法により貸倒見積高を算定する。ただし、同一の債権については、債務者の財政状態及び経営成績の状況等が変化しない限り、同一の方法を継続して適用する。

① 債権額から担保の処分見込額及び保証による回収見込額を減額し、その残額について債務者の財政状態及び経営成績を考慮して貸倒見積高を算定する方法

② 債権の元本の回収及び利息の受取りに係るキャッシュ・フローを合理的に見積ることができる債権については、債権の元本及び利息について元本の回収及び利息の受取りが見込まれるときから当期末までの期間にわたり当初の約定利子率で割り引いた金額の総額と債権の帳簿価額との差額を貸倒見積高とする方法

(3) 破産更生債権等については、債権額から担保の処分見込額及び保証による回収見込額を減額し、その残額を貸倒見積高とする(注10)。

【注9】 債権の未収利息の処理について

債務者から契約上の利払日を相当期間経過しても利息の支払を受けていない債権及び破産更生債権等については、すでに計上されている未収利息を当期の損失として処理するとともに、それ以後の期間に係る利息を計上してはならない。

【注10】 破産更生債権等の貸倒見積高の処理について

破産更生債権等の貸倒見積高は、原則として、貸倒引当金として処理する。ただし、債権金額又は取得価額から直接減額することもできる。

Ⅵ．ヘッジ会計

1．ヘッジ会計の意義

29．ヘッジ会計とは、ヘッジ取引のうち一定の要件を充たすもの ^(注11) について、**ヘッジ対象に係る損益**と**ヘッジ手段に係る損益**を**同一**の会計期間に認識し、**ヘッジ**の効果を会計に反映させるための特殊な会計処理をいう。

【注11】 ヘッジ取引について

ヘッジ取引についてヘッジ会計が適用されるためには、ヘッジ対象が相場変動等による損失の可能性にさらされており、ヘッジ対象とヘッジ手段とのそれぞれに生じる損益が互いに相殺されるか又はヘッジ手段によりヘッジ対象のキャッシュ・フローが固定されその変動が回避される関係になければならない。なお、ヘッジ対象が複数の資産又は負債から構成されている場合は、個々の資産又は負債が共通の相場変動等による損失の可能性にさらされており、かつ、その相場変動等に対して同様に反応することが予想されるものでなければならない。

2．ヘッジ対象

30．ヘッジ会計が適用されるヘッジ対象は、相場変動等による**損失**の可能性がある資産又は負債で、当該資産又は負債に係る**相場変動**等が評価に反映されていないもの、相場変動等が評価に反映されているが評価差額が**損益**として処理されないもの若しくは当該資産又は負債に係る**キャッシュ・フローが固定**されその**変動が回避**されるものである。なお、ヘッジ対象には、**予定取引** ^(注12) により発生が見込まれる資産又は負債も含まれる。

【注12】 予定取引について

予定取引とは、未履行の確定契約に係る取引及び契約は成立していないが、取引予定時期、取引予定物件、取引予定量、取引予定価格等の主要な取引条件が合理的に予測可能であり、かつ、それが実行される可能性が極めて高い取引をいう。

3．ヘッジ会計の要件

31．ヘッジ取引にヘッジ会計が適用されるのは、次の要件がすべて充たされた場合とする。

（1）ヘッジ取引時において、ヘッジ取引が企業の**リスク管理方針**に従ったも

のであることが、次のいずれかによって**客観的**に認められること

① 当該取引が企業のリスク管理方針に従ったものであることが、文書により確認できること

② 企業のリスク管理方針に関して明確な内部規定及び内部統制組織が存在し、当該取引がこれに従って処理されることが期待されること

⑵ ヘッジ取引時以降において、ヘッジ対象とヘッジ手段の損益が高い程度で相殺される状態又はヘッジ対象の**キャッシュ・フローが固定**されその**変動が回避**される状態が**引き続き**認められることによって、ヘッジ手段の効果が**定期的に確認**されていること

４．ヘッジ会計の方法

⑴ ヘッジ取引に係る損益認識時点

32. ヘッジ会計は、原則として、時価評価されている**ヘッジ手段に係る損益**又は**評価差額**を、ヘッジ対象に係る損益が認識されるまで**純資産の部**において繰り延べる方法による^(注14)。

　　ただし、**ヘッジ対象**である資産又は負債に係る**相場変動等を損益に反映**させることにより、その損益とヘッジ手段に係る損益とを**同一**の会計期間に認識することもできる。

　　なお、純資産の部に計上されるヘッジ手段に係る損益又は評価差額については、**税効果会計**を適用しなければならない。

【注14】 **金利スワップについて**

　資産又は負債に係る金利の受払条件を変換することを目的として利用されている金利スワップが金利変換の対象となる資産又は負債とヘッジ会計の要件を充たしており、かつ、その想定元本、利息の受払条件（利率、利息の受払日等）及び契約期間が当該資産又は負債とほぼ同一である場合には、金利スワップを時価評価せず、その金銭の受払の純額等を当該資産又は負債に係る**利息に加減**して処理することができる。

⑵ ヘッジ会計の要件が充たされなくなったときの会計処理

33. ヘッジ会計の要件が充たされなくなったときには、ヘッジ会計の要件が充たされていた間のヘッジ手段に係る損益又は評価差額は、ヘッジ対象に係る

損益が認識されるまで引き続き繰り延べる。

　ただし、繰り延べられたヘッジ手段に係る損益又は評価差額について、ヘッジ対象に係る含み益が減少することによりヘッジ会計の終了時点で重要な損失が生じるおそれがあるときは、当該損失部分を見積り、当期の損失として処理しなければならない。

⑶　ヘッジ会計の終了

34. ヘッジ会計は、ヘッジ対象が消滅したときに終了し、繰り延べられているヘッジ手段に係る損益又は評価差額は当期の損益として処理しなければならない。また、ヘッジ対象である予定取引が実行されないことが明らかになったときにおいても同様に処理する。

❖結論の背景

Ⅲ．金融資産及び金融負債の評価基準に関する基本的考え方

64. 金融資産については、一般的には、市場が存在すること等により客観的な価額として時価を把握できるとともに、当該価額により換金・決済等を行うことが可能である。

　このような金融資産については、次のように考えられる。

⑴　金融資産の多様化、価格変動リスクの増大、取引の国際化等の状況の下で、投資者が自己責任に基づいて投資判断を行うために、金融資産の時価評価を導入して企業の財務活動の実態を適切に財務諸表に反映させ、投資者に対して的確な財務情報を提供することが必要である。

⑵　金融資産に係る取引の実態を反映させる会計処理は、企業の側においても、取引内容の十分な把握とリスク管理の徹底及び財務活動の成果の的確な把握のために必要である。

⑶　我が国企業の国際的な事業活動の進展、国際市場での資金調達及び海外投資者の我が国証券市場での投資の活発化という状況の下で、財務諸表等の企業情報は、国際的視点からの同質性や比較可能性が強く求められている。また、デリバティブ取引等の金融取引の国際的レベルでの活性化を促すためにも、金融商品に係る我が国の会計基準の国際的調和化が重要な課題となっている。

65. また、金融資産の時価情報の開示は、時価情報の注記によって満足されるというものではない。したがって、客観的な時価の測定可能性が認められな

いものを除き、時価による自由な換金・決済等が可能な金融資産については、投資情報としても、企業の財務認識としても、さらに、国際的調和化の観点からも、これを時価評価し適切に財務諸表に反映することが必要であると考えられる。

66. しかし、金融資産の属性及び保有目的に鑑み、実質的に価格変動リスクを認める必要のない場合や直ちに売買・換金を行うことに事業遂行上等の制約がある場合が考えられる。このような保有目的等をまったく考慮せずに時価評価を行うことが、必ずしも、企業の財政状態及び経営成績を適切に財務諸表に反映させることにならないと考えられることから、時価評価を基本としつつ保有目的に応じた処理方法を定めることが適当であると考えられる。

67. 一方、金融負債は、借入金のように一般的には市場がないか、社債のように市場があっても、自己の発行した社債を時価により自由に清算するには事業遂行上等の制約があると考えられることから、デリバティブ取引により生じる正味の債務を除き、債務額（ただし、社債を社債金額よりも低い価額又は高い価額で発行した場合など、収入に基づく金額と債務額とが異なる場合には、償却原価法に基づいて算定された価額）をもって貸借対照表価額とし、時価評価の対象としないことが適当であると考えられる。

Ⅳ．金融資産及び金融負債の貸借対照表価額等

２．有価証券

⑷　その他有価証券

基本的な捉え方

75. 子会社株式や関連会社株式といった明確な性格を有する株式以外の有価証券であって、売買目的又は満期保有目的といった保有目的が明確に認められない有価証券は、業務上の関係を有する企業の株式等から市場動向によっては売却を想定している有価証券まで多様な性格を有しており、一義的にその属性を定めることは困難と考えられる。このような売買目的有価証券、満期保有目的の債券、子会社株式及び関連会社株式のいずれにも分類できない有価証券（その他有価証券）については、個々の保有目的等に応じてその性格付けをさらに細分化してそれぞれの会計処理を定める方法も考えられる。しかしながら、その多様な性格に鑑み保有目的等を識別・細分化する客観的な基準を設けることが困難であるとともに、保有目的等自体も多義的であり、

かつ、変遷していく面があること等から、売買目的有価証券と子会社株式及び関連会社株式との中間的な性格を有するものとして一括して捉えることが適当である。

時価評価の必要性

76. その他有価証券については、前述の評価基準に関する基本的考え方に基づき、時価をもって貸借対照表価額とすることとした（第18項参照）。

評価差額の取扱い

（評価差額の取扱いに関する基本的考え方）

77. その他有価証券の時価は投資者にとって有用な投資情報であるが、その他有価証券については、事業遂行上等の必要性から直ちに売買・換金を行うことには制約を伴う要素もあり、評価差額を直ちに当期の損益として処理することは適切ではないと考えられる。

78. また、国際的な動向を見ても、その他有価証券に類するものの評価差額については、当期の損益として処理することなく、資産と負債の差額である「純資産の部」に直接計上する方法や包括利益を通じて「純資産の部」に計上する方法が採用されている。

79. これらの点を考慮して、本会計基準においては、原則として、その他有価証券の評価差額を当期の損益として処理することなく、税効果を調整の上、純資産の部に記載する考え方を採用した（第18項参照）。なお、評価差額については、毎期末の時価と取得原価との比較により算定することとした。したがって、期中に売却した場合には、取得原価と売却価額との差額が売買損益として当期の損益に含まれることになる。

（評価差額の一部の損益計算書への計上）

80. その他有価証券のうち時価評価を行ったものの評価差額は、前述の考え方に基づき、当期の損益として処理されないこととなる。他方、企業会計上、保守主義の観点から、これまで低価法に基づく銘柄別の評価差額の損益計算書への計上が認められてきた。このような考え方を考慮し、時価が取得原価を上回る銘柄の評価差額は純資産の部に計上し、時価が取得原価を下回る銘柄の評価差額は損益計算書に計上する方法によることもできることとした

（第18項(2)参照）。この方法を適用した場合における**損益計算書**に計上する損失の計上方法については、その他有価証券の評価差額は毎期末の時価と取得原価との比較により算定することとの整合性から、**洗い替え方式**によることとした。

企業会計基準第12号

14：四半期財務諸表に関する会計基準

❖ 四半期財務諸表の範囲等
四半期財務諸表の範囲
四半期連結財務諸表の範囲

5．四半期連結財務諸表の範囲は、企業会計基準第25号「包括利益の表示に関する会計基準」（以下「企業会計基準第25号」という。）に従って、1計算書方式による場合、四半期連結貸借対照表、四半期連結損益及び包括利益計算書、並びに四半期連結キャッシュ・フロー計算書とする。また、2計算書方式による場合、四半期連結貸借対照表、四半期連結損益計算書、四半期連結包括利益計算書及び四半期連結キャッシュ・フロー計算書とする。

5-2．前項にかかわらず、第1四半期及び第3四半期において、四半期連結キャッシュ・フロー計算書の開示の省略を行うことができる。この場合には、第1四半期より行うものとする。

四半期個別財務諸表の範囲

6．四半期個別財務諸表の範囲は、四半期個別貸借対照表、四半期個別損益計算書及び四半期個別キャッシュ・フロー計算書とする。

ただし、四半期連結財務諸表を開示する場合には、四半期個別財務諸表の開示は要しない。

6-2．前項にかかわらず、第1四半期及び第3四半期において、四半期個別キャッシュ・フロー計算書の開示の省略を行うことができる。この場合には、第1四半期より行うものとする。

❖ 四半期財務諸表の作成基準
四半期財務諸表の性格

39．四半期財務諸表の性格付けについては、中間財務諸表と同様、「実績主義」と「予測主義」という2つの異なる考え方がある。

「実績主義」とは、四半期会計期間を年度と並ぶ一会計期間とみた上で、四半期財務諸表を、原則として年度の財務諸表と同じ会計方針を適用して作

成することにより、当該四半期会計期間に係る企業集団又は企業の財政状態、経営成績及びキャッシュ・フローの状況に関する情報を提供するという考え方である。これは、我が国の中間作成基準や国際会計基準で採用されている考え方である。また、カナダ基準も、基本的には、「実績主義」を採用している。

一方、「予測主義」は、四半期会計期間を年度の一構成部分と位置付けて、四半期財務諸表を、年度の財務諸表と部分的に異なる会計方針を適用して作成することにより、当該四半期会計期間を含む年度の業績予測に資する情報を提供するという考え方である。昭和48年に制定された米国基準や我が国の平成10年改訂前の「中間財務諸表作成基準」は、この考え方に基づいている。

当委員会では、「実績主義」と「予測主義」のいずれの考え方によるべきかという点について、国際的な会計基準の動向も踏まえて検討を行った。その結果、本会計基準では、次のような理由から、「実績主義」を基本とすることとした。

(1) 平成10年3月に企業会計審議会から公表された「中間連結財務諸表等の作成基準の設定に関する意見書」において、①中間会計期間の実績を明らかにすることにより、将来の業績予測に資する情報を提供するものと位置付けることがむしろ適当と考えられること、②恣意的な判断の介入の余地や実行面での計算手続の明確化などを理由として、中間財務諸表等の性格付けが「予測主義」から「実績主義」に変更されたこと

(2) 季節変動性については、「実績主義」による場合でも、十分な定性的情報や前年同期比較を開示することにより、財務諸表利用者を誤った判断に導く可能性を回避できると考えられること

(3) 当委員会が実施した市場関係者へのヒアリング調査や当委員会等での審議を通じて確認した我が国の市場関係者の意見では、「実績主義」における実務処理の容易さが指摘されただけでなく、「予測主義」によると会社の恣意性が入る可能性があり、また、会社ごとに会計方針が大きく異なると企業間比較が困難になるとの指摘が多かったこと

(4) 平成12年9月に改訂されたカナダ基準では、「予測主義」の弊害を掲げて「実績主義」が望ましいと判断されたこと

企業会計基準第13号

15：リース取引に関する会計基準

❖ 用語の定義

4．「リース取引」とは、特定の物件の所有者たる貸手（レッサー）が、当該物件の借手（レッシー）に対し、合意された期間（以下「リース期間」という。）にわたりこれを使用収益する権利を与え、借手は、合意された使用料（以下「リース料」という。）を貸手に支払う取引をいう。

5．「ファイナンス・リース取引」とは、リース契約に基づくリース期間の**中途**において当該契約を**解除**することができないリース取引又はこれに準ずるリース取引で、借手が、当該契約に基づき使用する物件（以下「リース物件」という。）からもたらされる**経済的利益**を実質的に享受することができ、かつ、当該リース物件の使用に伴って生じる**コスト**を実質的に負担することとなるリース取引をいう。

6．「オペレーティング・リース取引」とは、**ファイナンス・リース取引以外**のリース取引をいう。

7．「リース取引開始日」とは、借手が、リース物件を**使用収益する権利**を行使することができることとなった日をいう。

❖ 会計処理

ファイナンス・リース取引の分類

8．ファイナンス・リース取引は、リース契約上の諸条件に照らしてリース物件の所有権が借手に移転すると認められるもの（以下「**所有権移転**ファイナンス・リース取引」という。）と、それ以外の取引（以下「**所有権移転外**ファイナンス・リース取引」という。）に分類する。

ファイナンス・リース取引の会計処理

9．ファイナンス・リース取引については、通常の売買取引に係る方法に準じて会計処理を行う。

（借手側）

10. 借手は、リース取引開始日に、通常の売買取引に係る方法に準じた会計処理により、リース物件とこれに係る債務をリース資産及びリース債務として計上する。

11. リース資産及びリース債務の計上額を算定するにあたっては、原則として、リース契約締結時に合意されたリース料総額からこれに含まれている利息相当額の合理的な見積額を控除する方法による。当該利息相当額については、原則として、リース期間にわたり利息法により配分する。

12. 所有権移転ファイナンス・リース取引に係るリース資産の減価償却費は、自己所有の固定資産に適用する減価償却方法と同一の方法により算定する。また、所有権移転外ファイナンス・リース取引に係るリース資産の減価償却費は、原則として、リース期間を耐用年数とし、残存価額をゼロとして算定する。

（貸手側）

13. 貸手は、リース取引開始日に、通常の売買取引に係る方法に準じた会計処理により、所有権移転ファイナンス・リース取引についてはリース債権として、所有権移転外ファイナンス・リース取引についてはリース投資資産として計上する。

オペレーティング・リース取引の会計処理

15. オペレーティング・リース取引については、通常の賃貸借取引に係る方法に準じて会計処理を行う。

❖ 開　示

ファイナンス・リース取引の表示

（借手側）

16. リース資産については、原則として、有形固定資産、無形固定資産の別に、一括してリース資産として表示する。ただし、有形固定資産又は無形固定資産に属する各科目に含めることもできる。

17. リース債務については、貸借対照表日後1年以内に支払の期限が到来するものは流動負債に属するものとし、貸借対照表日後1年を超えて支払の期限

が到来するものは**固定負債**に属するものとする。

（貸手側）

18. 所有権移転ファイナンス・リース取引におけるリース債権及び所有権移転外ファイナンス・リース取引におけるリース投資資産については、当該企業の主目的たる営業取引により発生したものである場合には**流動資産**に表示する。また、当該企業の営業の主目的以外の取引により発生したものである場合には、貸借対照表日の翌日から起算して1年以内に入金の期限が到来するものは**流動資産**に表示し、入金の期限が1年を超えて到来するものは**固定資産**に表示する。

リース取引に関する会計基準の適用指針

❖ ファイナンス・リース取引の判定基準

ファイナンス・リース取引に該当するリース取引

5．ファイナンス・リース取引とは、次のいずれも満たすリース取引をいうとしている（リース会計基準第5項）。

⑴　リース契約に基づくリース期間の中途において当該契約を解除することができないリース取引又はこれに準ずるリース取引（以下「解約不能のリース取引」という。）

⑵　借手が、当該契約に基づき使用する物件（以下「リース物件」という。）からもたらされる経済的利益を実質的に享受することができ、かつ、当該リース物件の使用に伴って生じるコストを実質的に負担することとなるリース取引（以下「フルペイアウトのリース取引」という。）

　　リース取引がファイナンス・リース取引に該当するかどうかは、これらの事項を十分に考慮して判定する必要がある。

❖ 具体的な判定基準

8．ファイナンス・リース取引は、リース契約上の諸条件に照らしてリース物件の所有権が借手に移転すると認められるもの（以下「所有権移転ファイナンス・リース取引」という。）と、それ以外の取引（以下「所有権移転外ファイナンス・リース取引」という。）に分類するとしている（リース会計基準第8項）。

324

9．リース取引がファイナンス・リース取引に該当するかどうかについては、第5項の要件を満たす必要があり、その経済的実質に基づいて判断すべきものであるが、次の(1)又は(2)のいずれかに該当する場合には、ファイナンス・リース取引と判定される。

(1) 現在価値基準

解約不能のリース期間中のリース料総額の現在価値が、当該リース物件を借手が現金で購入するものと仮定した場合の合理的見積金額（以下「見積現金購入価額」という。）の概ね90パーセント以上であること（以下「現在価値基準」という。）

(2) 経済的耐用年数基準

解約不能のリース期間が、当該リース物件の経済的耐用年数の概ね75パーセント以上であること（ただし、リース物件の特性、経済的耐用年数の長さ、リース物件の中古市場の存在等を勘案すると、上記(1)の判定結果が90パーセントを大きく下回ることが明らかな場合を除く。）（以下「経済的耐用年数基準」という。）

❖ ファイナンス・リース取引に係る借手の会計処理

所有権移転外ファイナンス・リース取引に係る借手の会計処理

21．ファイナンス・リース取引については、通常の売買取引に係る方法に準じて会計処理を行うとされている（リース会計基準第9項）。借手の行ったリース取引が所有権移転外ファイナンス・リース取引と判定された場合には、リース取引開始日に、リース物件とこれに係る債務を、リース資産及びリース債務として計上し、第22項から第33項の方法に従い会計処理する。

（リース資産及びリース債務の計上価額）

22．リース物件とこれに係る債務をリース資産及びリース債務として計上する場合の価額は、次のとおりとする。

(1) 借手において当該リース物件の貸手の購入価額等が明らかな場合は、リース料総額（残価保証がある場合は、残価保証額を含む。）を第17項に示した割引率で割り引いた現在価値と貸手の購入価額等とのいずれか低い額による。

(2) 貸手の購入価額等が明らかでない場合は、(1)に掲げる現在価値と見積現

金購入価額とのいずれか低い額による。

所有権移転ファイナンス・リース取引に係る借手の会計処理

36. ファイナンス・リース取引については、通常の売買取引に係る方法に準じて会計処理を行うとされている（リース会計基準第9項）。借手の行ったリース取引が所有権移転ファイナンス・リース取引と判定された場合には、リース取引開始日に、リース物件とこれに係る債務を、リース資産及びリース債務として計上し、第37項から第44項の方法に従い会計処理する。

（リース資産及びリース債務の計上価額）

37. リース物件とこれに係る債務をリース資産及びリース債務として計上する場合の価額は、次のとおりとする。

   ⑴　借手において当該リース物件の貸手の購入価額等が明らかな場合は、当該価額による。

   ⑵　貸手の購入価額等が明らかでない場合には、第22項⑵と同様とする。なお、割安購入選択権がある場合には、第22項⑴のリース料総額にその行使価額を含める。

企業会計基準第16号

16：持分法に関する会計基準

❖ 用語の定義

4．「持分法」とは、投資会社が被投資会社の資本及び損益のうち投資会社に帰属する部分の変動に応じて、その投資の額を連結決算日ごとに修正する方法をいう。

4-2．「企業」とは、会社及び会社に準ずる事業体をいい、会社、組合その他これらに準ずる事業体（外国におけるこれらに相当するものを含む。）を指す。

5．「関連会社」とは、企業（当該企業が子会社を有する場合には、当該子会社を含む。）が、出資、人事、資金、技術、取引等の関係を通じて、子会社以外の他の企業の財務及び営業又は事業の方針の決定に対して重要な影響を与えることができる場合における当該子会社以外の他の企業をいう。

5-2．「子会社以外の他の企業の財務及び営業又は事業の方針の決定に対して重要な影響を与えることができる場合」とは、次の場合をいう。ただし、財務上又は営業上若しくは事業上の関係からみて子会社以外の他の企業の財務及び営業又は事業の方針の決定に対して重要な影響を与えることができないことが明らかであると認められるときは、この限りでない。

(1) 子会社以外の他の企業（更生会社、破産会社その他これらに準ずる企業であって、かつ、当該企業の財務及び営業又は事業の方針の決定に対して重要な影響を与えることができないと認められる企業を除く。下記(2)及び(3)においても同じ。）の議決権の100分の20以上を自己の計算において所有している場合

(2) 子会社以外の他の企業の議決権の100分の15以上、100分の20未満を自己の計算において所有している場合であって、かつ、次のいずれかの要件に該当する場合

① 役員若しくは使用人である者、又はこれらであった者で自己が子会社以外の他の企業の財務及び営業又は事業の方針の決定に関して影響を与えることができる者が、当該子会社以外の他の企業の代表取締役、取締役又はこれらに準ずる役職に就任していること

327

② 子会社以外の他の企業に対して重要な融資（債務の保証及び担保の提供を含む。）を行っていること

③ 子会社以外の他の企業に対して重要な技術を提供していること

④ 子会社以外の他の企業との間に重要な販売、仕入その他の営業上又は事業上の取引があること

⑤ その他子会社以外の他の企業の財務及び営業又は事業の方針の決定に対して重要な影響を与えることができることが推測される事実が存在すること

(3) 自己の計算において所有している議決権（当該議決権を所有していない場合を含む。）と、自己と出資、人事、資金、技術、取引等において緊密な関係があることにより自己の意思と同一の内容の議決権を行使すると認められる者及び自己の意思と同一の内容の議決権を行使することに同意している者が所有している議決権とを合わせて、子会社以外の他の企業の議決権の100分の20以上を占めているときであって、かつ、上記(2)の①から⑤までのいずれかの要件に該当する場合

❖ 会計処理

持分法の適用範囲

6．非連結子会社及び関連会社に対する投資については、原則として持分法を適用する。ただし、持分法の適用により、連結財務諸表に重要な影響を与えない場合には、持分法の適用会社としないことができる。

企業会計基準第18号

17：資産除去債務に関する会計基準

❖ 用語の定義

3．本会計基準における用語の定義は、次のとおりとする。

(1) 「資産除去債務」とは、有形固定資産の取得、建設、開発又は通常の使用によって生じ、当該有形固定資産の除去に関して法令又は契約で要求される法律上の義務及びそれに準ずるものをいう。この場合の法律上の義務及びそれに準ずるものには、有形固定資産を除去する義務のほか、有形固定資産の除去そのものは義務でなくとも、有形固定資産を除去する際に当該有形固定資産に使用されている有害物質等を法律等の要求による特別の方法で除去するという義務も含まれる。

(2) 有形固定資産の「除去」とは、有形固定資産を用役提供から除外することをいう（一時的に除外する場合を除く。）。除去の具体的な態様としては、売却、廃棄、リサイクルその他の方法による処分等が含まれるが、転用や用途変更は含まれない。

　また、当該有形固定資産が遊休状態になる場合は除去に該当しない。

❖ 会計処理

資産除去債務の負債計上

4．資産除去債務は、有形固定資産の取得、建設、開発又は通常の使用によって発生した時に負債として計上する。

資産除去債務の算定

6．資産除去債務はそれが発生したときに、有形固定資産の除去に要する割引前の将来キャッシュ・フローを見積り、割引後の金額（割引価値）で算定する。

(1) 割引前の将来キャッシュ・フローは、合理的で説明可能な仮定及び予測に基づく自己の支出見積りによる。その見積金額は、生起する可能性の最も高い単一の金額又は生起し得る複数の将来キャッシュ・フローをそれぞれの発生確率で加重平均した金額とする。将来キャッシュ・フローには、

有形固定資産の除去に係る作業のために直接要する支出のほか、処分に至るまでの支出（例えば、保管や管理のための支出）も含める。

(2) 割引率は、**貨幣の時間価値**を反映した**無リスク**の税引前の利率とする。

資産除去債務に対応する除去費用の資産計上と費用配分

7．資産除去債務に対応する除去費用は、資産除去債務を負債として計上した時に、当該**負債の計上額**と**同額**を、関連する有形固定資産の**帳簿価額**に加える。

資産計上された資産除去債務に対応する除去費用は、**減価償却**を通じて、当該有形固定資産の残存耐用年数にわたり、各期に**費用配分**する。

（資産除去債務が使用の都度発生する場合の費用配分の方法）

8．資産除去債務が有形固定資産の稼動等に従って、使用の都度発生する場合には、資産除去債務に対応する除去費用を各期においてそれぞれ**資産**計上し、関連する有形固定資産の残存耐用年数にわたり、**各期に費用配分**する。

なお、この場合には、上記の処理のほか、除去費用をいったん**資産**に計上し、当該計上時期と同一の期間に、**資産**計上額と同一の金額を費用処理することもできる。

（時の経過による資産除去債務の調整額の処理）

9．時の経過による資産除去債務の調整額は、その**発生時の費用**として処理する。当該調整額は、期首の負債の帳簿価額に**当初負債計上時の割引率**を乗じて算定する。

資産除去債務の見積りの変更
（割引前将来キャッシュ・フローの見積りの変更）

10．**割引前の将来キャッシュ・フロー**に重要な見積りの変更が生じた場合の当該見積りの変更による調整額は、資産除去債務の**帳簿価額**及び関連する有形固定資産の帳簿価額に加減して処理する。資産除去債務が法令の改正等により新たに発生した場合も、見積りの変更と同様に取り扱う。

（割引前将来キャッシュ・フローの見積りの変更による調整額に適用する割引率）

11. 割引前の将来キャッシュ・フローに重要な見積りの変更が生じ、当該キャッシュ・フローが増加する場合、その時点の割引率を適用する。これに対し、当該キャッシュ・フローが減少する場合には、負債計上時の割引率を適用する。なお、過去に割引前の将来キャッシュ・フローの見積りが増加した場合で、減少部分に適用すべき割引率を特定できないときは、加重平均した割引率を適用する。

❖ 開 示

（貸借対照表上の表示）

12. 資産除去債務は、貸借対照表日後1年以内にその履行が見込まれる場合を除き、固定負債の区分に資産除去債務等の適切な科目名で表示する。貸借対照表日後1年以内に資産除去債務の履行が見込まれる場合には、流動負債の区分に表示する。

（損益計算書上の表示）

13. 資産計上された資産除去債務に対応する除去費用に係る費用配分額は、損益計算書上、当該資産除去債務に関連する有形固定資産の減価償却費と同じ区分に含めて計上する。

14. 時の経過による資産除去債務の調整額は、損益計算書上、当該資産除去債務に関連する有形固定資産の減価償却費と同じ区分に含めて計上する。

15. 資産除去債務の履行時に認識される資産除去債務残高と資産除去債務の決済のために実際に支払われた額との差額は、損益計算書上、原則として、当該資産除去債務に対応する除去費用に係る費用配分額と同じ区分に含めて計上する。

❖ 結論の背景

（資産除去債務の定義）

24. 本会計基準においては、資産除去債務を有形固定資産の除去に関わるものと定義していることから、これらに該当しないもの、例えば、有形固定資産の使用期間中に実施する環境修復や修繕は対象とはならない。

資産除去債務の負債計上

（現行の会計基準における取扱い）

31. 我が国においては、「企業会計原則と関係諸法令との調整に関する連続意見書」（昭和35年6月大蔵省企業会計審議会）第三「有形固定資産の減価償却について」にあるとおり、有形固定資産の耐用年数到来時に、解体、撤去、処分等のために費用を要するときには、その残存価額に反映させることとされている。ただし、有形固定資産の減価償却はこれまで取得原価の範囲内で行われてきたこともあり、残存価額がマイナス（負の値）になるような処理は想定されず、実際に適用されてきてはいなかったと考えられる。また、当該費用の発生が当該残存価額の設定にあたって予見できなかった機能的原因等により著しく不合理になったことなどから残存価額を修正することとなった場合には、臨時償却として処理することも考えられるが、残存価額をマイナスにしてこのような会計処理を行うこともなかったと考えられる。

　　さらに、有形固定資産の取得後、当該有形固定資産の除去に係る費用が企業会計原則注解（注18）を満たす場合には、当期の負担に属する金額を当期の費用又は損失として引当金に繰り入れることとなる。しかし、このような引当金処理は、計上する必要があるかどうかの判断規準や、将来において発生する金額の合理的な見積方法が必ずしも明確ではなかったことなどから、これまで広くは行われてこなかったのではないかと考えられる。

（資産除去債務の会計処理の考え方）

32. 有形固定資産の耐用年数到来時に解体、撤去、処分等のために費用を要する場合、有形固定資産の除去に係る用役（除去サービス）の費消を、当該有形固定資産の使用に応じて各期間に費用配分し、それに対応する金額を負債として認識する考え方がある。このような考え方に基づく会計処理（引当金処理）は、資産の保守のような用役を費消する取引についての従来の会計処理から考えた場合に採用される処理である。こうした考え方に従うならば、有形固定資産の除去などの将来に履行される用役について、その支払いも将来において履行される場合、当該債務は通常、双務未履行であることから、認識されることはない。

　　しかし、法律上の義務に基づく場合など、資産除去債務に該当する場合には、有形固定資産の除去サービスに係る支払いが不可避的に生じることに変

わりはないため、たとえその支払いが後日であっても、債務として負担している金額が合理的に見積られることを条件に、資産除去債務の全額を負債として計上し、同額を有形固定資産の取得原価に反映させる処理（資産負債の両建処理）を行うことが考えられる。

33. 引当金処理に関しては、有形固定資産に対応する除去費用が、当該有形固定資産の使用に応じて各期に適切な形で費用配分されるという点では、資産負債の両建処理と同様であり、また、資産負債の両建処理の場合に計上される借方項目が資産としての性格を有しているのかどうかという指摘も考慮すると、引当金処理を採用した上で、資産除去債務の金額等を注記情報として開示することが適切ではないかという意見もある。

34. しかしながら、引当金処理の場合には、有形固定資産の除去に必要な金額が貸借対照表に計上されないことから、資産除去債務の負債計上が不十分であるという意見がある。また、資産負債の両建処理は、有形固定資産の取得等に付随して不可避的に生じる除去サービスの債務を負債として計上するとともに、対応する除去費用をその取得原価に含めることで、当該有形固定資産への投資について回収すべき額を引き上げることを意味する。この結果、有形固定資産に対応する除去費用が、減価償却を通じて、当該有形固定資産の使用に応じて各期に費用配分されるため、資産負債の両建処理は引当金処理を包摂するものといえる。さらに、このような考え方に基づく処理は、国際的な会計基準とのコンバージェンスにも資するものであるため、本会計基準では、資産負債の両建処理を求めることとした（第7項参照）。

資産除去債務の算定

（資産除去債務の測定値の属性とそれに見合う割引率）

36. 資産除去債務の算定における割引前将来キャッシュ・フローについては、市場の評価を反映した金額によるという考え方と、自己の支出見積りによるという考え方がある。また、割引率についても、無リスクの割引率が用いられる場合と無リスクの割引率に信用リスクを調整したものが用いられる場合が考えられる。

資産除去債務の見積りの変更

（将来キャッシュ・フローの見積りの変更）

50. 資産除去債務の見積りの変更から生じる調整を、会計上どのように処理するかについては、資産除去債務に係る負債及び関連する有形固定資産の帳簿価額に加減して、減価償却を通じて残存耐用年数にわたり費用配分を行う方法（プロスペクティブ・アプローチ）、資産除去債務に係る負債及び有形固定資産の残高の調整を行い、その調整の効果を一時の損益とする方法（キャッチアップ・アプローチ）又は資産除去債務に係る負債及び有形固定資産の残高を過年度に遡及して修正する方法（レトロスペクティブ・アプローチ）の3つの方法が考えられる。

51. このような会計上の見積りの変更については、国際的な会計基準において、将来に向かって修正する方法が採用されていることに加え、我が国の現行の会計慣行においても耐用年数の変更については影響額を変更後の残存耐用年数で処理する方法が一般的であることなどから、プロスペクティブ・アプローチにより処理することとした。この場合、割引前の将来キャッシュ・フローの見積りの変更による調整額は、資産除去債務に係る負債の帳簿価額及び関連する有形固定資産の帳簿価額に加減して取り扱うことになる（第10項参照）。

企業会計基準第21号

18：企業結合に関する会計基準

❖ 用語の定義

4．「企業」とは、会社及び会社に準ずる事業体をいい、会社、組合その他これらに準ずる事業体（外国におけるこれらに相当するものを含む。）を指す。

5．「企業結合」とは、ある企業又はある企業を構成する事業と他の企業又は他の企業を構成する事業とが1つの報告単位に統合されることをいう。なお、複数の取引が1つの企業結合を構成している場合には、それらを一体として取り扱う。

9．「取得」とは、ある企業が他の企業又は企業を構成する事業に対する支配を獲得することをいう。

11．「共同支配企業」とは、複数の独立した企業により共同で支配される企業をいい、「共同支配企業の形成」とは、複数の独立した企業が契約等に基づき、当該共同支配企業を形成する企業結合をいう。

❖ 取得の会計処理

17．共同支配企業の形成（第11項参照）及び共通支配下の取引以外の企業結合は**取得**となる。また、この場合における会計処理は、次項から第36項による（以下、次項から第33項による会計処理を「**パーチェス法**」という。）。

取得企業の決定方法

18．取得とされた企業結合においては、いずれかの結合当事企業を取得企業として決定する。被取得企業の支配を獲得することとなる取得企業を決定するために、企業会計基準第22号「連結財務諸表に関する会計基準」（以下「連結会計基準」という。）の考え方を用いる。また、連結会計基準の考え方によってどの結合当事企業が取得企業となるかが明確ではない場合には、次項から第22項の要素を考慮して取得企業を決定する。

19．主な対価の種類として、**現金**若しくは他の資産を引き渡す又は負債を引き受けることとなる企業結合の場合には、通常、当該**現金**若しくは他の資産を引き渡す又は負債を引き受ける企業（結合企業）が取得企業となる。

取得原価の算定

基本原則

23. 被取得企業又は取得した事業の取得原価は、原則として、取得の対価（支払対価）となる財の企業結合日における時価で算定する。支払対価が現金以外の資産の引渡し、負債の引受け又は株式の交付の場合には、支払対価となる財の時価と被取得企業又は取得した事業の時価のうち、より高い信頼性をもって測定可能な時価で算定する。

取得原価の配分方法

31. 取得原価が、受け入れた資産及び引き受けた負債に配分された純額を上回る場合には、その超過額はのれんとして次項に従い会計処理し、下回る場合には、その不足額は負ののれんとして第33項に従い会計処理する。

のれんの会計処理

32. のれんは、資産に計上し、20年以内のその効果の及ぶ期間にわたって、定額法その他の合理的な方法により規則的に償却する。ただし、のれんの金額に重要性が乏しい場合には、当該のれんが生じた事業年度の費用として処理することができる。

負ののれんの会計処理

33. 負ののれんが生じると見込まれる場合には、次の処理を行う。ただし、負ののれんが生じると見込まれたときにおける取得原価が受け入れた資産及び引き受けた負債に配分された純額を下回る額に重要性が乏しい場合には、次の処理を行わずに、当該下回る額を当期の利益として処理することができる。

(1) 取得企業は、すべての識別可能資産及び負債（第30項の負債を含む。）が把握されているか、また、それらに対する取得原価の配分が適切に行われているかどうかを見直す。

(2) (1)の見直しを行っても、なお取得原価が受け入れた資産及び引き受けた負債に配分された純額を下回り、負ののれんが生じる場合には、当該負ののれんが生じた事業年度の利益として処理する。

❖ 開 示

のれんの表示

47. のれんは無形固定資産の区分に表示し、のれんの当期償却額は販売費及び一般管理費の区分に表示する。

負ののれんの表示

48. 負ののれんは、原則として、特別利益に表示する。

❖ 結論の背景

取得の会計処理

取得原価の配分方法

識別可能資産及び負債の範囲

99. 被取得企業から受け入れた資産及び引き受けた負債のうち企業結合日時点において識別可能なものは、識別可能資産及び負債とよばれる。この識別可能資産及び負債の範囲については、被取得企業の企業結合日前の貸借対照表において計上されていたかどうかにかかわらず、企業がそれらに対して対価を支払って取得した場合、原則として、我が国において一般に公正妥当と認められる企業会計の基準の下で認識されるものに限定することとした。

　なお、取得後に発生することが予測される特定の事象に対応した費用又は損失であって、その発生の可能性が取得の対価の算定に反映されている場合には、むしろ、その費用又は損失を負債として認識した方がその後の投資原価の回収計算を適切に行い得ると考えられる。

100. これまで無形資産については、詳細な会計基準が定められていない等の理由により、識別可能なものであっても「取得原価を当該無形資産等に配分することができる」（平成15年会計基準三2.(3)）ものとされていた。しかしながら、識別可能な無形資産と判断された以上、その会計上の取扱いについては選択肢を残すべきではないと考えられる。そのため、平成20年改正会計基準では、当該無形資産が識別可能なものであれば、原則として識別して資産計上することを求めることとした。

　したがって、例えば、当該無形資産を受け入れることが企業結合の目的の1つとされていた場合など、その無形資産が企業結合における対価計算の基

礎に含められていたような場合には、当該無形資産を計上することとなる。

101. また、平成15年会計基準では、取得企業が取得対価の一部を研究開発費等（ソフトウェアを含む。）に配分した場合には、当該金額を配分時に費用処理することとされていた。これは、「研究開発費等に係る会計基準」（平成10年3月企業会計審議会）に照らした取扱いと考えられる。他方、国際的な会計基準においては、研究開発費の取扱いとの整合性よりも、企業結合により受け入れた他の資産の取扱いとの整合性をより重視して、識別可能性の要件を満たす限り、その企業結合日における時価に基づいて資産として計上することが求められている。後者の取扱いは、価値のある成果を受け入れたという実態を財務諸表に反映することになると考えられるため、企業結合の取得対価の一部を研究開発費等に配分して費用処理する会計処理を廃止することとした。この結果、会計基準の国際的なコンバージェンスを推進することになると考えられる。

共同支配企業の形成の会計処理

116. 本会計基準にいう共同支配企業の形成は持分の結合であり、共同支配企業は、資産及び負債を企業結合直前に付されていた適正な帳簿価額により計上することとなる。平成15年会計基準では、共同支配企業の形成の会計処理は、資本の内訳の引継方法及び企業結合年度の連結財務諸表の作成に係る定めを除き、持分プーリング法と同一の処理方法としており、これを持分プーリング法に準じた処理方法とよんでいた。しかし、平成20年改正会計基準では、持分プーリング法を廃止することとしたことから、持分プーリング法に準じた処理方法という呼称も使用しないこととした。

なお、平成15年会計基準では、共同支配投資企業が共同支配企業の形成にあたり事業を移転した場合には、移転した事業に係る資産及び負債の移転直前の適正な帳簿価額による純資産額に基づいて当該共同支配企業に対する投資の取得原価を算定することとし、共同支配企業の資本のうち共同支配投資企業の持分比率に対応する部分との差額は処理しないこととしていた。しかしながら、平成20年改正会計基準では、事業分離等会計基準における分離元企業及び結合当事企業の株主に係る会計処理との整合性を重視して、国際的な会計基準と同様に、連結財務諸表上、共同支配投資企業は共同支配企

業に対する投資について通常の持分法を適用することに変更した。このため、今後、当該差額は処理されることとなる。

共通支配下の取引

119. 共通支配下の取引とは、結合当事企業（又は事業）のすべてが、企業結合の前後で同一の株主により最終的に支配され、かつ、その支配が一時的ではない場合の企業結合であり、共通支配下の取引は、親会社の立場からは企業集団内における純資産等の移転取引として内部取引と考えた。このため、連結財務諸表と同様に、個別財務諸表の作成にあたっても、基本的には、企業結合の前後で当該純資産等の帳簿価額が相違することにならないよう、企業集団内における移転先の企業は移転元の適正な帳簿価額により計上することとした。

　　ただし、親会社と子会社が企業結合する場合において、連結財務諸表の作成にあたり、子会社の純資産等の帳簿価額を修正しているときは、親会社が作成する個別財務諸表においては、連結財務諸表上の金額である修正後の帳簿価額により計上しなければならないこととした。

企業会計基準第22号

19：連結財務諸表に関する会計基準

❖ 連結財務諸表作成における一般原則

9．連結財務諸表は、企業集団の**財政状態**、**経営成績**及び**キャッシュ・フローの状況**に関して**真実な報告**を提供するものでなければならない(注1)。

> 【注1】 重要性の原則の適用について
>
> 　連結財務諸表を作成するにあたっては、企業集団の財政状態、経営成績及びキャッシュ・フローの状況に関する**利害関係者の判断**を誤らせない限り、連結の範囲の決定、子会社の決算日が連結決算日と異なる場合の仮決算の手続、連結のための個別財務諸表の修正、子会社の資産及び負債の評価、のれんの処理、未実現損益の消去、連結財務諸表の表示等に関して重要性の原則が適用される。

10．連結財務諸表は、企業集団に属する親会社及び子会社が**一般に公正妥当と認められる企業会計の基準**に準拠して作成した**個別財務諸表**を基礎として作成しなければならない。
11．連結財務諸表は、企業集団の状況に関する判断を誤らせないよう、利害関係者に対し必要な財務情報を**明瞭に表示**するものでなければならない(注1)。
12．連結財務諸表作成のために採用した基準及び手続は、**毎期継続して適用**し、みだりにこれを変更してはならない。

❖ 連結財務諸表作成における一般基準
連結の範囲
13．親会社は、原則として**すべての子会社**を連結の範囲に含める。
14．子会社のうち次に該当するものは、連結の範囲に含めない(注3)。
　(1) 支配が**一時的**であると認められる企業
　(2) (1)以外の企業であって、連結することにより利害関係者の判断を**著しく誤らせる**おそれのある企業

| 【注3】 | 小規模子会社の連結の範囲からの除外について |

　子会社であって、その資産、売上高等を考慮して、連結の範囲から除いても企業集団の財政状態、経営成績及びキャッシュ・フローの状況に関する合理的な判断を妨げない程度に重要性の乏しいものは、連結の範囲に含めないことができる。

連結決算日

15. 連結財務諸表の作成に関する期間は1年とし、親会社の会計期間に基づき、年1回一定の日をもって連結決算日とする。

16. 子会社の決算日が連結決算日と異なる場合には、子会社は、連結決算日に正規の決算に準ずる合理的な手続により決算を行う[注4]。

| 【注4】 | 決算期の異なる子会社がある場合の取扱いについて |

　子会社の決算日と連結決算日の差異が3か月を超えない場合には、子会社の正規の決算を基礎として連結決算を行うことができる。ただし、この場合には、子会社の決算日と連結決算日が異なることから生じる連結会社間の取引に係る会計記録の重要な不一致について、必要な整理を行うものとする。

親会社及び子会社の会計方針

17. 同一環境下で行われた同一の性質の取引等について、親会社及び子会社が採用する会計方針は、原則として統一する。

❖ 連結貸借対照表の作成基準

連結貸借対照表の基本原則

18. 連結貸借対照表は、親会社及び子会社の個別貸借対照表における資産、負債及び純資産の金額を基礎とし、子会社の資産及び負債の評価、連結会社相互間の投資と資本及び債権と債務の相殺消去等の処理を行って作成する。

子会社の資産及び負債の評価

20. 連結貸借対照表の作成にあたっては、支配獲得日において、子会社の資産及び負債のすべてを支配獲得日の時価により評価する方法（全面時価評価

341

法）により評価する。

21. 子会社の資産及び負債の時価による評価額と当該資産及び負債の個別貸借対照表上の金額との差額（以下「評価差額」という。）は、**子会社の資本**とする。

投資と資本の相殺消去

23. 親会社の子会社に対する**投資**とこれに対応する子会社の**資本**は、相殺消去する。

 ⑴　親会社の子会社に対する投資の金額は、**支配獲得日の時価**による。

 ⑵　子会社の資本は、子会社の個別貸借対照表上の純資産の部における**株主資本**及び評価・換算差額等と**評価差額**からなる。

24. 親会社の子会社に対する投資とこれに対応する子会社の資本との相殺消去にあたり、差額が生じる場合には、当該差額を**のれん**（又は**負ののれん**）とする。なお、**のれん**（又は**負ののれん**）は、企業結合会計基準第32項（又は第33項）に従って会計処理する。

25. 子会社相互間の投資とこれに対応する他の子会社の資本とは、親会社の子会社に対する投資とこれに対応する子会社の資本との相殺消去に準じて相殺消去する。

非支配株主持分

26. 子会社の資本のうち親会社に**帰属しない部分**は、**非支配株主持分**とする(注7)。

【注7】 非支配株主持分について

⑴　支配獲得日の子会社の資本は、親会社に帰属する部分と非支配株主に帰属する部分とに分け、前者は親会社の投資と相殺消去し、後者は非支配株主持分として処理する。

⑵　支配獲得日後に生じた子会社の利益剰余金及び評価・換算差額等のうち非支配株主に帰属する部分は、非支配株主持分として処理する。

---

27. 子会社の欠損のうち、当該子会社に係る非支配株主持分に割り当てられる

額が当該非支配株主の負担すべき額を超える場合には、当該超過額は、**親会社の持分**に負担させる。この場合において、その後当該子会社に利益が計上されたときは、親会社が負担した欠損が回収されるまで、その利益の金額を**親会社の持分**に加算する。

債権と債務の相殺消去

31. 連結会社相互間の**債権**と**債務**とは、**相殺消去**する^(注10)。

【注10】 債権と債務の相殺消去について

(1) 相殺消去の対象となる債権又は債務には、前払費用、未収収益、前受収益及び未払費用で連結会社相互間の取引に関するものを含むものとする。

(2) 連結会社が振り出した手形を他の連結会社が銀行割引した場合には、連結貸借対照表上、これを借入金に振り替える。

(3) 引当金のうち、連結会社を対象として引き当てられたことが明らかなものは、これを調整する。

(4) 連結会社が発行した社債で一時所有のものは、相殺消去の対象としないことができる。

❖ 連結損益及び包括利益計算書又は連結損益計算書及び連結包括利益計算書の作成基準

連結損益及び包括利益計算書又は連結損益計算書及び連結包括利益計算書の基本原則

34. 連結損益及び包括利益計算書又は連結損益計算書及び連結包括利益計算書は、親会社及び子会社の個別損益計算書等における収益、費用等の金額を基礎とし、連結会社相互間の**取引高の相殺消去**及び**未実現損益の消去**等の処理を行って作成する。

連結会社相互間の取引高の相殺消去

35. 連結会社相互間における商品の売買その他の取引に係る項目は、**相殺消去**する^(注12)。

> **【注12】 会社相互間取引の相殺消去について**
>
> 　会社相互間取引が連結会社以外の企業を通じて行われている場合であっても、その取引が実質的に連結会社間の取引であることが明確であるときは、この取引を連結会社間の取引とみなして処理する。

未実現損益の消去

36. 連結会社相互間の取引によって取得した棚卸資産、固定資産その他の資産に含まれる未実現損益は、その**全額**を消去する。ただし、**未実現損失**については、売手側の帳簿価額のうち**回収不能と認められる部分**は、消去しない。

37. **未実現損益**の金額に重要性が乏しい場合には、これを消去しないことができる。

38. 売手側の子会社に非支配株主が存在する場合には、**未実現損益**は、親会社と非支配株主の持分比率に応じて、**親会社の持分**と**非支配株主持分**に配分する。

企業会計基準第24号

20：会計方針の開示、会計上の変更及び誤謬の訂正に関する会計基準

❖ 用語の定義

4．本会計基準における用語の定義は次のとおりとする。

(1) 「会計方針」とは、財務諸表の作成にあたって採用した会計処理の原則及び手続をいう。

(2) 「表示方法」とは、財務諸表の作成にあたって採用した表示の方法（注記による開示も含む。）をいい、財務諸表の科目分類、科目配列及び報告様式が含まれる。

(3) 「会計上の見積り」とは、資産及び負債や収益及び費用等の額に不確実性がある場合において、財務諸表作成時に入手可能な情報に基づいて、その合理的な金額を算出することをいう。

(4) 「会計上の変更」とは、会計方針の変更、表示方法の変更及び会計上の見積りの変更をいう。過去の財務諸表における誤謬の訂正は、会計上の変更には該当しない。

(5) 「会計方針の変更」とは、従来採用していた一般に公正妥当と認められた会計方針から他の一般に公正妥当と認められた会計方針に変更することをいう。

(6) 「表示方法の変更」とは、従来採用していた一般に公正妥当と認められた表示方法から他の一般に公正妥当と認められた表示方法に変更することをいう。

(7) 「会計上の見積りの変更」とは、新たに入手可能となった情報に基づいて、過去に財務諸表を作成する際に行った会計上の見積りを変更することをいう。

(8) 「誤謬」とは、原因となる行為が意図的であるか否かにかかわらず、財務諸表作成時に入手可能な情報を使用しなかったことによる、又はこれを誤用したことによる、次のような誤りをいう。

① 財務諸表の基礎となるデータの収集又は処理上の誤り

② 事実の見落としや誤解から生じる会計上の見積りの誤り

③ 会計方針の適用の誤り又は表示方法の誤り

(9) 「遡及適用」とは、新たな会計方針を過去の財務諸表に遡って適用していたかのように会計処理することをいう。

(10) 「財務諸表の組替え」とは、新たな表示方法を過去の財務諸表に遡って適用していたかのように表示を変更することをいう。

(11) 「修正再表示」とは、過去の財務諸表における誤謬の訂正を財務諸表に反映することをいう。

❖ 会計上の取扱い

会計方針の開示の取扱い

重要な会計方針に関する注記

4 - 4 . 財務諸表には、**重要な会計方針**を**注記**する。

4 - 5 . 会計方針の例としては、次のようなものがある。ただし、重要性の乏しいものについては、注記を省略することができる。

(1) 有価証券の評価基準及び評価方法

(2) 棚卸資産の評価基準及び評価方法

(3) 固定資産の減価償却の方法

(4) 繰延資産の処理方法

(5) 外貨建資産及び負債の本邦通貨への換算基準

(6) 引当金の計上基準

(7) 収益及び費用の計上基準

会計方針の変更の取扱い

会計方針の変更の分類

5 . 会計方針は、**正当な理由**により変更を行う場合を除き、**毎期継続**して適用する。**正当な理由**により変更を行う場合は、次のいずれかに分類される。

(1) **会計基準等の改正**に伴う会計方針の変更

会計基準等の改正によって特定の会計処理の原則及び手続が強制される場合や、従来認められていた会計処理の原則及び手続を任意に選択する余地がなくなる場合など、会計基準等の改正に伴って会計方針の変更を行うことをいう。会計基準等の改正には、既存の会計基準等の改正又は廃止のほか、新たな会計基準等の設定が含まれる。

なお、会計基準等に早期適用の取扱いが定められており、これを適用す

346

る場合も、会計基準等の改正に伴う会計方針の変更として取り扱う。

(2) (1)以外の正当な理由による会計方針の変更

正当な理由に基づき自発的に会計方針の変更を行うことをいう。

会計方針の変更に関する原則的な取扱い

6. 会計方針の変更に関する原則的な取扱いは、次のとおりとする。

(1) 会計基準等の改正に伴う会計方針の変更の場合

会計基準等に特定の経過的な取扱い(適用開始時に遡及適用を行わないことを定めた取扱いなどをいう。以下同じ。)が定められていない場合には、新たな会計方針を過去の期間のすべてに遡及適用する。会計基準等に特定の経過的な取扱いが定められている場合には、その経過的な取扱いに従う。

(2) (1)以外の正当な理由による会計方針の変更の場合

新たな会計方針を過去の期間のすべてに遡及適用する。

7. 前項に従って新たな会計方針を遡及適用する場合には、次の処理を行う。

(1) 表示期間(当期の財務諸表及びこれに併せて過去の財務諸表が表示されている場合の、その表示期間をいう。以下同じ。)より前の期間に関する遡及適用による累積的影響額は、表示する財務諸表のうち、最も古い期間の期首の資産、負債及び純資産の額に反映する。

(2) 表示する過去の各期間の財務諸表には、当該各期間の影響額を反映する。

❖ 表示方法の変更の取扱い

表示方法の変更に関する原則的な取扱い

13. 表示方法は、次のいずれかの場合を除き、毎期継続して適用する。

(1) 表示方法を定めた会計基準又は法令等の改正により表示方法の変更を行う場合

(2) 会計事象等を財務諸表により適切に反映するために表示方法の変更を行う場合

14. 財務諸表の表示方法を変更した場合には、原則として表示する過去の財務諸表について、新たな表示方法に従い財務諸表の組替えを行う。

❖ 会計上の見積りの変更の取扱い

会計上の見積りの変更に関する原則的な取扱い

17. 会計上の見積りの変更は、当該変更が**変更期間**のみに影響する場合には、当該**変更期間**に会計処理を行い、当該変更が**将来の期間**にも影響する場合には、**将来**にわたり会計処理を行う。

❖ 過去の誤謬の取扱い

過去の誤謬に関する取扱い

21. 過去の財務諸表における**誤謬**が発見された場合には、次の方法により**修正再表示**する。

    (1) 表示期間より前の期間に関する**修正再表示**による**累積的影響額**は、表示する財務諸表のうち、最も古い期間の期首の**資産**、**負債**及び**純資産**の額に反映する。

    (2) 表示する過去の各期間の財務諸表には、当該各期間の**影響額**を反映する。

企業会計基準第25号

21：包括利益の表示に関する会計基準

❖ 用語の定義

4．「包括利益」とは、ある企業の特定期間の財務諸表において認識された純資産の変動額のうち、当該企業の純資産に対する持分所有者との直接的な取引によらない部分をいう。当該企業の純資産に対する持分所有者には、当該企業の株主のほか当該企業の発行する新株予約権の所有者が含まれ、連結財務諸表においては、当該企業の子会社の非支配株主も含まれる。

5．「その他の包括利益」とは、包括利益のうち当期純利益に含まれない部分をいう。連結財務諸表におけるその他の包括利益には、親会社株主に係る部分と非支配株主に係る部分が含まれる。

❖ 包括利益の計算の表示

6．当期純利益にその他の包括利益の内訳項目を加減して包括利益を表示する。

❖ その他の包括利益の内訳の開示

7．その他の包括利益の内訳項目は、その内容に基づいて、その他有価証券評価差額金、繰延ヘッジ損益、為替換算調整勘定、退職給付に係る調整額等に区分して表示する。持分法を適用する被投資会社のその他の包括利益に対する投資会社の持分相当額は、一括して区分表示する。

8．その他の包括利益の内訳項目は、税効果を控除した後の金額で表示する。ただし、各内訳項目を税効果を控除する前の金額で表示して、それらに関連する税効果の金額を一括して加減する方法で記載することができる。いずれの場合も、その他の包括利益の各内訳項目別の税効果の金額を注記する。

9．当期純利益を構成する項目のうち、当期又は過去の期間にその他の包括利益に含まれていた部分は、組替調整額として、その他の包括利益の内訳項目ごとに注記する。この注記は、前項による注記と併せて記載することができる。

❖ 包括利益を表示する計算書

11. 包括利益を表示する計算書は、次のいずれかの形式による。連結財務諸表においては、包括利益のうち親会社株主に係る金額及び非支配株主に係る金額を付記する。

   (1) 当期純利益を表示する**損益計算書**と、第6項に従って包括利益を表示する**包括利益計算書**からなる形式（**2計算書方式**）

   (2) 当期純利益の表示と第6項に従った包括利益の表示を1つの計算書（「**損益及び包括利益計算書**」）で行う形式（**1計算書方式**）

企業会計基準第26号

22：退職給付に関する会計基準

❖ 用語の定義

4．「確定拠出制度」とは、一定の掛金を外部に積み立て、事業主である企業が、当該掛金以外に退職給付に係る追加的な拠出義務を負わない退職給付制度をいう。

5．「確定給付制度」とは、確定拠出制度以外の退職給付制度をいう。

6．「退職給付債務」とは、退職給付のうち、認識時点までに発生していると認められる部分を割り引いたものをいう。

7．「年金資産」とは、特定の退職給付制度のために、その制度について企業と従業員との契約（退職金規程等）等に基づき積み立てられた、次のすべてを満たす特定の資産をいう。
  (1) 退職給付以外に使用できないこと
  (2) 事業主及び事業主の債権者から法的に分離されていること
  (3) 積立超過分を除き、事業主への返還、事業主からの解約・目的外の払出し等が禁止されていること
  (4) 資産を事業主の資産と交換できないこと

8．「勤務費用」とは、1期間の労働の対価として発生したと認められる退職給付をいう。

9．「利息費用」とは、割引計算により算定された期首時点における退職給付債務について、期末までの時の経過により発生する計算上の利息をいう。

10．「期待運用収益」とは、年金資産の運用により生じると合理的に期待される計算上の収益をいう。

11．「数理計算上の差異」とは、年金資産の期待運用収益と実際の運用成果との差異、退職給付債務の数理計算に用いた見積数値と実績との差異及び見積数値の変更等により発生した差異をいう。なお、このうち当期純利益を構成する項目として費用処理（費用の減額処理又は費用を超過して減額した場合の利益処理を含む。以下同じ。）されていないものを「未認識数理計算上の差異」という（第24項参照）。

12．「過去勤務費用」とは、退職給付水準の改訂等に起因して発生した退職給

付債務の増加又は減少部分をいう。なお、このうち当期純利益を構成する項目として費用処理されていないものを「未認識過去勤務費用」という（第25項参照）。

❖ 損益計算書及び包括利益計算書（又は損益及び包括利益計算書）

14. 次の項目の当期に係る額は、退職給付費用として、当期純利益を構成する項目に含めて計上する^(注2)。

(1) 勤務費用（第17項参照）
(2) 利息費用（第21項参照）
(3) 期待運用収益（第23項参照）
(4) 数理計算上の差異に係る当期の費用処理額（第24項参照）
(5) 過去勤務費用に係る当期の費用処理額（第25項参照）

> **【注2】**
>
> 　臨時に支給される退職給付であってあらかじめ予測できないもの及び退職給付債務の計算にあたって考慮されていたもの以外の退職給付の支給については、支払時の退職給付費用として処理する。

15. 数理計算上の差異の当期発生額及び過去勤務費用の当期発生額のうち、費用処理されない部分（未認識数理計算上の差異及び未認識過去勤務費用となる。）については、その他の包括利益に含めて計上する。その他の包括利益累計額に計上されている未認識数理計算上の差異及び未認識過去勤務費用のうち、当期に費用処理された部分については、その他の包括利益の調整（組替調整）を行う（第24項また書き及び第25項また書き参照）。

❖ 退職給付債務及び勤務費用

（退職給付債務の計算）

16. 退職給付債務は、退職により見込まれる退職給付の総額（以下「退職給付見込額」という。）のうち、期末までに発生していると認められる額を割り引いて計算する^(注3)。

【注3】

退職給付債務は、原則として個々の従業員ごとに計算する。ただし、勤続年数、残存勤務期間、退職給付見込額等について標準的な数値を用いて加重平均等により合理的な計算ができると認められる場合には、当該合理的な計算方法を用いることができる。

（勤務費用の計算）

17. 勤務費用は、退職給付見込額のうち当期に発生したと認められる額を割り引いて計算する [注4]。

【注4】

従業員からの拠出がある企業年金制度を採用している場合には、勤務費用の計算にあたり、従業員からの拠出額を勤務費用から差し引く。

（退職給付見込額の見積り）

18. 退職給付見込額は、合理的に見込まれる退職給付の変動要因を考慮して見積る [注5]。

【注5】

退職給付見込額の見積りにおいて合理的に見込まれる退職給付の変動要因には、予想される昇給等が含まれる。また、臨時に支給される退職給付等であってあらかじめ予測できないものは、退職給付見込額に含まれない。

（退職給付見込額の期間帰属）

19. 退職給付見込額のうち期末までに発生したと認められる額は、次のいずれかの方法を選択適用して計算する。この場合、いったん採用した方法は、原則として、継続して適用しなければならない。

　(1) 退職給付見込額について全勤務期間で除した額を各期の発生額とする方法（以下「期間定額基準」という。）

　(2) 退職給付制度の給付算定式に従って各勤務期間に帰属させた給付に基づ

き見積った額を、退職給付見込額の各期の発生額とする方法（以下「給付算定式基準」という。）

　　なお、この方法による場合、勤務期間の後期における給付算定式に従った給付が、初期よりも著しく高い水準となるときには、当該期間の給付が均等に生じるとみなして補正した給付算定式に従わなければならない。

（割引率）

20. 退職給付債務の計算における割引率は、安全性の高い債券の利回りを基礎として決定する。

21. 利息費用は、期首の退職給付債務に割引率を乗じて計算する。

年金資産

22. 年金資産の額は、期末における時価（公正な評価額をいう。ただし、金融商品については、算定日において市場参加者間で秩序ある取引が行われると想定した場合の、当該取引における資産の売却によって受け取る価格（企業会計基準第10号「金融商品に関する会計基準」第6項）とする。）により計算する。

23. 期待運用収益は、期首の年金資産の額に合理的に期待される収益率（長期期待運用収益率）を乗じて計算する。

数理計算上の差異

24. 数理計算上の差異は、原則として各期の発生額について、予想される退職時から現在までの平均的な期間（以下「平均残存勤務期間」という。）以内の一定の年数で按分した額を毎期費用処理する。

　　また、当期に発生した未認識数理計算上の差異は税効果を調整の上、その他の包括利益を通じて純資産の部に計上する（第27項参照）。

過去勤務費用

25. 過去勤務費用は、原則として各期の発生額について、平均残存勤務期間以内の一定の年数で按分した額を毎期費用処理する。

　　また、当期に発生した未認識過去勤務費用は税効果を調整の上、その他の包括利益を通じて純資産の部に計上する（第27項参照）。

❖ 確定給付制度の開示

表示

27. 積立状況を示す額について、負債となる場合は「**退職給付に係る負債**」等の適当な科目をもって**固定負債**に計上し、資産となる場合は「**退職給付に係る資産**」等の適当な科目をもって**固定資産**に計上する。未認識数理計算上の差異及び未認識過去勤務費用については、税効果を調整の上、純資産の部におけるその他の包括利益累計額に「**退職給付に係る調整累計額**」等の適当な科目をもって計上する。

28. 退職給付費用（第14項参照）については、原則として**売上原価**又は**販売費及び一般管理費**に計上する。

    ただし、新たに退職給付制度を採用したとき又は給付水準の重要な改訂を行ったときに発生する過去勤務費用を発生時に全額費用処理する場合などにおいて、その金額が重要であると認められるときには、当該金額を**特別損益**として計上することができる。

29. 当期に発生した未認識数理計算上の差異及び未認識過去勤務費用並びに当期に費用処理された組替調整額（第15項参照）については、その他の包括利益に「**退職給付に係る調整額**」等の適当な科目をもって、一括して計上する。

❖ 結論の背景

確定給付制度の会計処理　　退職給付債務及び勤務費用
（平成24年改正会計基準による退職給付見込額の期間帰属方法の見直し）

61. 期間定額基準を選択適用で認めるべきという意見は、我が国の退職給付会計では退職給付見込額の期間帰属方法を費用配分の方法として捉えており、直接観察できない労働サービスの費消態様に合理的な仮定を置かざるを得ないことを踏まえれば、労働サービスに係る費用配分の方法は一義的に決まらず、勤務期間を基礎とする費用配分の方法（**期間定額基準**）についても、これを否定する根拠は乏しいという考え方に基づいている。また、**給付算定式基準**では、勤務期間の後期における給付算定式に従った給付が、初期よりも著しく高い水準となる場合（給付算定式に従う給付が著しく後加重である場合）、その部分について均等に生じるものとみなして補正すべきとされているが、これは、勤務期間を基礎とする配分に一定の合理性を認めていることを示唆している、という意見もある。

355

企業会計基準第29号

23：収益認識に関する会計基準

❖ Ⅱ．用語の定義

5.「契約」とは、法的な強制力のある権利及び義務を生じさせる複数の当事者間における取決めをいう。
6.「顧客」とは、対価と交換に企業の通常の営業活動により生じたアウトプットである財又はサービスを得るために当該企業と契約した当事者をいう。
7.「履行義務」とは、顧客との契約において、次の(1)又は(2)のいずれかを顧客に移転する約束をいう。
 (1) 別個の財又はサービス（あるいは別個の財又はサービスの束）
 (2) 一連の別個の財又はサービス（特性が実質的に同じであり、顧客への移転のパターンが同じである複数の財又はサービス）
8.「取引価格」とは、財又はサービスの顧客への移転と交換に企業が権利を得ると見込む対価の額（ただし、第三者のために回収する額を除く。）をいう。
9.「独立販売価格」とは、財又はサービスを独立して企業が顧客に販売する場合の価格をいう。
10.「契約資産」とは、企業が顧客に移転した財又はサービスと交換に受け取る対価に対する企業の権利（ただし、顧客との契約から生じた債権を除く。）をいう。
11.「契約負債」とは、財又はサービスを顧客に移転する企業の義務に対して、企業が顧客から対価を受け取ったもの又は対価を受け取る期限が到来しているものをいう。
12.「顧客との契約から生じた債権」とは、企業が顧客に移転した財又はサービスと交換に受け取る対価に対する企業の権利のうち無条件のもの（すなわち、対価に対する法的な請求権）をいう。
13.「工事契約」とは、仕事の完成に対して対価が支払われる請負契約のうち、土木、建築、造船や一定の機械装置の製造等、基本的な仕様や作業内容を顧客の指図に基づいて行うものをいう。
14.「受注制作のソフトウェア」とは、契約の形式にかかわらず、特定のユー

ザー向けに制作され、提供されるソフトウェアをいう。

15. 「原価回収基準」とは、履行義務を充足する際に発生する費用のうち、回収することが見込まれる費用の金額で収益を認識する方法をいう。

❖ Ⅲ．会計処理

1．基本となる原則

16. 本会計基準の基本となる原則は、約束した財又はサービスの顧客への移転を当該財又はサービスと交換に企業が権利を得ると見込む対価の額で描写するように、収益を認識することである。

17. 前項の基本となる原則に従って収益を認識するために、次の(1)から(5)のステップを適用する。

(1) 顧客との契約を識別する

本会計基準の定めは、顧客と合意し、かつ、所定の要件を満たす契約に適用する。

(2) 契約における履行義務を識別する

契約において顧客への移転を約束した財又はサービスが、所定の要件を満たす場合には別個のものであるとして、当該約束を履行義務として区分して識別する。

(3) 取引価格を算定する

変動対価又は現金以外の対価の存在を考慮し、金利相当分の影響及び顧客に支払われる対価について調整を行い、取引価格を算定する。

(4) 契約における履行義務に取引価格を配分する

契約において約束した別個の財又はサービスの独立販売価格の比率に基づき、それぞれの履行義務に取引価格を配分する。独立販売価格を直接観察できない場合には、独立販売価格を見積る。

(5) 履行義務を充足した時に又は充足するにつれて収益を認識する

約束した財又はサービスを顧客に移転することにより履行義務を充足した時に又は充足するにつれて、充足した履行義務に配分された額で収益を認識する。履行義務は、所定の要件を満たす場合には一定の期間にわたり充足され、所定の要件を満たさない場合には一時点で充足される。

２．収益の認識基準

（５）履行義務の充足による収益の認識

35. 企業は約束した財又はサービス（本会計基準において、顧客との契約の対象となる財又はサービスについて、以下「資産」と記載することもある。）を顧客に移転することにより履行義務を充足した時に又は充足するにつれて、収益を認識する。資産が移転するのは、顧客が当該資産に対する支配を獲得した時又は獲得するにつれてである。

（一定の期間にわたり充足される履行義務）

38. 次の(1)から(3)の要件のいずれかを満たす場合、資産に対する支配を顧客に一定の期間にわたり移転することにより、一定の期間にわたり履行義務を充足し収益を認識する。
   ⑴　企業が顧客との契約における義務を履行するにつれて、顧客が便益を享受すること
   ⑵　企業が顧客との契約における義務を履行することにより、資産が生じる又は資産の価値が増加し、当該資産が生じる又は当該資産の価値が増加するにつれて、顧客が当該資産を支配すること
   ⑶　次の要件のいずれも満たすこと
   　①　企業が顧客との契約における義務を履行することにより、別の用途に転用することができない資産が生じること
   　②　企業が顧客との契約における義務の履行を完了した部分について、対価を収受する強制力のある権利を有していること

（履行義務の充足に係る進捗度）

45. 履行義務の充足に係る進捗度を合理的に見積ることができないが、当該履行義務を充足する際に発生する費用を回収することが見込まれる場合には、履行義務の充足に係る進捗度を合理的に見積ることができる時まで、一定の期間にわたり充足される履行義務について原価回収基準により処理する。

3．収益の額の算定

（2）取引価格の算定

47．取引価格とは、財又はサービスの顧客への移転と交換に企業が権利を得ると見込む対価の額（ただし、第三者のために回収する額を除く。）をいう（第8項参照）。取引価格の算定にあたっては、契約条件や取引慣行等を考慮する。

48．顧客により約束された対価の性質、時期及び金額は、取引価格の見積りに影響を与える。

取引価格を算定する際には、次の(1)から(4)のすべての影響を考慮する。

(1)　変動対価

(2)　契約における重要な金融要素

(3)　現金以外の対価

(4)　顧客に支払われる対価

（変動対価）

50．顧客と約束した対価のうち変動する可能性のある部分を「**変動対価**」という。契約において、顧客と約束した対価に変動対価が含まれる場合、財又はサービスの顧客への移転と交換に企業が権利を得ることとなる対価の額を見積る。

51．変動対価の額の見積りにあたっては、発生し得ると考えられる対価の額における最も可能性の高い単一の金額（**最頻値**）による方法又は発生し得ると考えられる対価の額を確率で加重平均した金額（**期待値**）による方法のいずれかのうち、企業が権利を得ることとなる対価の額をより適切に予測できる方法を用いる。

54．第51項に従って見積られた変動対価の額については、変動対価の額に関する不確実性が事後的に解消される際に、解消される時点までに計上された収益の著しい減額が発生しない可能性が高い部分に限り、取引価格に含める。

（契約における重要な金融要素）

56．契約の当事者が明示的又は黙示的に合意した支払時期により、財又はサービスの顧客への移転に係る信用供与についての重要な便益が顧客又は企業に

提供される場合には、顧客との契約は重要な金融要素を含むものとする。

57. 顧客との契約に重要な金融要素が含まれる場合、取引価格の算定にあたっては、約束した対価の額に含まれる金利相当分の影響を調整する。収益は、約束した財又はサービスが顧客に移転した時点で（又は移転するにつれて）、当該財又はサービスに対して顧客が支払うと見込まれる現金販売価格を反映する金額で認識する。

収益認識に関する会計基準の適用指針

❖ Ⅲ．会計処理

３．特定の状況又は取引における取扱い

（２）本人と代理人の区分

39. 顧客への財又はサービスの提供に他の当事者が関与している場合において、顧客との約束が当該財又はサービスを企業が自ら提供する履行義務であると判断され、企業が本人に該当するときには、当該財又はサービスの提供と交換に企業が権利を得ると見込む対価の総額を収益として認識する。

40. 顧客への財又はサービスの提供に他の当事者が関与している場合において、顧客との約束が当該財又はサービスを当該他の当事者によって提供されるように企業が手配する履行義務であると判断され、企業が代理人に該当するときには、他の当事者により提供されるように手配することと交換に企業が権利を得ると見込む報酬又は手数料の金額（あるいは他の当事者が提供する財又はサービスと交換に受け取る額から当該他の当事者に支払う額を控除した純額）を収益として認識する。

４．工事契約等から損失が見込まれる場合の取扱い

90. 工事契約について、工事原価総額等（工事原価総額のほか、販売直接経費がある場合にはその見積額を含めた額）が工事収益総額を超過する可能性が高く、かつ、その金額を合理的に見積ることができる場合には、その超過すると見込まれる額（以下「工事損失」という。）のうち、当該工事契約に関して既に計上された損益の額を控除した残額を、工事損失が見込まれた期の損失として処理し、工事損失引当金を計上する。

実務対応報告第19号

24：繰延資産の会計処理に関する当面の取扱い

❖ 2　繰延資産の会計処理の見直しに関する考え方

　当委員会では、これまで行われてきた繰延資産の会計処理を踏まえ、以下の考え方に基づき、必要な範囲内で見直しを行うこととした。

(1) 繰延資産の考え方については、企業会計原則注解（注15）に示されている考え方（すでに代価の支払が完了し又は支払義務が確定し、これに対応する役務の提供を受けたにもかかわらず、その効果が将来にわたって発現するものと期待される費用）を踏襲する。

(2) 検討対象とする繰延資産の項目は、原則として、旧商法施行規則で限定列挙されていた項目（ただし、会社法において廃止された建設利息[1]を除く。）とする。これは、「繰延資産の部に計上した額」が剰余金の分配可能額から控除される（計算規則第158条第1号）ことなどを考慮したものである。

　この結果、本実務対応報告では、以下の項目を繰延資産として取り扱っている[2]。

① **株式交付費**
② **社債発行費等**（新株予約権の発行に係る費用を含む。）
③ **創立費**
④ **開業費**
⑤ **開発費**

　なお、これまで繰延資産とされていた社債発行差金に相当する額については、平成18年8月11日に公表された企業会計基準第10号「金融商品に関する会計基準」（以下「金融商品会計基準」という。）において会計処理（社債金額から直接控除する方法）を定めており、本実務対応報告では、経過措置に関する事項を除き、取り扱わない。

(3) これまでの繰延資産の会計処理、特に繰延資産の償却期間については、それを変更すべき合理的な理由がない限り、これまでの取扱いを踏襲する。

1 「会社法制の現代化に関する要綱」（平成17年2月9日法制審議会総会決定）第2部 第6 1（注3）において、建設利息を規定している旧商法第291条は削除すると記載されている。

2 会社法上、繰延資産の項目は限定されていないが、本実務対応報告では、これまで限定列挙と解されていた繰延資産の項目を増やす検討は行っていない。したがって、上記5項目の繰延資産は、結果として、限定列挙となる。なお、いわゆる法人税法上の繰延資産は、本実務対応報告における繰延資産には該当しないことになる。

　また、本実務対応報告では、繰延資産の考え方は企業会計原則に示されている考え方を踏襲しているものの、繰延資産の具体的な項目は、会社法などに対応するため、企業会計原則とは異なるものがある。繰延資産の具体的な項目については、本実務対応報告の取扱いが企業会計原則の定めに優先することになる。

❖3 会計処理

(1) 株式交付費の会計処理

　株式交付費（新株の発行又は自己株式の処分に係る費用）は、原則として、支出時に費用（営業外費用）として処理する。ただし、企業規模の拡大のためにする資金調達などの財務活動（組織再編の対価として株式を交付する場合を含む。）に係る株式交付費については、繰延資産に計上することができる。この場合には、株式交付のときから3年以内のその効果の及ぶ期間にわたって、定額法により償却をしなければならない。

　株式交付費とは、株式募集のための広告費、金融機関の取扱手数料、証券会社の取扱手数料、目論見書・株券等の印刷費、変更登記の登録免許税、その他株式の交付等のために直接支出した費用をいう。

　なお、繰延資産に該当する株式交付費は、繰延資産の性格から、企業規模の拡大のためにする資金調達などの財務活動に係る費用を前提としているため、株式の分割や株式無償割当てなどに係る費用は、繰延資産には該当せず、支出時に費用として処理することになる。また、この場合には、これらの費用を販売費及び一般管理費に計上することができる。

（会計処理の考え方）

　現行の国際的な会計基準では、株式交付費は、資本取引に付随する費用として、資本から直接控除することとされている。当委員会においては、国際

的な会計基準との整合性の観点から、当該方法についても検討した。しかしながら、以下の理由により、当面、これまでの会計処理を踏襲し、株式交付費は費用として処理（繰延資産に計上し償却する処理を含む。）することとした。

① 株式交付費は株主との資本取引に伴って発生するものであるが、その対価は株主に支払われるものではないこと

② 株式交付費は社債発行費と同様、資金調達を行うために要する支出額であり、財務費用としての性格が強いと考えられること

③ 資金調達の方法は会社の意思決定によるものであり、その結果として発生する費用もこれに依存することになる。したがって、資金調達に要する費用を会社の業績に反映させることが投資家に有用な情報を提供することになると考えられること

また、本実務対応報告では、新株の発行と自己株式の処分に係る費用を合わせて株式交付費とし、自己株式の処分に係る費用についても繰延資産に計上できることとした。自己株式の処分に係る費用は、旧商法施行規則において限定列挙されていた新株発行費には該当しないため、これまで繰延資産として会計処理することはできないと解されてきた。しかしながら、会社法においては、新株の発行と自己株式の処分の募集手続は募集株式の発行等として同一の手続によることとされ、また、株式の交付を伴う資金調達などの財務活動に要する費用としての性格は同じであることから、新株の発行に係る費用の会計処理と整合的に取り扱うことが適当と考えられる。

なお、繰延資産に計上した株式交付費（新株発行費）の償却については、旧商法施行規則において毎決算期に均等額以上の償却をしなければならないとされてきたため、これまでは年数を基準として償却することが一般的であったと考えられる。しかしながら、会社法ではそのような制約はないこと、また、今後、上場会社においては四半期報告が求められることから、繰延資産の計上月にかかわらず、一律に年数を基準として償却を行うことは適当ではないと考えられる。この考え方は、他の繰延資産の償却についても同様である。

(2) **社債発行費等の会計処理**

　社債発行費は、原則として、支出時に費用（営業外費用）として処理す

る。ただし、社債発行費を繰延資産に計上することができる。この場合には、**社債の償還までの期間にわたり利息法により償却**をしなければならない。なお、償却方法については、**継続適用を条件として、定額法を採用**することができる。

社債発行費とは、社債募集のための広告費、金融機関の取扱手数料、証券会社の取扱手数料、目論見書・社債券等の印刷費、社債の登記の登録免許税その他社債発行のため直接支出した費用をいう。

また、**新株予約権の発行に係る費用**についても、資金調達などの財務活動（組織再編の対価として新株予約権を交付する場合を含む。）に係るものについては、社債発行費と同様に繰延資産として会計処理することができる。この場合には、新株予約権の発行のときから、**3年以内のその効果の及ぶ期間**にわたって、**定額法により償却**をしなければならない。ただし、新株予約権が社債に付されている場合で、当該新株予約権付社債を一括法により処理するときは、当該新株予約権付社債の発行に係る費用は、社債発行費として処理する。

（会計処理の考え方）

本実務対応報告では、社債発行費を支出時に費用として処理しない場合には、これまでと同様、繰延資産に計上することとした。

また、社債発行費の償却方法については、旧商法施行規則により、これまで3年以内の期間で均等額以上の償却が求められてきた。しかし、社債発行者にとっては、社債利息やこれまでの社債発行差金に相当する額のみならず、社債発行費も含めて資金調達費と考えることができること、また、国際的な会計基準における償却方法との整合性を考慮すると、社債発行費は、社債の償還までの期間にわたり、利息法（又は継続適用を条件として定額法）により償却することが合理的と考えられる。

なお、計算規則において、払込みを受けた金額が債務額と異なる社債については、事業年度の末日における適正な価格を付すことができるとされた（計算規則第6条第2項第2号）ことから、これを契機に、これまで繰延資産として取り扱われてきた社債発行差金に相当する額は、国際的な会計基準と同様、社債金額から直接控除することとされた（金融商品会計基準第26項）。

(3) **創立費の会計処理**

　創立費は、原則として、支出時に費用（営業外費用）として処理する。ただし、創立費を繰延資産に計上することができる。この場合には、会社の成立のときから5年以内のその効果の及ぶ期間にわたって、定額法により償却をしなければならない。

　創立費とは、会社の負担に帰すべき設立費用、例えば、定款及び諸規則作成のための費用、株式募集その他のための広告費、目論見書・株券等の印刷費、創立事務所の賃借料、設立事務に使用する使用人の給料、金融機関の取扱手数料、証券会社の取扱手数料、創立総会に関する費用その他会社設立事務に関する必要な費用、発起人が受ける報酬で定款に記載して創立総会の承認を受けた金額並びに設立登記の登録免許税等をいう。

　（会計処理の考え方）

　会社法では、創立費を資本金又は資本準備金から減額することが可能とされた（計算規則第43条第1項第3号）。しかしながら、創立費は、株主との間の資本取引によって発生するものではないことから、本実務対応報告では、創立費を支出時に費用として処理（支出時に費用として処理しない場合には、これまでと同様、繰延資産に計上）することとした。

(4) **開業費の会計処理**

　開業費は、原則として、支出時に費用（営業外費用）として処理する。ただし、開業費を繰延資産に計上することができる。この場合には、開業のときから5年以内のその効果の及ぶ期間にわたって、定額法により償却をしなければならない。なお、「開業のとき」には、その営業の一部を開業したときも含むものとする。また、開業費を販売費及び一般管理費として処理することができる。

　開業費とは、土地、建物等の賃借料、広告宣伝費、通信交通費、事務用消耗品費、支払利子、使用人の給料、保険料、電気・ガス・水道料等で、会社成立後営業開始時までに支出した開業準備のための費用をいう。

　（会計処理の考え方）

　本実務対応報告では、開業費を支出時に費用として処理しない場合には、これまでと同様、繰延資産に計上することとした。

　開業準備活動は通常の営業活動ではないため、開業準備のために要した費

用は原則として、営業外費用として処理することとした。ただし、当該費用は、営業活動と密接であること及び実務の便宜を考慮して、販売費及び一般管理費（支出時に費用として処理する場合のほか、繰延資産に計上した場合の償却額を含む。）として処理することができることとした。

また、開業費の範囲については、開業までに支出した一切の費用を含むものとする考え方もあるが、開業準備のために直接支出したとは認められない費用については、その効果が将来にわたって発現することが明確ではないものが含まれている可能性がある。このため、開業費は、開業準備のために直接支出したものに限ることが適当である。

(5) 開発費の会計処理

開発費は、原則として、支出時に費用（売上原価又は販売費及び一般管理費）として処理する。ただし、開発費を繰延資産に計上することができる。この場合には、支出のときから5年以内のその効果の及ぶ期間にわたって、定額法その他の合理的な方法により規則的に償却しなければならない。

開発費とは、新技術又は新経営組織の採用、資源の開発、市場の開拓等のために支出した費用、生産能率の向上又は生産計画の変更等により、設備の大規模な配置替えを行った場合等の費用をいう。ただし、経常費の性格をもつものは開発費には含まれない。

なお、「研究開発費等に係る会計基準」の対象となる研究開発費については、発生時に費用として処理しなければならないことに留意する必要がある。

（会計処理の考え方）

本実務対応報告では、開発費を支出時に費用として処理しない場合には、これまでと同様、繰延資産に計上することとした。

開発費の効果の及ぶ期間の判断にあたり、支出の原因となった新技術や資源の利用可能期間が限られている場合には、その期間内（ただし、最長で5年以内）に償却しなければならない点に留意する必要がある。

(6) 支出の効果が期待されなくなった繰延資産の会計処理

支出の効果が期待されなくなった繰延資産は、その未償却残高を一時に償却しなければならない。

(7) 繰延資産に係る会計処理方法の継続性

① 基本的な考え方

同一の繰延資産項目については、その性質は一般的に同質のものと考えられるため、繰延資産に適用する会計処理方法は、原則として、同一の方法によらなければならない。

② 同一の繰延資産項目に関する継続性の取扱い

ア 同一の繰延資産項目についての会計処理が前事業年度にも行われている場合において、当事業年度の会計処理方法が前事業年度の会計処理方法と異なるときは、原則として、会計方針の変更として取り扱うものとする。

ただし、支出内容に著しい変化がある場合には新たな会計事実の発生とみて、直近の会計処理方法とは異なる会計処理方法を選択することができる。この場合、直近の会計処理とは異なる会計処理方法を選択した旨、引き続き同一の会計処理方法を採用したと仮定した場合と比較したときの影響額及び会計方針の変更として取り扱わなかった理由（新たな会計事実の発生として判断した理由）を追加情報として注記する。

イ 前事業年度において同一の繰延資産項目がないため、会計処理が前事業年度において行われていない場合には、会計方針の変更として取り扱わないこととする。

❖ 4 適用時期等

(1) 適用時期

平成18年実務対応報告公表日以後に終了する事業年度及び中間会計期間から平成18年実務対応報告を適用する。ただし、会社法施行日（平成18年5月1日）以後本実務対応報告公表日前に終了した事業年度及び中間会計期間から平成18年実務対応報告を適用することができる。

(2) 経過措置

① 平成18年実務対応報告を適用する事業年度の直前の事業年度（以下「適用直前事業年度」という。）の貸借対照表に計上されていた社債発行差金を除く繰延資産の償却に関する会計処理（当該繰延資産の償却額の損益計算書の計上区分に関する事項を除く。）については、適用直前事業年度

の会計処理を継続して適用する。

② 適用直前事業年度の貸借対照表に新株発行費が計上されている場合には、当該新株発行費の償却が終了するまでの間、新株発行費の科目をもって表示することができる。ただし、平成18年実務対応報告の適用後に、新株の発行又は自己株式の処分に係る費用を株式交付費として繰延資産に計上する場合は、新株発行費として繰延資産に計上している額を株式交付費に振り替える。

③ 適用直前事業年度の貸借対照表に社債発行差金が計上されている場合には、以下のように取扱うものとする。

　ア 当該社債発行差金の償却に関する会計処理は、適用直前事業年度の会計処理を継続して適用する。ただし、当該社債発行差金の償却額は、社債利息に含めて表示する。

　イ 当該社債発行差金は、社債から控除して表示する。

(3) 平成18年実務対応報告の適用に伴う会計処理及び表示の変更の取扱い

平成18年実務対応報告の適用により、適用直前事業年度に行われていた繰延資産の会計処理及び表示を変更することとなった場合には、3(7)②アの考え方に基づき、原則として、会計基準等の改正に伴う会計方針の変更として取り扱う。なお、この際、以下の点に留意する必要がある。

① 平成18年実務対応報告適用初年度において、自己株式の処分に係る費用を株式交付費として繰延資産に計上する場合で、適用直前事業年度においても自己株式の処分を行っているときは、会計基準等の改正に伴う会計方針の変更として取り扱う。

② 平成18年実務対応報告適用初年度において、適用直前事業年度の貸借対照表に計上していた繰延資産と同一項目の繰延資産を計上する場合で、年数を基準とした償却方法から、月数等を基準とした償却方法に変更したときは、原則として、会計基準等の改正に伴う会計方針の変更として取り扱う。

25 : 企業会計原則と関係諸法令との調整に関する連続意見書

連続意見書第三　有形固定資産の減価償却について

第一　企業会計原則と減価償却

❖ 一　企業会計原則の規定

　減価償却に関する企業会計原則の基本的立場は、貸借対照表原則五の２項に左のごとく示されている。

　「資産の取得原価は、資産の種類に応じた費用配分の原則によって、各事業年度に配分しなければならない。有形固定資産は、その取得原価を当該固定資産の耐用期間にわたり、一定の減価償却方法によって各事業年度に配分し、無形固定資産及び繰延資産は、有償取得の対価を一定の償却方法によって各事業年度に配分しなければならない。」

　これによって明らかなように、減価償却は、費用配分の原則に基づいて有形固定資産の取得原価をその耐用期間における各事業年度に配分することである。

❖ 二　減価償却と損益計算

　減価償却の最も重要な目的は、適正な費用配分を行なうことによって、毎期の損益計算を正確ならしめることである。このためには、減価償却は所定の減価償却方法に従い、計画的、規則的に実施されねばならない。利益におよぼす影響を顧慮して減価償却費を任意に増減することは、右に述べた正規の減価償却に反するとともに、損益計算をゆがめるものであり、是認し得ないところである。

　正規の減価償却の手続によって各事業年度に配分された減価償却費は、更に原価計算によって製品原価と期間原価とに分類される。製品原価に分類された減価償却費は製品単位ごとに集計され、結局は売上原価と期末棚卸資産原価とに二分して把握される。このうち売上原価に含まれる部分は、期間原価として処理される減価償却費とともに当期の収益に対応せしめられるが、期末棚卸資産原価に含まれる部分は翌期に繰り延べられ、翌期以降の収益に対応せしめら

れることになる。

❖四　固定資産の取得原価と残存価額

　減価償却は、原則として、固定資産の取得原価を耐用期間の各事業年度に配分することであるから、取得原価の決定は、減価償却にとって重要な意味を有する。固定資産の取得にはさまざまの場合があり、それぞれに応じて取得原価の計算も異なる。

1　**購入**　固定資産を購入によって取得した場合には、購入代金に買入手数料、運送費、荷役費、据付費、試運転費等の付随費用を加えて取得原価とする。但し、正当な理由がある場合には、付随費用の一部又は全部を加算しない額をもって取得原価とすることができる。

　　購入に際して値引又は割戻を受けたときには、これを購入代金から控除する。

2　**自家建設**　固定資産を自家建設した場合には、適正な原価計算基準に従って製造原価を計算し、これに基づいて取得原価を計算する。建設に要する借入資本の利子で稼働前の期間に属するものは、これを取得原価に算入することができる。

3　**現物出資**　株式を発行しその対価として固定資産を受け入れた場合には、出資者に対して交付された株式の発行価額をもって取得原価とする。

4　**交換**　自己所有の固定資産と交換に固定資産を取得した場合には、交換に供された自己資産の適正な簿価をもって取得原価とする。

　　自己所有の株式ないし社債等と固定資産を交換した場合には、当該有価証券の時価又は適正な簿価をもって取得原価とする。

5　**贈与**　固定資産を贈与された場合には、時価等を基準として公正に評価した額をもって取得原価とする。

　固定資産の取得原価から耐用年数到来時におけるその残存価額を控除した額が、各期間にわたって配分されるべき減価償却総額である。残存価額は、固定資産の耐用年数到来時において予想される当該資産の売却価格又は利用価格である。この場合、解体、撤去、処分等のために費用を要するときには、これを売却価格又は利用価格から控除した額をもって残存価額とする。

　なお、固定資産の取得時以後において著しい貨幣価値の変動があった場合および会社更生、合併等の場合には、当該固定資産の再評価を行ない、これによ

って減価償却の適性化を図ることが認められることがある。

❖六　減価償却計算法

1　期間を配分基準とする方法

　　期間を配分基準とする減価償却計算の根本問題は、耐用年数の決定に存するが、これが決定されている場合、各事業年度の減価償却費を計算する方法として次のごときものがある。

　　　　定　額　法
　　　　定　率　法
　　　　級　数　法
　　　　償却基金法

　　償却基金法に類似する方法に年金法がある。年金法においては、減価償却引当金累計は減価償却総額に一致するが、減価償却費には利子が算入されるから減価償却費の累計は利子部分だけ減価償却総額を超過する。このように年金法は利子を原価に算入する方法であるため、一般の企業においては適用されていない。しかしながら、利子を原価に算入することが法令等によって認められている公益企業においては、この方法を用いることが適当であると考えられる。

2　生産高を配分基準とする方法

　　生産高（利用高）を配分基準とする方法には生産高比例法がある。この方法は、前述のように、減価が主として固定資産の利用に比例して発生することを前提とするが、このほか、当該固定資産の総利用可能量が物質的に確定できることもこの方法適用のための条件である。かかる制限があるため、生産高比例法は、期間を配分基準とする方法と異なりその適用さるべき固定資産の範囲が狭く、鉱業用設備、航空機、自動車等に限られている。

　　なお、生産高比例法に類似する方法に減耗償却がある。減耗償却は、減耗性資産に対して適用される方法である。減耗性資産は、鉱山業における埋蔵資源あるいは林業における山林のように、採取されるにつれて漸次減耗し涸渇する天然資源を表わす資産であり、その全体としての用役をもって生産に役立つものでなく、採取されるに応じてその実体が部分的に製品化されるものである。したがって、減耗償却は減価償却とは異なる別個の費用配分法であるが、手続き的には生産高比例法と同じである。

❖七　取替法

同種の物品が多数集まって、一つの全体を構成し、老朽品の部分的取替を繰り返すことにより全体が維持されるような固定資産に対しては、取替法を適用することができる。取替法は、減価償却法とは全く異なり、減価償却の代りに部分的取替に要する取替費用を収益的支出として処理する方法である。取替法の適用が認められる資産は取替資産と呼ばれ、軌条、信号機、送電線、需要者用ガス計量器、工具器具等がその例である。

26：会社計算規則

（注記表の区分）
第九十八条　注記表は、次に掲げる項目に区分して表示しなければならない。
- 一　継続企業の前提に関する注記
- 二　重要な会計方針に係る事項（連結注記表にあっては、連結計算書類の作成のための基本となる重要な事項及び連結の範囲又は持分法の適用の範囲の変更）に関する注記
- 三　会計方針の変更に関する注記
- 四　表示方法の変更に関する注記
- 四の二　会計上の見積りに関する注記
- 五　会計上の見積りの変更に関する注記
- 六　誤謬の訂正に関する注記
- 七　貸借対照表等に関する注記
- 八　損益計算書に関する注記
- 九　株主資本等変動計算書（連結注記表にあっては、連結株主資本等変動計算書）に関する注記
- 十　税効果会計に関する注記
- 十一　リースにより使用する固定資産に関する注記
- 十二　金融商品に関する注記
- 十三　賃貸等不動産に関する注記
- 十四　持分法損益等に関する注記
- 十五　関連当事者との取引に関する注記
- 十六　一株当たり情報に関する注記
- 十七　重要な後発事象に関する注記
- 十八　連結配当規制適用会社に関する注記
- 十八の二　収益認識に関する注記
- 十九　その他の注記

2　次の各号に掲げる注記表には、当該各号に定める項目を表示することを要しない。

一　会計監査人設置会社以外の株式会社（公開会社を除く。）の個別注記表　前項第一号、第四号の二、第五号、第七号、第八号及び第十号から第十八号までに掲げる項目

二　会計監査人設置会社以外の公開会社の個別注記表　前項第一号、第四号の二、第五号、第十四号及び第十八号に掲げる項目

三　会計監査人設置会社であって、法第四百四十四条第三項に規定するもの以外の株式会社の個別注記表　前項第十四号に掲げる項目

四　連結注記表　前項第八号、第十号、第十一号、第十四号、第十五号及び第十八号に掲げる項目

五　持分会社の個別注記表　前項第一号、第四号の二、第五号及び第七号から第十八号までに掲げる項目

（重要な会計方針に係る事項に関する注記）

第百一条　重要な会計方針に係る事項に関する注記は、会計方針に関する次に掲げる事項（重要性の乏しいものを除く。）とする。

一　資産の評価基準及び評価方法

二　固定資産の減価償却の方法

三　引当金の計上基準

四　収益及び費用の計上基準

五　その他計算書類の作成のための基本となる重要な事項

討議資料

27：財務会計の概念フレームワーク

Rank C

❖ 第1章　財務報告の目的

（序文）

　本章では、財務報告を支える基本的な前提や概念のうち、その目的の記述に主眼が置かれている。基礎概念の体系化に際し、財務報告の目的を最初にとりあげたのは、一般に社会のシステムは、その目的が基本的な性格を決めているからである。財務報告のシステムも、その例外ではない。

　ただし、どのような社会のシステムも、時代や環境の違いを超えた普遍的な目的を持つわけではない。

　財務報告制度の目的は、社会からの要請によって与えられるものであり、自然に決まってくるのではない。とすれば、この制度に対し、いま社会からいかなる要請がなされているのかを確かめることは、そのあり方を検討する際に最優先すべき作業であろう。

　財務報告はさまざまな役割を果たしているが、ここでは、その目的が、投資家による企業成果の予測と企業価値の評価に役立つような、企業の財務状況の開示にあると考える。自己の責任で将来を予測し投資の判断をする人々のために、企業の投資のポジション（ストック）とその成果（フロー）が開示されるとみるのである。

　もちろん、会計情報を企業価値の推定に利用することを重視するからといって、それ以外の使われ方を無視できるわけではない。本章では、会計情報の副次的な利用の典型例やそれらと会計基準設定との関係についても記述されている。

（本文）

〔ディスクロージャー制度と財務報告の目的〕

1．企業の将来を予測するうえで、企業の現状に関する情報は不可欠であるが、その情報を入手する機会について、投資家と経営者の間には一般に大きな格差がある。このような状況のもとで、情報開示が不十分にしか行われないと、企業の発行する株式や社債などの価値を推定する際に投資家が自己責

任を負うことはできず、それらの証券の円滑な発行・流通が妨げられることにもなる。そうした**情報の非対称性**を緩和し、それが生み出す市場の機能障害を解決するため、経営者による私的情報の開示を促進するのが**ディスクロージャー制度**の存在意義である。

2. 投資家は不確実な将来キャッシュフローへの期待のもとに、自らの意思で自己の資金を企業に投下する。その**不確実な成果**を予測して意思決定をする際、投資家は企業が資金をどのように投資し、実際にどれだけの成果をあげているかについての情報を必要としている。経営者に開示が求められるのは、基本的にはこうした情報である。財務報告の目的は、投資家の意思決定に資するディスクロージャー制度の一環として、**投資のポジション**とその**成果**を測定して開示することである。

3. 財務報告において提供される情報の中で、投資の成果を示す利益情報は基本的に過去の成果を表すが、企業価値評価の基礎となる将来キャッシュフローの予測に広く用いられている。このように利益の情報を利用することは、同時に、利益を生み出す**投資のストック**の情報を利用することも含意している。投資の成果の絶対的な大きさのみならず、それを生み出す**投資のストック**と比較した**収益性（あるいは効率性）**も重視されるからである。

❖ 第2章　会計情報の質的特性

（本文）

〔会計情報の基本的な特性：意思決定有用性〕

1. 財務報告の目的は、企業価値評価の基礎となる情報、つまり**投資家が将来キャッシュフローを予測するのに役立つ企業成果等を開示すること**である。この目的を達成するにあたり、会計情報に求められる最も基本的な特性は、**意思決定有用性**である。すなわち、会計情報には、投資家が企業の不確実な成果を予測するのに有用であることが期待されている。

2. 意思決定有用性は、意思決定目的に関連する情報であること（**意思決定との関連性**）と、一定の水準で信頼できる情報であること（**信頼性**）の2つの下位の特性により支えられている。さらに、**内的整合性**と**比較可能性**が、それら3者の階層を基礎から支えると同時に、必要条件ないし閾限界として機能する。

❖第3章　財務諸表の構成要素

〔本文〕

〔財務報告の目的による制約〕

3．貸借対照表と損益計算書が投資のポジションと成果を開示するという役割を担っているため、それぞれの構成要素は、これらの役割を果たすものに限られる。構成要素の定義は、財務報告の目的と財務諸表の役割に適合するかぎりで意味を持つのであり、そうした役割を果たさないものは、たとえ以下の各定義を充足しても、財務諸表の構成要素とはならない。

〔資産〕

4．資産とは、過去の取引または事象の結果として、報告主体が支配している経済的資源をいう。

〔負債〕

5．負債とは、過去の取引または事象の結果として、報告主体が支配している経済的資源を放棄もしくは引き渡す義務、またはその同等物をいう[4][5]。

---

(4)　ここでいう義務の同等物には、法律上の義務に準じるものが含まれる。

(5)　繰延収益は、この概念フレームワークでは、原則として、純資産のうち株主資本以外の部分となる。

〔純資産〕

6．純資産とは、資産と負債の差額をいう。

〔株主資本〕

7．株主資本とは、純資産のうち報告主体の所有者である株主（連結財務諸表の場合には親会社株主）に帰属する部分をいう。

〔包括利益〕

8．包括利益とは、特定期間における純資産の変動額のうち、報告主体の所有者である株主、子会社の少数株主、及び将来それらになり得るオプションの所有者との直接的な取引によらない部分をいう。

377

〔純利益〕

9．純利益とは、**特定期間の期末まで**に生じた純資産の変動額（報告主体の所有者である**株主、子会社の少数株主**、及び前項にいう**オプションの所有者と**の**直接的な取引による部分を除く。**）のうち、その期間中に**リスクから解放**された**投資の成果**であって、**報告主体の所有者に帰属する部分**をいう。純利益は、純資産のうちもっぱら**株主資本**だけを増減させる。

〔包括利益と純利益との関係〕

12．包括利益のうち、⑴**投資のリスク**から解放されていない部分を除き、⑵過年度に計上された包括利益のうち期中に**投資のリスク**から解放された部分を加え⑽、⑶**少数株主損益**を控除すると、純利益が求められる⑾。

> ⑽　このことを、**リサイクリング**ということもある。
> ⑾　本章第12項の⑵の処理に伴う調整項目と、⑴の要素をあわせて、**その他の包括利益**と呼ばれることもある。

〔収益〕

13．収益とは、純利益または少数株主損益を増加させる項目であり、**特定期間の期末まで**に生じた資産の増加や負債の減少に見合う額のうち、**投資のリスクから解放された部分**である。収益は、投資の産出要素、すなわち、投資から得られるキャッシュフローに見合う会計上の尺度である。投入要素に投下された資金は、将来得られるキャッシュフローが不確実であるというリスクにさらされている。キャッシュが獲得されることにより、投資のリスクがなくなったり、得られたキャッシュの分だけ投資のリスクが減少したりする。一般に、キャッシュとは現金及びその同等物をいうが、投資の成果がリスクから解放されるという判断においては、実質的にキャッシュの獲得とみなされる事態も含まれる。収益は、そのように投下資金が投資のリスクから解放されたときに把握される。

〔費用〕

15．費用とは、純利益または少数株主損益を減少させる項目であり、**特定期間**

の期末までに生じた資産の減少や負債の増加に見合う額のうち、投資のリスクから解放された部分である。費用は、投資によりキャッシュを獲得するために費やされた（犠牲にされた）投入要素に見合う会計上の尺度である。投入要素に投下された資金は、キャッシュが獲得されたとき、または、もはやキャッシュを獲得できないと判断されたときに、その役割を終えて消滅し、投資のリスクから解放される。費用は、そのように投下資金が投資のリスクから解放されたときに把握される。

❖ 第4章　財務諸表における認識と規定

（本文）

〔認識に関する制約条件〕

（認識の契機）

3．第3章「財務諸表の構成要素」の定義を充足した各種項目の認識は、基礎となる契約の原則として少なくとも一方の履行が契機となる。さらに、いったん認識した資産・負債に生じた価値の変動も、新たな構成要素を認識する契機となる。

4．前項の第一文は、双務契約であって、双方が未履行の段階にとどまるものは、原則として、財務諸表上で認識しないことを述べている。履行の見込みが不確実な契約から各種の構成要素を認識すれば、誤解を招く情報が生み出されてしまうとみるのが通念である。それを避けるため、伝統的に、各種構成要素の認識は、契約が少なくとも部分的に履行されるのを待って行われてきた。

5．ただし、金融商品に属する契約の一部は、双務未履行の段階で財務諸表に計上されている。その典型例が、決済額と市場価格との差額である純額を市場で随時取引できる金融商品である。そのような金融商品への投資について、その純額の変動そのものがリスクから解放された投資の成果とみなされる場合には、その変動額を未履行の段階で認識することもある。

（認識に求められる蓋然性）

6．第3章「財務諸表の構成要素」の定義を充足した各種項目が、財務諸表上での認識対象となるためには、本章第3項に記した事象が生じることに加え、一定程度の発生の可能性が求められる。一定程度の発生の可能性（蓋然

性）とは、財務諸表の構成要素に関わる将来事象が、一定水準以上の確から
しさで生じると見積られることをいう。

〔資産の測定〕
⑴　取得原価
（定義）
8．取得原価とは、資産取得の際に支払われた現金もしくは現金同等物の金
額、または取得のために犠牲にされた財やサービスの公正な金額をいう。こ
れを特に原始取得原価と呼ぶこともある。原始取得原価の一部を費用に配分
した結果の資産の残高は、未償却原価と呼ばれる。原始取得原価を基礎とし
ていることから、未償却原価も広義にとらえた取得原価の範疇に含まれる。

（測定値の意味）
9．原始取得原価は、実際に投下した資金の額であり、未償却原価は、そのう
ち、いまだ収益に賦課されていない額である。原始取得原価であれ未償却原
価であれ、取得原価によって資産を測定する場合は、現在の投資行動をその
まま継続することが前提とされる。また、未償却原価によって資産が測定さ
れる場合は、投下資金の一部が、投資成果を得るための犠牲を表す費用とし
て、計画的・規則的に配分される。
10．取得原価、特に未償却原価による測定値は、継続利用している資産につい
て将来に回収されるべき投資の残高を表す。つまり、この測定は、資産の価
値の測定方法としてよりも、資産の利用に伴う費用を測定するうえで重要な
意味を持つ。なお、費用測定のための期間配分の手続においては、いくつか
の将来事象について見積りが必要であり、重要な誤りが事後的に判明した場
合は、見積りが適宜修正され、それに応じて未償却原価も修正される(2)。

　⑵　一般に、見積りが修正された場合の会計処理には、その影響額の全額を
　　修正した期の会計数値に反映させる方法と、複数の会計期間に分けて影響
　　額を反映させる方法との2通りの方法がある。

⑵　市場価格

（定義と分類）

11.　市場価格とは、特定の資産について、流通市場で成立している価格をいう(3)。報告主体が直面する市場は、購買市場と売却市場とが区別される場合と、されない場合に分けることができる。それぞれのケースに応じて、市場価格の意味は異なる。その点を考慮して、ここでは、２つのケースを区別する。

> ⑶　日本の現行基準においては、市場価格と時価が異なる意味で用いられている。狭い意味で使われるのは市場価格であり、この用語は実際に市場が存在する場合にしか用いられない。これに対し、時価は公正な評価額と同義であり、観察可能な市場価格のほか、推定された市場価格なども含んでいる。

（2 - a）　購買市場と売却市場とが区別されない場合

（測定値の意味）

12.　購買市場と売却市場とが区別されない場合の市場価格は、資産の経済価値を表す代表的な指標の１つであり、資産を処分ないし清算したときに得られる資金の額、あるいは再取得するのに必要な資金の額を表す（ただし取引コストは考慮していない。）。現在の事業投資活動の継続が前提とされる場合、それに利用されている資産については、この測定値に経験的な意味を見出すのは困難であるが、例えば個別の資産の売却処分が前提とされる場合には、その市場価格の情報が投資家にとって有益なこともある(4)。また、予期せざる環境変化などにより、簿価が従来の意味を失うことがあり、臨時の簿価修正手続として、市場価格による再測定が意味を持つこともある。

> ⑷　この測定値が意味を持つ典型例は、売買目的の有価証券である。

13.　市場価格の変動額には、将来キャッシュフローや割引率に関する市場の平均的な期待の改訂が反映される。その変動額は、事業上の制約がなく清算できる投資で、かつ市場における有利な価格変動を期待しているものについて

の成果を表す[5]。

> (5) より正確には、市場価格の変動に加え、利付債に係る受取利息のように、投資対象から分離する形で生じたキャッシュフローも投資の成果に含まれる。同様のことは、後述の再調達原価・正味実現可能価額・割引価値などにもあてはまる。

14. 独立した第三者間の取引を前提とするかぎり、資産取得に際しての支出額は、そのときの市場価格と大きく乖離しないと想定できる。両者に著しい乖離がなく、また支出額を操作する意図が推察されない場合は、取得した資産は当初認識時には支出額で測定されるのが原則である。ただし、それらの点について反証がある場合は、支出額にとらわれることなく、市場価格によって原始取得原価が測定されることもある。

（2 - b） 購買市場と売却市場とが区別される場合
（2 - b - ①） 再調達原価
（定義）

15. 再調達原価とは、購買市場と売却市場とが区別される場合において、購買市場（当該資産を購入し直す場合に参加する市場）で成立している価格をいう。

（測定値の意味）

16. 再調達原価は、保有する資産を測定時点で改めて調達するのに必要な資金の額を表す。しばしば、その変動額は、資産の調達時期を遅らせていたならば生じたはずの損益として意味づけられている。しかし、実際には保有したまま再調達していないときに購入価格の変動額を投資成果とみなせる状況は、限られている。ただし、予期せざる環境変化などにより、簿価が従来の意味を失うことがあり、臨時の簿価修正手続として、再調達原価による再測定が意味を持つこともある。

(2-b-②) 正味実現可能価額
(定義)

17. 正味実現可能価額とは、購買市場と売却市場とが区別される場合において、**売却市場**（当該資産を売却処分する場合に参加する市場）で成立している価格から**見積販売経費**（アフター・コストを含む。）**を控除**したものをいう。

(測定値の意味)

18. 正味実現可能価額は、保有する資産を測定時点で**売却処分**することによって**回収できる資金の額**を表す。しばしば、その変動額は、資産を期末に売却したら生じたはずの損益（の一部）として意味づけられている。しかし、実際には保有したまま売却していないときに売却価格の変動額を投資成果とみなせる状況は、限られている。ただし、予期せざる環境変化などにより、簿価が従来の意味を失うことがあり、臨時の簿価修正手続として、正味実現可能価額による再測定が意味を持つこともある。

⑶ 割引価値
(定義と分類)

19. 割引価値とは、資産の利用から得られる**将来キャッシュフローの見積額**を、何らかの割引率によって**測定時点まで割り引いた**測定値をいう。この測定方法を採用する場合は、キャッシュフローが発生するタイミングを合理的に予想できることが前提となる。割引価値による測定は、①将来キャッシュフローを継続的に見積り直すか否か、②割引率を継続的に改訂するか否かに応じて、いくつかの類型に分けられる。

(3-a) 将来キャッシュフローを継続的に見積り直すとともに、割引率も改訂する場合
(3-a-①) 利用価値
(定義)

20. 利用価値は、使用価値とも呼ばれ、資産の利用から得られる将来キャッシュフローを測定時点で見積り、その期待キャッシュフローをその時点の割引率で割り引いた測定値をいう[6]。

> (6) ここで用いられる割引率については、いくつかの選択肢があり得る。

（測定値の意味）

21. 利用価値は、市場価格と並んで、資産の価値を表す代表的な指標の１つである。利用価値は、報告主体の**主観的な期待価値**であり、測定時点の市場価格と、それを超える**無形ののれん価値**とを含んでいる。そのため、利用価値は、個々の資産の価値ではなく、貸借対照表には計上されていない無形資産も含んだ企業全体の価値を推定する必要がある場合に利用される。ただし、取得原価を超える利用価値で資産を測定した場合には、**自己創設のれん**が計上されることになる。

22. 仮に将来に関する期待が変わらなければ、利用価値の変動額は、この投資額に対する正常なリターンの額（資本コストに見合う額）に等しくなる。他方、その期待が期中で変化した場合は、正常なリターンに加えて、**期待の変化**（いわゆるウィンドフォール）が、経営者の主観的な見込みだけで、その変動額に算入される。第１章「財務報告の目的」において記述されているとおり、事実あるいは実績を開示するという財務報告の目的に照らすと、利用価値による測定が意味を持つ状況は、**主観的な見積り**を事実の代理とするしかない例外的なケースに限られる[7]。

> (7) 例えば資産の収益性が低下し、簿価を回収できる見込みがなくなったときに、回収可能な額まで簿価を切り下げるようなケースがこれに該当する。

（3‐a‐②）　市場価格を推定するための割引価値（時価または公正な評価額）
（定義）

23. 市場価格を推定するための割引価値とは、**市場で平均的に予想されているキャッシュフロー**と**市場の平均的な割引率**を測定時点で見積り、前者を後者で割り引いた測定値をいう。市場価格が存在しない資産について、期末時点の価値を測定する必要がある場合には、この測定値が市場価格の代理指標として積極的な意味を持つ。この測定については、本章の第12項から第14項を参照。

（3‐b） 将来キャッシュフローのみを継続的に見積り直す場合
（定義）

24. 将来キャッシュフローのみを継続的に見積り直した割引価値とは、資産の利用から得られる将来キャッシュフローを測定時点で見積り、その期待キャッシュフローを資産の取得時点における割引率で割り引いた測定値をいう[8]。

> [8] 金銭債権については、その取得時点で回収が見込まれる将来キャッシュフローを原始取得原価に一致させる割引率（当初の実効金利）を求め、この割引率で割り増して毎期の簿価を計算するのが支配的な実務となっている。この簿価は利息法による簿価と呼ばれ、第24項にいう割引価値の典型例である。

（測定値の意味）

25. この測定値は、資産から得られる将来キャッシュフローについて、回収可能性の変化のみを反映させた額を表す。必ずしも回収リスクのすべてを反映させたものではなく、また割引率に内在する金利のリスクを無視する点でも、それは測定時点の資産価値を表しているとはいえないが、その変動額に含まれる2つの要素を投資の成果としてとらえるために、この測定方法が利用されることもある。1つは、当初用いた割引率に見合う利息収益の要素である。もう1つは、期待キャッシュフローが変化したことに伴う損益の要素である。そこでは回収可能額の改訂分を当初の割引率で割り引いた全額が、見積りの修正時点に生じた損益とみなされる。

⑷ 入金予定額（決済価額または将来収入額）
（定義）

26. 入金予定額とは、資産から期待される将来キャッシュフローを単純に（割り引かずに）合計した金額をいう。一般に、入金予定額という場合、債権の契約上の元本についての回収可能額を指すことが多い。

（測定値の意味）

27. この測定値は、将来に入金が予定される額、回収可能見込額（貸倒引当金が別に設定されている場合は、それを控除した額）を表す。その変動額に

は、借り手の信用状況の変化が反映される。

⑸　被投資企業の純資産額に基づく額

（定義）

28.　被投資企業の純資産額に基づく額とは、被投資企業の純資産のうち、投資
　　企業の持分に対応する額をいう[9]。

> ⑼　この測定値には、いわゆる持分法による評価額も含まれる。ただし、「持
> 　分法による評価額」という用語法には、未償却の連結調整勘定（のれん）
> 　相当額を含めた意味で使われるケースと、それを除いた意味で使われるケ
> 　ースとがある。

（測定値の意味）

29.　この測定値は、**被投資企業に対する報告主体の持分額**、あるいは**投資額**を
　　表す。被投資企業の純資産変動に基づいて利益を測定する際に用いられる
　　が[10]、他の測定方法では投資の現状をとらえられないケースで利用される
　　こともある。例えば予期せざる環境変化などにより、簿価が従来の意味を失う
　　場合は、臨時の簿価修正手続として、この測定値が意味を持つこともあ
　　る[11]。

> ⑽　被投資企業の活動成果に着目した収益の測定については、本章第47項に
> 　も記述がある。
> ⑾　例えば、非上場株式の簿価切下げに用いられることがある。

〔負債の測定〕

⑴　支払予定額（決済価額または将来支出額）

（定義）

30.　支払予定額とは、負債の返済に要する将来キャッシュフローを単純に（割
　　り引かずに）合計した金額をいう。一般に、支払予定額という場合、債務の
　　契約上の元本額を指すことが多い。

（測定値の意味）

31. 支払予定額は、将来支払うべき金額を表す。支払予定額が契約などにより固定されている場合、この方法で負債を測定すれば、返済までの間、支払利息以外の損益は計上されない(12)。他方、支払予定額が見積りによる場合、この方法によると、見積りの変更のすべてがその期の損益に計上される。

---

(12) ただし、債務が免除された場合は、契約上の要返済額と実際の（要）返済額との差に見合う債務免除益が生じる。

---

(2) 現金受入額

（定義）

32. 現金受入額とは、財・サービスを提供する義務の見返りに受け取った現金または現金同等物の金額をいう。時の経過に応じてサービスの提供が行われるケースなどにおいては、現金受入額を計画的・規則的に減額する期間配分の手続がとられる。その配分した結果の負債の残高は、未決済残高または未消滅残高と呼ばれる。現金受入額を基礎としていることから、未決済残高・未消滅残高も、広義にとらえた現金受入額の範疇に含まれる。

（測定値の意味）

33. 現金受入額は、実際に受け入れた資金の額を表す。金融負債を現金受入額で測定する場合、この負債に係る支出額（元利返済額）との差は利息費用や償還損益となる。他方、非金融負債の場合は、財・サービスの引渡し義務の履行に伴って、その履行に見合う額が収益に振り替えられる。その結果、負債は未決済残高・未消滅残高によって測定される。

(3) 割引価値

34. 割引価値の定義、割引価値を採用することの意味、割引価値の類型については、本章第19項を参照。

（3‐a）　将来キャッシュフローを継続的に見積り直すとともに、割引率も改訂する場合

（3‐a‐①）　リスクフリー・レートによる割引価値

（定義）

35. リスクフリー・レートによる割引価値とは、測定時点で見積った将来のキャッシュ・アウトフロー[13]を、その時点におけるリスクフリー・レートで割り引いた測定値をいう。

> [13]　本章の第35項から第41項にいうキャッシュ・アウトフローには、元本の返済額だけでなく、利息の支払額も含まれる。

（測定値の意味）

36. リスクフリー・レートによる割引価値は、借り手である報告主体が**自身のデフォルトを考慮せずに**見積った、負債の価値を表す。その変動額には、期待キャッシュ・アウトフローの増減や時の経過、及びリスクフリー・レートの変化は反映される一方、報告主体の信用リスクの変化は反映されない。

（3‐a‐②）　リスクを調整した割引率による割引価値

（定義）

37. リスクを調整した割引率による割引価値とは、測定時点で見積った将来のキャッシュ・アウトフローを、その時点における**報告主体の信用リスクを加味した**最新の割引率で割り引いた測定値をいう。

（測定値の意味）

38. この測定値は、負債の市場価格を推定する際に意味を持つことがある。その変動額には、期待キャッシュ・アウトフローの増減、時の経過や、リスクフリー・レートの変化に加えて、報告主体の信用リスクの変化も反映される。ただし、報告主体の契約上の支払義務が変わらない状況では、その変動額を投資成果とみなすことはできない。

（3‐b）　将来キャッシュフローのみを継続的に見積り直す場合

（定義）

39.　将来キャッシュフローのみを継続的に見積り直した割引価値とは、測定時
点で見積った将来のキャッシュ・アウトフローを、負債が生じた時点におけ
る割引率で割り引いた測定値をいう。

（測定値の意味）

40.　この測定値の変動額には、2つの要素が含まれている。1つは、負債発生
当初に用いた割引率に見合う利息費用の要素である。もう1つは、期待キャ
ッシュ・アウトフローが変化したことに伴う損益の要素である。要返済額の
改訂分を当初の割引率で割り引いた全額が、その変動額に含まれる。

（3‐c）　将来キャッシュフローを見積り直さず、割引率も改訂しない場合

（定義）

41.　将来キャッシュフローを見積り直さず、割引率も改訂しない場合の割引価
値とは、負債が生じた時点で見積った将来のキャッシュ・アウトフローを、
その時点での割引率によって割り引いた測定値をいう。

（測定値の意味）

42.　この測定値の変動額は、期首の負債額（期中に発生したものについては発
生時の負債額）に対する当初の実効金利による利息費用を表す。

⑷　市場価格

43.　市場価格の定義とその意味については、本章の第11項及び第12項を参照。

〔収益の測定〕

⑴　交換に着目した収益の測定

44.　交換に着目した収益の測定とは、財やサービスを第三者に引き渡すことで
獲得した対価によって収益をとらえる方法をいう。収益計上上の判断規準は投
資のリスクから解放されたか否かであり、事業投資の場合、原則として、事
業のリスクに拘束されない資産を交換によって獲得したか否かで判断され
る。この場合の収益の額は、獲得した対価の測定値に依存する。すなわち、

対価が資産の増加となる場合にはその増加額、負債の減少となる場合にはその減少額によって収益は測定され、収益は当該資産・負債の測定値に基づくことになる。

(2) 市場価格の変動に着目した収益の測定

45. 市場価格の変動に着目した収益の測定とは、資産や負債に関する市場価格の有利な変動によって収益をとらえる方法をいう。随時換金（決済）可能で、換金（決済）の機会が事業活動による制約・拘束を受けない資産・負債については、換金（決済）による成果を期待して資金の回収（返済）と再投資（再構築）とが繰り返されているとみなすこともできる。その場合には、市場価格の変動によって、投資の成果が生じたと判断される。この場合の収益の額は、1期間中に生じた市場価格の上昇額によって測定される。

(3) 契約の部分的な履行に着目した収益の測定

46. 契約の部分的な履行に着目した収益の測定とは、財やサービスを継続的に提供する契約が存在する場合、契約の部分的な履行に着目して収益をとらえる方法をいう。そのような契約において、相手方による契約の履行（代金の支払）が確実視される場合は、報告主体が部分的に履行しただけで（つまり相手方の履行を待たずに）、契約価額の一部を成果として得たとみなすことができる[14]。この場合の収益の額は、1期間中に履行された割合を契約額に乗じて測定される[15]。

---

[14] これと同様に、契約価額を受領済みで、自身による契約の履行が確実視される場合も、報告主体が部分的に履行しただけで（つまり契約の完全な履行を待たずに）、履行割合に見合う成果を得たとみなすことができる。

[15] 例えば、金銭消費貸借契約の場合、時の経過によって契約が部分的に履行したとみなされる。

---

(4) 被投資企業の活動成果に着目した収益の測定

47. 被投資企業の活動成果に着目した収益の測定とは、投資企業が、被投資企業の成果の獲得に応じて投資勘定を増加させて収益をとらえる方法をいう。被投資企業との間に一体性を見出せる場合は、被投資企業の事業活動は投資

企業の事業活動の延長線上にあると位置づけられる。その場合、被投資企業の成果の帰属に着目して、投資企業の成果を計算することができる。この場合の収益の額は、被投資企業の純利益に持分割合を乗じた額として測定される。

〔費用の測定〕

⑴ **交換に着目した費用の測定**

48. 交換に着目した費用の測定とは、財やサービスを第三者に引き渡すことで犠牲にした対価によって費用をとらえる方法をいう。この測定については、本章第44項を参照。

⑵ **市場価格の変動に着目した費用の測定**

49. 市場価格の変動に着目した費用の測定とは、資産や負債に関する市場価格の不利な変動によって費用をとらえる方法をいう。この測定については、本章第45項を参照。

⑶ **契約の部分的な履行に着目した費用の測定**

50. 契約の部分的な履行に着目した費用の測定とは、財やサービスの継続的な提供を受ける契約が存在する場合、契約の部分的な履行に着目して費用をとらえる方法をいう。この測定については、本章第46項を参照。

⑷ **利用の事実に着目した費用の測定**

51. 利用の事実に着目した費用の測定とは、資産を実際に利用することによって生じた消費や価値の減耗に基づいて費用をとらえる方法をいう。これは一般には、事業活動に拘束された資産に適用される方法である。この場合の費用は、減少した資産の測定値（財・サービスの取得と同時に消費される場合には、それらの原始取得原価）によって測定される。なお、財・サービスの消費に伴う費用のうち、資産の定義と認識・測定の要件を充足するものについては、繰延費用として資産に計上されることもある。

52. 利用に伴う資産の数量的な減少を把握するのが困難な場合には、費用配分が、資産の金額的な減少を測る方法として妥当であると伝統的にみなされてきた。費用配分とは、あらかじめ定められた計画に従って、資産の原始取得

原価を一定の期間にわたって規則的に費用に配分するものである。規則的な配分によって費用を測定する場合には、事前にいくつかの将来事象を見積らなければならない。その見積りについて事後的に誤りが判明した場合は、見積りの改訂に伴う配分計画の修正が求められることもある。また、修正方法によっては、修正の際に損益が計上されることもある。

〈執　筆〉TAC出版開発グループ

資格書籍に特化した執筆者グループ。会計士試験・司法試験等、難関資格の合格者が
集結し、会計系から法律系まで幅広く、資格試験対策書の執筆・校閲をオールマイティ
にこなす。TAC税理士講座とタッグを組み、「みんなが欲しかった！ 税理士 簿記
論の教科書＆問題集」「みんなが欲しかった！ 税理士 財務諸表論の教科書＆問題
集」を執筆。主な著書に「みんなが欲しかった！ 簿記の教科書１級」ほか。

〈装　幀〉Malpu Design

2022年度版
みんなが欲しかった！ 税理士 財務諸表論の教科書＆問題集
5　理論編

（2015年度版 2014年10月10日　初版　第１刷発行）
2021年９月15日　初　版　第１刷発行

編 著 者	Ｔ Ａ Ｃ 株 式 会 社	
	（税理士講座）	
発 行 者	多　田　　敏　男	
発 行 所	TAC株式会社　出版事業部	
	（TAC出版）	

〒101-8383
東京都千代田区神田三崎町3-2-18
電話 03（5276）9492（営業）
FAX 03（5276）9674
https://shuppan.tac-school.co.jp

印　　刷	株式会社　光　　　邦	
製　　本	東京美術紙工協業組合	

© TAC 2021　　　Printed in Japan

ISBN 978-4-8132-9793-2
N.D.C. 336

本書は、「著作権法」によって、著作権等の権利が保護されている著作物です。本書の全部または一部
につき、無断で転載、複写されると、著作権等の権利侵害となります。上記のような使い方をされる
場合、および本書を使用して講義・セミナー等を実施する場合には、小社宛許諾を求めてください。

乱丁・落丁による交換、および正誤のお問合せ対応は、該当書籍の改訂版刊行月末日までといた
します。なお、交換につきましては、書籍の在庫状況等により、お受けできない場合もございます。
また、各種本試験の実施の延期、中止を理由とした本書の返品はお受けいたしません。返金もい
たしかねますので、あらかじめご了承くださいますようお願い申し上げます。

税理士講座のご案内

「税理士」の扉を開くカギ
それは、合格できる教育機関を決めること!

あなたが教育機関を決める最大の決め手は何ですか?
通いやすさ、受講料、評判、規模、いろいろと検討事項はありますが、一番の決め手となること、それは「合格できるか」です。
TACは、税理士講座開講以来今日までの30年以上、「受講生に合格していただくこと」を常に考え続けてきました。そして、「最小の努力で最大の効果を発揮する、良質なコンテンツの提供」をもって多数の合格者を輩出し、今も厚い信頼と支持をいただいております。

令和元年度 税理士試験
TAC 合格祝賀パーティー

東京会場　ホテルニューオータニ

合格者から「喜びの声」を多数お寄せいただいています。

https://www.tac-school.co.jp/kouza_zeiri/zeiri_jisseki.html

ズバリ的中!
高い的中実績を誇る TACの本試験対策

TACが提供する演習問題などの本試験対策は、毎年高い的中実績を誇ります。
これは、合格カリキュラムをはじめ、講義・教材など、明確な科目戦略に基づいた合格コンテンツの結果でもあります。

財務諸表論

TAC直前予想答練 第1回

●直前予想答練 第1回〔第一問〕
2 財務諸表の構成要素について、以下の問に答えなさい。
(1)「概念フレームワーク」における負債の定義を答えなさい。

2020年度 本試験問題 的中

〔第二問〕問1 (1)
第5項
負債とは、 ① の取引または事象の結果として、報告主体が ② している ③ を放棄もしくは引き渡す義務、またはその同等物をいう。
ここでいう義務の同等物には、 ④ の義務に準じるものが含まれる。

法人税法

TAC全国公開模試

●全国公開模試
〔第二問〕
【資料1】株主等及び株主資本等変動計算書に関する事項
1 当期首の株主等の状況

氏 名	備 考	株式数
A氏	代表取締役である。	2,500株
B氏	専務取締役で、A氏の友人である。	1,000株
C氏	常務取締役で、A氏の友人である。	1,000株
D氏	経理部長で、A氏の妻である。	1,000株
Y氏	A氏がその発行済株式の50%を有する株式会社	2,000株
その他の株主	それぞれ保有する割合1%未満で、上記の者と特殊な関係はない	4,500株
	発行済株式総数	12,000株

2020年度 本試験問題 的中

〔第二問〕
問Ⅱ
問1 【資料】に基づき、当社の当期における同族会社の判定及び特定同族会社の判定をしなさい。
問2 【資料】に基づき、当社の当期における課税留保金額及び課税留保金額に対する税額とそれぞれの計算過程を記載しなさい。

【資料】同族会社の判定及び留保金課税に関する事項
(1) 当社の当期末における株主グループの状況は次のとおりである。
(単位：%)

氏名等	所有割合	備 考
U	47	本人
V株式会社	20	被支配会社ではない。
W	12.5	Uの友人
X	6	Uの配偶者
Y	3.5	Uの友人
その他	11	全て個人株主で所有割合は1%未満である。

所得税法

TAC全国公開模試

●全国公開模試〔第二問〕問1 2
2 Mは直前事業年度の末日を基準日として、青色申告の承認を受けており、帳簿書類を備え付けてその業務に係る一切の取引を正規の簿記の原則により記録し、これに基づいて貸借対照表及び損益計算書を作成している。
なお、従前より、所得税の確定申告は電子申告の方法によっており、本年分の確定申告についても同様にする予定である。

2020年度 本試験問題 的中

〔第二問〕問1
【資料】
3 甲は創業当初より所轄税務署長から青色申告の承認を受けており、帳簿書類を備え付けてその業務に係る一切の取引を正規の簿記の原則により記録し、これに基づいて貸借対照表及び損益計算書を作成している。また、創業当初より青色事業専従者給与に関する届出書を提出している。
4 甲は棚卸資産の評価方法及び器具備品の減価償却方法について、創業当初から所轄税務署長への届出はしていない。
5 甲の本年分の所得税等の確定申告は、電子申告により行うものとする。

相続税法

TAC直前予想答練 第2回

●直前予想答練 第2回〔第二問〕【資料1】3 (4)
ヌ M社は直前事業年度の末日を基準日として、2,400,000円の配当を行うことを令和2年5月25日の株主総会にて決議しており、翌26日に株主に支払われた。

2020年度 本試験問題 的中

〔第二問〕【資料1】3 (8)
リ 株主総会 令和2年4月25日
この株主総会において令和2年2月29日を基準日、同年4月30日を効力発生日として、2,000,000円（1株あたり100円）の配当金（資本等の減少によるものはない。）の支払が決議された。

他の科目でも的中続出! (TAC税理士講座ホームページで公開しています)

税理士講座のご案内

2022年合格目標コース

反復学習でインプット強化! & 豊富な演習量で実践力強化!

対象者：初学者／次の科目の学習に進む方

2021年				2022年							
9月	10月	11月	12月	1月	2月	3月	4月	5月	6月	7月	8月

9月・10月入学　基礎マスター＋上級コース（全10科目）
※3回転学習！年内はインプットを強化、年明けは演習機会を増やして実践力を鍛える！

9月入学　ベーシックコース（法人・所得）
※2回転学習！週2ペース、8ヵ月かけてインプットを鍛える！

12月・1月入学　速修コース（全11科目）
※7ヵ月間で合格レベルまで仕上げる！

3月・4月入学　速修コース（消費・酒税・固定・国徴）
※短期集中で税法合格を目指す！

税理士試験

対象者：受験経験者 （受験した科目を再度学習する場合）

2021年				2022年							
9月	10月	11月	12月	1月	2月	3月	4月	5月	6月	7月	8月

9月入学　年内上級講義＋上級コース（簿記・財表・法人）
※年内に基礎・応用項目の再確認を行い、実力を引き上げる！

9月入学　年内上級演習＋上級コース（法人・所得・相続・消費）
※年内から問題演習に取り組み、本試験時の実力維持・向上を図る！

1月入学　上級コース（全10科目）
※講義と演習を交互に実施し、答案作成力を養成！

税理士試験

※2021年7月16日時点の情報です。最新の情報は、TAC税理士講座ホームページをご確認ください。

資料請求はこちらから!!

詳しい資料をお送りいたします。
右記電話番号もしくはTACホームページ（https://www.tac-school.co.jp/）にてご請求ください。

通話無料 **0120-509-117**
ゴウカク イイナ
受付時間　9:30～19:00(月～金)　9:30～18:00(土・日・祝)
※営業時間短縮の場合がございます。詳細はHPでご確認ください。

"入学前サポート"を活用しよう!

無料セミナー＆個別受講相談

無料セミナーでは、税理士の魅力、試験制度、科目選択の方法や合格のポイントをお伝えしていきます。セミナー終了後は、個別受講相談でみなさんの疑問や不安を解消します。

TAC 税理士 セミナー 検索
https://www.tac-school.co.jp/kouza_zeiri/zeiri_gd_gd.htm

無料Webセミナー

TAC動画チャンネルでは、校舎で開催しているセミナーのほか、Web限定のセミナーも多数配信しています。受講前にご活用ください。

TAC 税理士 動画 検索
https://www.tac-school.co.jp/kouza_zeiri/tacchannel.html

体験入学

教室講座開講日（初回講義）は、お申込み前でも無料で講義を体験できます。講師の熱意や校舎の雰囲気を是非体感してください。

TAC 税理士 体験 検索
https://www.tac-school.co.jp/kouza_zeiri/zeiri_gd_gd.htm

全11科目体験Web受講

税理士試験全11科目の初回講義を学習前に無料でWeb受講いただけます。税理士の学習のイメージを膨らませてください。

TAC 税理士 検索
https://www.cpa-tac.com/zei/taiken/jform.php

税理士講座のご案内

チャレンジコース

受験経験者・独学生待望のコース！

4月上旬開講！

開講科目：簿記・財表・法人・所得・相続・消費

基礎知識の底上げ **徹底した本試験対策**

チャレンジ講義 ＋ チャレンジ演習 ＋ 直前対策講座 ＋ 全国公開模試

受験経験者・独学生向けカリキュラムが一つのコースに！

※チャレンジコースには直前対策講座（全国公開模試含む）が含まれています。

直前対策講座

4月下旬開講！

本試験突破の最終仕上げ！

直前期に必要な対策がすべて揃っています！

- 徹底分析！「試験委員対策」
- 即時対応！「税制改正」
- 毎年的中！「予想答練」

学習メディア：・教室講座 ・ビデオブース講座 ・Web通信講座 ・DVD通信講座 ・資料通信講座

＼ 全11科目対応 ／

開講科目：・簿記 ・財表 ・法人 ・所得 ・相続 ・消費 ・酒税 ・固定 ・事業 ・住民 ・国徴

※直前対策講座には全国公開模試が含まれています。

チャレンジコース・直前対策講座ともに詳しくは3月上旬発刊予定の
「チャレンジコース・直前対策講座パンフレット」をご覧ください。

| 資料請求はこちらから!! | 詳しい資料をお送りいたします。右記電話番号もしくはTACホームページ (https://www.tac-school.co.jp/) にてご請求ください。 | 通話無料 **0120-509-117** ゴウカク イイナ
受付時間 9:30〜19:00(月〜金) 9:30〜18:00(土・日・祝)
※営業時間短縮の場合がございます。詳細はHPでご確認ください。 | |

全国公開模試

6月中旬実施!

全11科目実施
TACの模試はここがスゴイ!

① 信頼の母集団
2020年は自宅受験のみ実施で受験者数6,637名!
この大きな母集団を分母とした正確な成績(順位)を把握できます。
(2019年は、会場受験・自宅受験合わせて受験者数10,247名)

② 本試験を擬似体験
全国の会場で緊迫した雰囲気の中「真の実力」が発揮できるかチャレンジ!

③ 個人成績表
現時点での全国順位を確認するとともに「講評」等を通じて本試験までの学習の方向性が定まります。

④ 充実のアフターフォロー
解説Web講義を無料配信。また、質問電話による疑問点の解消も可能です。
※TACの受講生はカリキュラム内に全国公開模試の受験料が含まれています(一部期別申込を除く)。

信頼できる実力判定

6,637名
※11科目延べ受験者数

直前オプション講座

最後まで油断しない!
ここからのプラス5点!

6月中旬〜8月上旬実施!

【重要理論確認ゼミ】
〜理論問題の解答作成力UP!〜

【ファイナルチェック】
〜確実な5点UPを目指す!〜

【最終アシストゼミ】
〜本試験直前の総仕上げ!〜

全国公開模試および直前オプション講座の詳細は4月中旬発刊予定の
「全国公開模試パンフレット」「直前オプション講座パンフレット」をご覧ください。

会計業界の就職サポートは
安心のTAC

TACキャリアエージェントなら
BIG4・国内大手法人
就職支援実績多数！

- 税理士学習中の方
- 日商簿記学習中の方
- 会計士／USCPA学習中の方
- 会計業界で就業中の方で転職をお考えの方
- 会計業界でのお仕事に興味のある方

「残業なしで勉強時間を確保したい…」
「簿記3級から始められる仕事はあるの？」
といったご相談も大歓迎です！

スキマ時間に **PC・スマホ・タブレットで**
WEB面談実施中！
忙しくて時間の取れない方、遠方に
お住まいの方、ぜひご利用ください。

詳細はこちら！
https://tacnavi.com/
accountant/web-mendan/

完全予約制
【相談会場】
東京オフィス　03-3518-6775
大阪オフィス　06-6371-5851
名古屋オフィス　0120-757-655
（登録会場）

ご相談は無料です。会計業界を知り尽くしたプロの
コンサルタントにご相談ください。
※相談時間は原則としてお一人様60分とさせていただきます。

✉ shoukai@
tac-school.co.jp

メールでご予約の際は、
件名に「相談希望のオフィス」
をご入力ください。
（例：相談希望 東京）

TAC 会計士・税理士専門の転職サポートサービス
キャリアエージェント

会計業界への就職・転職支援サービス

TACの100%出資子会社であるTACプロフェッションバンク（TPB）は、会計・税務分野に特化した転職エージェントです。勉強された知識とご希望に合ったお仕事を一緒に探しませんか？ 相談だけでも大歓迎です！ どうぞお気軽にご利用ください。

人材コンサルタントが無料でサポート

Step1 相談受付　完全予約制です。HPからご登録いただくか、各オフィスまでお電話ください。

Step2 面談　ご経験やご希望をお聞かせください。あなたの将来について一緒に考えましょう。

Step3 情報提供　ご希望に適うお仕事があれば、その場でご紹介します。強制はいたしませんのでご安心ください。

正社員で働く
- 安定した収入を得たい
- キャリアプランについて相談したい
- 面接日程や入社時期などの調整をしてほしい
- 今就職すべきか、勉強を優先すべきか迷っている
- 職場の雰囲気など、求人票でわからない情報がほしい

TACキャリアエージェント

https://tacnavi.com/

派遣で働く（関東のみ）
- 勉強を優先して働きたい
- 将来のために実務経験を積んでおきたい
- まずは色々な職場や職種を経験したい
- 家庭との両立を第一に考えたい
- 就業環境を確認してから正社員で働きたい

TACの経理・会計派遣

https://tacnavi.com/haken

※ご経験やご希望内容によってはご支援が難しい場合がございます。予めご了承ください。　※面談時間は原則お一人様30分とさせていただきます。

自分のペースでじっくりチョイス

正社員・アルバイトで働く
- 自分の好きなタイミングで就職活動をしたい
- どんな求人案件があるのか見たい
- 企業からのスカウトを待ちたい
- WEB上で応募管理をしたい

Webで

TACキャリアナビ

https://tacnavi.com/kyujin

就職・転職・派遣就労の強制は一切いたしません。会計業界への就職・転職を希望される方への無料支援サービスです。どうぞお気軽にお問い合わせください。

TACプロフェッションバンク

■ 有料職業紹介事業　許可番号13-ユ-010678
■ 一般労働者派遣事業　許可番号（派）13-010932

東京オフィス
〒101-0051
東京都千代田区神田神保町1-103 東京パークタワー2F
TEL.03-3518-6775

大阪オフィス
〒530-0013
大阪府大阪市北区茶屋町6-20 吉田茶屋町ビル5F
TEL.06-6371-5851

名古屋 登録会場
〒450-0002
愛知県名古屋市中村区名駅1-2-4 名鉄バスターミナルビル10F
TEL.0120-757-655

2021年6月現在

TAC出版 書籍のご案内

TAC出版では、資格の学校TAC各講座の定評ある執筆陣による資格試験の参考書をはじめ、資格取得者の開業法や仕事術、実務書、ビジネス書、一般書などを発行しています！

TAC出版の書籍
*一部書籍は、早稲田経営出版のブランドにて刊行しております。

資格・検定試験の受験対策書籍

- 日商簿記検定
- 建設業経理士
- 全経簿記上級
- 税理士
- 公認会計士
- 社会保険労務士
- 中小企業診断士
- 証券アナリスト
- ファイナンシャルプランナー(FP)
- 証券外務員
- 貸金業務取扱主任者
- 不動産鑑定士
- 宅地建物取引士
- 賃貸不動産経営管理士
- マンション管理士
- 管理業務主任者
- 司法書士
- 行政書士
- 司法試験
- 弁理士
- 公務員試験(大卒程度・高卒者)
- 情報処理試験
- 介護福祉士
- ケアマネジャー
- 社会福祉士　ほか

実務書・ビジネス書

- 会計実務、税法、税務、経理
- 総務、労務、人事
- ビジネススキル、マナー、就職、自己啓発
- 資格取得者の開業法、仕事術、営業術
- 翻訳ビジネス書

一般書・エンタメ書

- ファッション
- エッセイ、レシピ
- スポーツ
- 旅行ガイド (おとな旅プレミアム/ハルカナ)
- 翻訳小説

TAC出版

(2021年7月現在)

書籍のご購入は

1 全国の書店、大学生協、ネット書店で

2 TAC各校の書籍コーナーで

資格の学校TACの校舎は全国に展開！
校舎のご確認はホームページにて

資格の学校TAC ホームページ
https://www.tac-school.co.jp

3 TAC出版書籍販売サイトで

CYBER BOOK STORE TAC出版書籍販売サイト

TAC 出版 で 検索

24時間ご注文受付中

https://bookstore.tac-school.co.jp/

- 新刊情報をいち早くチェック！
- たっぷり読める立ち読み機能
- 学習お役立ちの特設ページも充実！

TAC出版書籍販売サイト「サイバーブックストア」では、TAC出版および早稲田経営出版から刊行されている、すべての最新書籍をお取り扱いしています。
また、無料の会員登録をしていただくことで、会員様限定キャンペーンのほか、送料無料サービス、メールマガジン配信サービス、マイページのご利用など、うれしい特典がたくさん受けられます。

サイバーブックストア会員は、特典がいっぱい！(一部抜粋)

通常、1万円（税込）未満のご注文につきましては、送料・手数料として500円（全国一律・税込）頂戴しておりますが、1冊から無料となります。

専用の「マイページ」は、「購入履歴・配送状況の確認」のほか、「ほしいものリスト」や「マイフォルダ」など、便利な機能が満載です。

メールマガジンでは、キャンペーンやおすすめ書籍、新刊情報のほか、「電子ブック版TACNEWS（ダイジェスト版）」をお届けします。

書籍の発売を、販売開始当日にメールにてお知らせします。これなら買い忘れの心配もありません。

2022年度版 税理士試験対策書籍のご案内

TAC出版では、独学用、およびスクール学習の副教材として、各種対策書籍を取り揃えています。学習の各段階に対応していますので、あなたのステップに応じて、合格に向けてご活用ください!

(刊行内容、発行月、装丁等は変更することがあります)

●2022年度版 税理士受験シリーズ

税理士試験において長い実績を誇るTAC。このTACが長年培ってきた合格ノウハウを"TAC方式"としてまとめたのがこの「税理士受験シリーズ」です。近年の豊富なデータをもとに傾向を分析、科目ごとに最適な内容としているので、トレーニング演習に欠かせないアイテムです。

簿記論

01	簿 記 論	個別計算問題集	(11月)
02	簿 記 論	総合計算問題集 基礎編	(11月)
03	簿 記 論	総合計算問題集 応用編	(1月)
04	簿 記 論	過去問題集	(12月)
	簿 記 論	完全無欠の総まとめ	(12月)

財務諸表論

05	財務諸表論	個別計算問題集	(9月)
06	財務諸表論	総合計算問題集 基礎編	(9月)
07	財務諸表論	総合計算問題集 応用編	(12月)
08	財務諸表論	理論問題集 基礎編	(9月)
09	財務諸表論	理論問題集 応用編	(12月)
10	財務諸表論	過去問題集	(12月)
33	財務諸表論	重要会計基準	(8月)
	財務諸表論	完全無欠の総まとめ	(11月)

法人税法

11	法 人 税 法	個別計算問題集	(11月)
12	法 人 税 法	総合計算問題集 基礎編	(9月)
13	法 人 税 法	総合計算問題集 応用編	(12月)
14	法 人 税 法	過去問題集	(12月)
34	法 人 税 法	理論マスター	(9月)
35	法 人 税 法	理論ドクター	(12月)
	法 人 税 法	理論マスター 暗記CD	(10月)
	法 人 税 法	完全無欠の総まとめ	(1月)

所得税法

15	所 得 税 法	個別計算問題集	(10月)
16	所 得 税 法	総合計算問題集 基礎編	(9月)
17	所 得 税 法	総合計算問題集 応用編	(12月)
18	所 得 税 法	過去問題集	(12月)
36	所 得 税 法	理論マスター	(9月)
37	所 得 税 法	理論ドクター	(12月)
	所 得 税 法	理論マスター 暗記CD	(10月)

相続税法

19	相 続 税 法	個別計算問題集	(9月)
20	相 続 税 法	財産評価問題集	(9月)
21	相 続 税 法	総合計算問題集 基礎編	(9月)
22	相 続 税 法	総合計算問題集 応用編	(12月)
23	相 続 税 法	過去問題集	(12月)
38	相 続 税 法	理論マスター	(9月)
39	相 続 税 法	理論ドクター	(12月)
	相 続 税 法	理論マスター 暗記CD	(10月)

酒税法

| 24 | 酒 税 法 | 計算問題+過去問題集 | (12月) |
| 40 | 酒 税 法 | 理論マスター | (9月) |

TAC出版
TAC PUBLISHING Group

消費税法

25	消費税法	個別計算問題集	（10月）
26	消費税法	総合計算問題集 基礎編	（9月）
27	消費税法	総合計算問題集 応用編	（12月）
28	消費税法	過去問題集	（12月）
41	消費税法	理論マスター	（9月）
42	消費税法	理論ドクター	（12月）
	消費税法	理論マスター 暗記CD	（10月）
	消費税法	完全無欠の総まとめ	（11月）

固定資産税

29	固定資産税	計算問題＋過去問題集	（12月）
43	固定資産税	理論マスター	（9月）

事業税

30	事 業 税	計算問題＋過去問題集	（12月）
44	事 業 税	理論マスター	（9月）

住民税

31	住 民 税	計算問題＋過去問題集	（12月）
45	住 民 税	理論マスター	（12月）

国税徴収法

32	国税徴収法	総合問題＋過去問題集	（12月）
46	国税徴収法	理論マスター	（9月）

大好評につき、今年もやります！
理論マスター暗記CDの音声ダウンロード版を発売！

音声DL版 法人税法 理論マスター　　所得税法 理論マスター
相続税法 理論マスター　　消費税法 理論マスター

※販売は、下記**3**のTAC出版書籍販売サイト「CyberBookStore」のみとなります。
※音声DL版の内容は、暗記CDと同一のものです。

●2022年度版 みんなが欲しかった！税理士 教科書＆問題集シリーズ

［ 効率的に税理士試験対策の学習ができないか？ これを突き詰めてできあがったのが、「みんなが欲しかった！
税理士 教科書＆問題集シリーズ」です。必要十分な内容をわかりやすくまとめたテキスト（教科書）と内容確
認のためのトレーニング（問題集）が1冊になっているので、効率的な学習に最適です。 ］

みんなが欲しかった! 税理士簿記論の教科書&問題集 1 損益会計編　（8月）	みんなが欲しかった! 税理士財務諸表論の教科書&問題集 1 損益会計編　（8月）
みんなが欲しかった! 税理士簿記論の教科書&問題集 2 資産会計編　（8月）	みんなが欲しかった! 税理士財務諸表論の教科書&問題集 2 資産会計編　（8月）
みんなが欲しかった! 税理士簿記論の教科書&問題集 3 資産・負債・純資産会計編（9月）	みんなが欲しかった! 税理士財務諸表論の教科書&問題集 3 資産・負債・純資産会計編（9月）
みんなが欲しかった! 税理士簿記論の教科書&問題集 4 構造論点・その他編（9月）	みんなが欲しかった! 税理士財務諸表論の教科書&問題集 4 構造論点・その他編（9月）
みんなが欲しかった! 税理士消費税法の教科書&問題集 1 取引分類・課税標準編（8月）	みんなが欲しかった! 税理士財務諸表論の教科書&問題集 5 理論編　（9月）
みんなが欲しかった! 税理士消費税法の教科書&問題集 2 仕入税額控除編（9月）	
みんなが欲しかった! 税理士消費税法の教科書&問題集 3 納税義務・その他論点編（10月）	

●解き方学習用問題集

現役講師の解答手順、思考過程、実際の書込みなど、㊙テクニックを完全公開した書籍です。

簿　記　論	個別問題の解き方	〔第5版〕
簿　記　論	総合問題の解き方	〔第5版〕
財務諸表論	理論答案の書き方	〔第5版〕
財務諸表論	計算問題の解き方	〔第5版〕

●その他関連書籍

好評発売中！

消費税課否判定要覧　〔第4版〕
法人税別表4,5（一）（二）書き方完全マスター　〔第5版〕
女性のための資格シリーズ　自力本願で税理士
年商倍々の成功する税理士開業法
Q&Aでわかる 税理士事務所・税理士法人勤務 完全マニュアル

TACの書籍はこちらの方法でご購入いただけます

1 全国の書店・大学生協　　**2** TAC各校 書籍コーナー

3 CYBER BOOK STORE　TAC出版書籍販売サイト　**アドレス** https://bookstore.tac-school.co.jp/

・2021年7月現在　・年度版各巻の価格は、決定しだい上記**3**のサイバーブックストアに掲載されますのでご参照ください

書籍の正誤についてのお問合わせ

万一誤りと疑われる箇所がございましたら、以下の方法にてご確認いただきますよう、お願いいたします。
なお、正誤のお問合わせ以外の書籍内容に関する解説・受験指導等は、**一切行っておりません。**
そのようなお問合わせにつきましては、お答えいたしかねますので、あらかじめご了承ください。

1 正誤表の確認方法

TAC出版書籍販売サイト「Cyber Book Store」の
トップページ内「正誤表」コーナーにて、正誤表をご確認ください。

URL:https://bookstore.tac-school.co.jp/

2 正誤のお問合わせ方法

正誤表がない場合、あるいは該当箇所が掲載されていない場合は、書名、発行年月日、お客様のお名前、ご連絡先を明記の上、下記の方法でお問合わせください。
なお、回答までに1週間前後を要する場合もございます。あらかじめご了承ください。

文書にて問合わせる

● 郵送先　〒101-8383 東京都千代田区神田三崎町3-2-18
　　　　　TAC株式会社 出版事業部 正誤問合わせ係

FAXにて問合わせる

● FAX番号　**03-5276-9674**

e-mailにて問合わせる

● お問合わせ先アドレス　**syuppan-h@tac-school.co.jp**

※お電話でのお問合わせは、お受けできません。また、土日祝日はお問合わせ対応をおこなっておりません。
※正誤のお問合わせ対応は、該当書籍の改訂版刊行月末日までといたします。

乱丁・落丁による交換は、該当書籍の改訂版刊行月末日までといたします。なお、書籍の在庫状況等により、お受けできない場合もございます。
また、各種本試験の実施の延期、中止を理由とした本書の返品はお受けいたしません。返金もいたしかねますので、あらかじめご了承くださいますようお願い申し上げます。

TACにおける個人情報の取り扱いについて
■お預かりした個人情報は、TAC(株)で管理させていただき、お問い合わせへの対応、当社の記録保管および当社商品・サービスの向上にのみ利用いたします。お客様の同意なしに業務委託先以外の第三者に開示、提供することはございません(法令等により開示を求められた場合を除く)。その他、個人情報保護管理者、お預かりした個人情報の開示等及びTAC(株)への個人情報の提供の任意性については、当社ホームページ(https://www.tac-school.co.jp)をご覧いただくか、個人情報に関するお問い合わせ窓口(E-mail:privacy@tac-school.co.jp)までお問合せください。

(2020年10月現在)